跨文化传播背景下的翻译及其功能研究

李冰冰　王定全　著

吉林人民出版社

图书在版编目 (CIP) 数据

跨文化传播背景下的翻译及其功能研究 / 李冰冰，
王定全著 . -- 长春 : 吉林人民出版社 , 2021.8
ISBN 978-7-206-18365-2

Ⅰ.①跨… Ⅱ.①李…②王… Ⅲ.①英语 – 翻译 –
研究 Ⅳ.① H315.9

中国版本图书馆 CIP 数据核字 (2021) 第 159727 号

跨文化传播背景下的翻译及其功能研究

KUA WENHUA CHUANBO BEIJING XIA DE FANYI JI QI GONGNENG YANJIU

著　　者：李冰冰　王定全

责任编辑：王　丹　　　　　　　　封面设计：袁丽静

吉林人民出版社出版 发行（长春市人民大街 7548 号）　邮政编码：130022

印　　刷：三河市华晨印务有限公司

开　　本：710mm×1000mm　　1/16

印　　张：14　　　　　　　　　　字　　数：270 千字

标准书号：ISBN 978-7-206-18365-2

版　　次：2021 年 8 月第 1 版　　　印　　次：2021 年 8 月第 1 次印刷

定　　价：68.00 元

前　言

　　翻译不仅是一种跨语言的交际行为，也是一种跨文化的传播方式。翻译的实质就是一种跨语言跨文化的传播过程和交流活动。人类自有文化开始就有传播在进行，传播促进文化发展，但是异语文化之间的传播必须通过翻译这座桥梁。可以毫不夸张地说，没有翻译就没有异语文化之间的交流、融合与发展。从现代符号学的观点来说，翻译的本质就是以两种不同的语言符号来表达同一的思想。因此可以说翻译是跨文化交际，这就不止是源语文本的符号再现，而是体现在前瞻文化意义的传达和转换。翻译体现了不同文化的价值观、传统习俗等不同的特点及其多样性。

　　翻译是一种以传递信息为主同时注重信息传递效果的翻译，它的实用性强，应用面广，其体裁范围几乎涵盖当今政治、经济、社会、文化生活的各个领域，大多具有现实的目的，而在跨文化传播背景下对翻译活动及其功能展开研究，有着重要的影响与意义。翻译的跨文化传播功能在当今社会发展中所起的作用是不容忽视的，本书也从跨文化传播的角度入手对翻译活动进行了探讨。全书由跨文化传播概述、跨文化传播与翻译、翻译的跨文化传播属性研究、跨文化传播下的翻译功能之文学翻译等部分组成，对相关内容进行了深入阐述。

　　本书由李冰冰和王定全共同撰写完成，其中第五章至第八章由李冰冰负责撰写，共计 16.5 万字，第一章至第四章由王定全负责撰写，共计 10.5 万字。由于笔者水平有限，书中难免存在不足之处，还望广大读者批评指正，以期更好地发挥出英语翻译的作用与功能，更好地体现文化价值，融入我们的生活与学习之中，得到更好的发展。

目　录

第一章　绪论

翻译不仅是一种跨语言的交际行为，也是一种跨文化的传播方式。翻译的实质就是一种跨语言、跨文化的传播过程和交流活动。人类自有文化开始就有传播在进行，传播促进了文化发展，但是异语文化之间的传播必须通过翻译这座桥梁。本章结合跨文化传播学的基本原理，将翻译置于跨文化传播的语境中，从宏观、动态、外部的视角探究翻译活动，为发扬和光大中国文化提供可资借鉴的理论依据和历史参照。

第一节　研究内容及意义

本书是在跨文化传播的视野下，结合跨文化传播学的基本原理，借助翻译文化研究学派研究范式这一平台，以功能派的翻译目的论为指导理论，运用描述性翻译研究方法，分析、描述翻译的社会历史文化功能（见图1-1）。也就是把翻译置于跨文化传播的语境中，从宏观、动态、外部的视角探究翻译活动（包括作为翻译主体的译者活动）和翻译作品在目的语社会历史文化变迁中所起的不可替代的作用。本书不仅关注翻译研究的"文化转向"，也注重对文化研究的"翻译转向"这一学术动态的学习和研究。其目的一方面是运用新的研究范式对翻译学科建设领域较前沿的课题进行尝试性研究，另一方面是彰显翻译的社会文化地位，突出其重要的社会文化功能，为在当今文化多元化及全球一体化这一背景之下，引进和利用外来文化，发扬和光大中国文化提供可资借鉴的理论依据和历史参照。

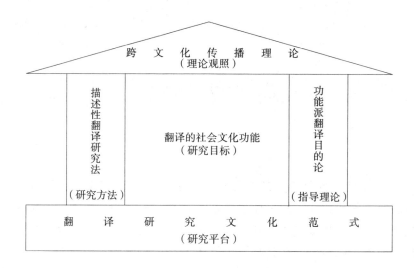

图 1-1　理论依据、框架及目标

本书主要参照跨文化传播学的模式和特点，来描述和构建翻译的传播模式，从"文化翻译"到"翻译文化"进行概念的界定和翻译过程的论述，说明翻译和文化变迁的互动关系，探讨后翻译时代社会的发展变化，并由此提出"后翻译时代"这一说法，旨在和翻译活动发生前的社会文化进行对比，来说明翻译的功能及其对社会和文化所带来的从量到质的演变。另外，针对人类社会中及翻译史上那些已经考证的翻译活动以及无法考证但的确存在的翻译活动提出"显形译"和"隐形译"两个概念，并论证显形翻译与隐形翻译都对社会历史文化的发展变迁发挥了巨大作用。

本书的意义有以下几点：首先，本研究从新的视角，即在跨文化传播的视野下，结合跨文化传播学的基本原理和框架来研究翻译，在理论上拓展了翻译研究的领域和范围，也是在跨学科研究上做的一次有益的尝试。其次，从跨文化传播视角来研究翻译，对翻译活动的各个方面及因素进行客观描述，对翻译中的各种关系进行分析，例如，作者、译者与读者之间的关系，翻译目的、翻译策略与翻译效果之间的关系。通过这些描述和分析来揭示翻译的本质、特征、因素和功能，进一步丰富翻译学理论的内涵，这也是翻译学建设不可忽视的一个环节。再次，借鉴国外最新的翻译研究理论，主要是借鉴文化研究范式及翻译目的论来探讨我国历史上的翻译实践活动，是"外为中用"在翻译研究中的体现，其本身也充分证明了翻译传播的功能和意义。最后，所有的理论阐述和实例分析都在说明一个问题，那就是翻译实践活动在以往的社会历史文发展中所发挥的作用，从而说明无论现在还是未来，翻译的价值不但不应该被忽视，反而应该受到加倍的重视和关注。

第二节　国内外翻译研究发展综述

一、国内外翻译研究的阶段及理论

（一）西方翻译研究发展阶段分期及主要理论

潘文国以有没有自觉的学科意识为标准，把一部西方翻译研究史粗略地分为三个阶段。这三个阶段虽然不那么整齐划一，但基本上可以体现出大多数研究者的共性和理论发展路径。

第一阶段，从古代的西塞罗时期到 1959 年，是传统的翻译学阶段。在这个长达两千年的时期内基本上没有什么学科意识，理论贡献者大多是翻译实践家，理论均零碎而不成体系，且大多是经验性的总结。这一阶段最重要的翻译理论著作是亚历山大·泰特勒 1790 年写的《论翻译原则》，但全书主要内容只是提出翻译三原则并对之进行了阐述。在整个第一阶段，译界讨论的焦点在于"忠实"和"自由"，或者说是"直译"和"意译"。对译的性质，有人认为翻译是一门"艺术"，也有人称之为"技艺"。由于讨论的翻译现象大都集中在文学翻译领域，有人又把这一阶段的翻译研究称为"文艺学派"或语文派。"文艺学派"的翻译家确实没有什么系统的理论，他们强调的是翻译的创造性。正是在这样的背景下，"严格"的翻译理论研究才应运而生。

第二阶段，从 1959 年俄裔美籍语言学家、布拉格学派领军人物罗曼·雅可布逊（Roman Jacobson，出生于俄国，第二次世界大战时移居美国）发表著名论文《翻译的语言观》开始到 1972 年，是现代的翻译学阶段。这个阶段的特点是开始产生了朦胧的学科意识。有些学者认为需要加强翻译学的理论研究，使之成为一门"科学"，但并未想到使翻译学成为一门独立的学科，而只是心甘情愿地让翻译研究成为语言学的一个分支。后来有研究者把这一阶段的翻译研究称为"语言学派"或"科学学派"是有道理的。这一阶段的开山之作是雅可布逊发表于 1959 年的《翻译的语言观》一文，此文第一次将语言学、符号学引入了翻译学，强调"广泛的语际交流，特别是翻译活动，必须时刻接受语言科学的细查"。

他把翻译分为语内翻译（Intralingual Translation）、语际翻译（Interlingual Translation）、符际翻译（Intersemiotic Translation）三个类别，并把它们看作理解语言符号的根本途径。这一阶段的代表性学者还有美国的尤金·奈达（Eugene Nida）、英国的卡特福德（J.C. Catford）以及德国的沃尔弗拉姆·威尔斯（Wolfram Wilss）等人。

20世纪六七十年代，在美国和英国分别出现了奈达的《翻译科学探索》和卡特福德的《翻译的语言学理论》，在德国则出现了威尔斯的《翻译科学：问题与方法》。这一批翻译理论家及其作品的出现，标志着"翻译理论"正式登上了历史舞台。然而，这些理论依托的背景无一例外都是当时的语言学理论。[①]

语言学派提出的理论基本上都是等值理论。奈达强调效果，提出了"动态对等"（后改为"功能对等"或"等效翻译"）原理，而卡特福德更强调功能等值。威尔斯的"受者等值"与这两种提法其实也差不多。因此，"翻译科学"的研究路子越走越窄，越来越引起翻译实践家特别是文学翻译家的不满。由此诞生了第三阶段的"翻译学"。

第三阶段，从1972年（正式发表是1975年）詹姆斯·霍姆斯（James Holmes）里程碑性的论文《翻译学的名称和性质》（*The Name and Nature of Translation Studies*）发表至今，可以称作当代的翻译阶段。这个阶段的特点是具备了强烈的学科意识，这是"翻译研究派"众多学者共同努力的结果。实际上，现在国际通用的翻译学学科名称，即"翻译研究"（Translation Studies）就是出于该派的建议。"翻译研究派"的开山人物霍姆斯从一开始就是以把翻译学建成一个学科为己任的。他的这篇划时代文献《翻译学的名称和性质》着重探讨的就是学科名称、性质、范围等内容，同时在历史上第一次勾勒出了翻译学学科的结构框架。霍姆斯比较了各种翻译学科命名，最终他建议采用一般新兴学科的命名方式，称之为Translation Studies。（Translation Studies是作为学科名称提出来的，故而也可以译作"翻译学"。）

继霍姆斯之后，安德烈·勒弗维尔（Andre Lefevere）于1978年建议学术界将Translation Studies作为翻译学科的正式名称。1980年，巴斯内特（Susan Bassnett）出版了第一本以"翻译学"（Translation Studies）为书名的

---

① 奈达和威尔斯的理论背景都是美国语言学家乔姆斯基（Noam Chomsky）的转换生成语言学，英国卡特·福德的理论基础却是乔姆斯基的对立面弗斯（J.R. Firth）的功能语言学，特别是韩礼德（M.A.K. Halliday）的系统功能语法。

学术专著。1992 年，她和勒弗维尔一起主编了一套 "翻译学" 丛书。吉迪恩·图瑞（Gideon Toury）早在 1989 年也采用了这一名称，他把和兰姆·乔斯勃特（Jose Lambert）创刊主编的翻译专业学术杂志 "Target" 的副标题就定为 "*International Journal of Translation Studies*"。从 20 世纪 90 年代开始，这一名称基本上已被学术界接受。

霍姆斯在提出翻译学名称的同时，也提出了这个学科的宗旨："翻译学有两个主要目标，一是描写从我们的经验世界里表现出来的有关翻译过程和翻译作品的各种现象；二是确立一些普遍原理，以描写和预测上述现象。这两个方面也就是纯翻译学的两个分支，可以分别叫作'描述翻译学'或'翻译描写'，'理论翻译学'或'翻译理论'。"① 这样，他对翻译学的研究范围提出了最初的设想。霍姆斯文章的发表，对翻译研究产生了很大影响。一方面使翻译学研究范围扩大了，从文学翻译到非文学翻译、从翻译形式到教学、从翻译标准到翻译评估等，较之前有了显著变化。翻译学涉及的学科也越来越多，不仅有语言学、文学，还有民族学、文化学、心理学、哲学，乃至国际政治学等，从而使翻译学成为一门名副其实的综合性学科。另一方面，随着翻译理论研究的深入，进一步出现了操纵学派（赫曼斯、勒弗维尔）、多元系统学派（埃文 – 佐哈尔）、描述翻译学派（图瑞）等翻译学流派，形成了百花齐放、百家争鸣的局面，使得学术争论也越来越激烈。总之，翻译的文化研究学派试图探索译语文化通过翻译对源语文化的接受、翻译产品对译语文化的影响、译语文化对翻译活动的影响与制约、文化差异在语言中的反映等问题。

（二）中国翻译研究发展阶段的分期及主要理论

自 20 世纪 80 年代起，中国的现当代译学研究，在四十多年的时间里跳跃式发展，走完了西方翻译界半个多世纪翻译学思想所走的路程，同样经历了从原初朴素的传统经验总结式研究到现代语言学结构主义、再到当代文化学解构主义阶段的发展。根据潘文国对西方翻译研究史的思路划分，我们也可以把中国的翻译理论划分为三个发展阶段。

1. 古代到 20 世纪 70 年代末的传统翻译理论阶段

王宏印尝试性地界定了什么是中国传统译论：凡在中国现代译论产生以前，在中国学术领域内产生的关于翻译的一切理论，都属于广义的中国传统译论。关于中国传统译论的发展历史和模式，学者们从不同角度进行了描述。有些学者主要是着眼于译论的内在发展逻辑，按某种内在的原则将其划分成不同

---

① 方梦之.翻译学辞典[M].北京：商务图书馆，2019:36.

的阶段，然后对各个阶段的主要理论特点及趋势进行阐述，即循着由古至今这条线索，从早期的古代译论家支谦、道安，到近代的严复，再到傅雷、钱钟书等，总结出他们的理论核心，就是所谓的"案本—求信—神似—化境"四个概念，认为它们"既是各自独立，又是相互联系，渐次发展，构成一个整体"，成为我国自成体系的翻译理论。

还有些学者着眼于历史，将中国传统译论的发展过程按中国历史的分期大致划分为几个阶段，然后选择其中重要的译论和评论家按时间顺序进行介绍和评述，探索其产生和发展的社会历史文化背景，揭示其基本内容和特性，并评价其社会文化和科学价值。王秉钦在其《文化翻译学——文化翻译理论与实践》一书的自序中就阐明，中国传统翻译思想主要包含十大翻译学说：支谦和支谶的"文质说"、严复的"信达雅说"、鲁迅的"信顺说"、郭沫若的"翻译创作论"、林语堂的"翻译美学论"、朱光潜的"翻译艺术论"、茅盾的"艺术创造性翻译论"（"意境论"）、傅雷的"神似说"、钱钟书的"化境说"和焦菊隐的"整体（全局）论"。而且他认为，"此十大学说思想，既相互独立又相互联系，有着共同的历史渊源，构成中国传统翻译思想的一条长轴"。王宏印则将上述两种做法结合起来，在分篇时按大致的历史阶段划分译论史，而后又根据中国传统译论自身的发展逻辑将其重新划分为几个阶段，最后对各个阶段的特点进行总结。他把中国的传统翻译论主要归结为道安的"五失本，三不易"、彦琮的"八备"、玄奘的"五不翻"、赞宁的"六例"、严复的"信达雅"、贺麟关于翻译可能性的论证、金岳霖关于"译意"和"译味"的分界、傅雷的"神似说"以及钱钟书的"化境说"等。

中国传统翻译学总的来说因袭多于创新，考证和诠释多于建树和超越。长于随感而疏于实证，重点评和个人经验而轻概括和理论提升。在方法论上，则长于"模糊、抽象的定性概括"而"弱于条分缕析的量化陈述"。不过，无论如何，作为"根植于我国悠久的文化历史，取诸古典文论和传统美学"，并"自成体系"的中国传统翻译理论，在这一阶段的确是在独立地与西方翻译论平行地发展着。

2.20世纪70年代末到20世纪90年代中期的现代翻译理论阶段

我国第二阶段翻译理论受西方影响非常明显，因为它打着"先进"的语言学理论的旗帜，给我国暮气沉沉的翻译理论界注入了"现代""科学""系统"等新鲜空气和元素，其影响自然不可低估。

改革开放之后，我国进入了一个引介外国翻译理论的新时期，陆续创刊或复刊了一些学术期刊，西方20世纪六七十年代发展起来的语言学派翻译理论逐渐成为各外语类期刊引介的重点内容。其中，奈达、纽马克和卡特福德的译论占据了重要位置。译介奈达最有影响的要数谭载喜，他于 1982 年在《翻译通讯》第 4 期上发表《翻译是一门科学——评介奈达著〈翻译科学探索〉》，在次年第 9 期上，又发表《奈达论翻译的性质》，并于 1984 年出版编译著作《奈达论翻译》，从而在中国掀起了研究奈达的热潮。奈达的翻译理论在中国的影响逐渐扩大。1984 年，金堤和奈达合作在我国出版了《论翻译》（On Translation）一书。1993 年，奈达还在我国独家出版了他的一部翻译理论著作《语言、文化与翻译》（Language, Culture and Translation）。几乎与译介奈达翻译理论同时，纽马克的翻译理论思想也开始进入中国并逐渐引起译界的广泛关注，其影响力仅次于奈达。此外，卡特福德也是受到密切关注的外国评论家。可以说，当时及之后一段时期，我国对国外翻译理论的了解，基本上停留在对这一阶段语言学派翻译理论的认识上，而翻译在我国教育界和学术界也被看作是应用语言学的一个分支。

改革开放之前，可以说中国传统翻译论还在我国占据着绝对的位置，随着国门的打开，我国也迎来了翻译研究借鉴西方翻译理论的新时期。西方语言学翻译理论以其现代性、系统性和科学性拓宽了中国翻译研究者的视界。因而，扩大理论视域，引入新的研究模式，探寻科学、客观的研究方法和手段成为这一阶段翻译研究的首要任务。

虽然早在 1951 年，董秋斯就提出了建立"翻译学"的主张，然而由于历史的原因，一直到 20 世纪 80 年代初，翻译学学科建设都未有很大改观，翻译学依然处于"前学科"状态。改革开放之后，随着国内对奈达、纽马克、费道罗夫和卡特福德等语言学翻译理论的引入，翻译研究具有了更多的科学性和系统性特征。1986 年在中国译协第一次全国代表大会上，姜椿芳做了主题报告《团结起来，开创翻译工作新局面》，这预示着中国翻译研究走进了历史的新阶段，这也是中国翻译研究进入现代翻译思想发展时期的一个重要标志。1987 年和 1988 年，谭载喜先后在《中国翻译》和《外国语》上发表《必须建立翻译学》和《试论翻译学》两篇论文，同时出版《翻译学》一书，再加上黄龙同名著作，这些论文论著的相继发表和出版在中国译坛掀起了翻译理论研究的热潮，也唤起了翻译学者们的学科意识。经过广泛而激烈的争论，建立翻译学——一门独立、开放、综合性的人文社会科学，基本成为学者们的共识。

3.20 世纪 90 年代中期至今的当代翻译理论阶段

20 世纪 90 年代，中国译界仍然热衷于对奈达、纽马克和卡特福德等语言学翻译理论的引介，不过与前 10 年相比，态度已经发生了很大转变，由原来的直接"搬运"转变为"阐释""应用"甚至"批判"。尤其随着奈达翻译科学观的改变，中国翻译研究也随之陷入茫然，步入"沉寂期"，学者们又开始孜孜以求，思索突破。就是在这种背景下，一股新风吹来，翻译研究派以及解构主义翻译理论开始进入中国翻译界，令人耳目一新。

其实在 1989 年第 4 期、1990 年第 1 期和第 2 期的《语言与翻译》上就刊载了郑伟波、吴波、张际东翻译的巴斯内特的《西方翻译理论史》系列文章，但那时语言学派的光环普照天下，这些文章似乎并没有引起翻译界太多关注。1996 年《中国翻译》第 5 期发表了韩加明的《"翻译研究"学派的发展》一文，他根据巴斯内特的著作介绍了"翻译研究"学派的发展。同一期上，还刊登了赵家班发表的《当代翻译学派简介》，该文按照以色列学者根茨勒（Gentzler）1993 年在《当代翻译理论》（*Contemporary Translation Theories*）一书中的划分，介绍了当代国际翻译研究五大流派。从此之后，"翻译研究学派"的理论以及该派理论的创始人霍姆斯、佐哈尔、巴斯内特、勒弗维尔、图瑞、霍恩比等人才开始受到中国译界的关注。

与之前相比，这一时期我国对外国翻译论进行了大量译介，其数量和种类大大增加，其中涉及的理论种类和流派繁多，不但涉及语言学翻译理论，还涉及文化翻译理论，而且批判性增强，对外国翻译理论的论述逐步开始了客观的分析和批判。这一时期更注重考察各种理论所产生的背景及各流派理论之间的相互影响，从而加强了对西方翻译理论史的系统梳理。更为重要的是，这一时期我国表现出了和西方翻译论研究明显的同步性。以往国内的相关研究都滞后于国外一二十年，在这一时期情况已有改观。从当时发表的国外翻译理论著作的书评来看，国内研究者大约只滞后一年就可以阅读到西方翻译论最新研究成果。

在西方翻译理论尤其是翻译研究学派理论的影响下，在中国翻译界学者的努力下，我国翻译学研究范围逐渐明晰，翻译理论体系逐渐完善，研究方法日臻成熟，从而为翻译学在中国成为一门独立学科奠定了基础。2006 年 3 月，教育部正式宣布增设翻译本科专业，并开始在全国范围内招生。就在次年，国务院学位委员会批准设置翻译硕士专业学位，为培养高层次、应用型翻译专业人才搭建平台。这些都标志着我国内地高校在翻译学学科建设和学位点建设方面进入了一个崭新的阶段，标志着翻译学独立的学科地位在中国的实际确立，并且得到了普遍认可。

从方梦之为任东升主编的《翻译学理论的系统构建——2009 年青岛"翻译学学科理论系统构建高层论坛"》一书写的序中，我们再次见证了翻译学在中国建立的发展路程。他总结了在青岛召开的三次全国翻译理论研讨会的意义，认为 1987 的第一次会议唤起了我国翻译界的理论意识，使建立翻译学成为我国翻译界的重要话题；2001 年第二次会议（会议正式名称为"全国译学学科建设专题讨论会"）唤起了我国译界的学科意识，使得作为一门综合性学科的翻译研究踏上了新的历程；2009 年第三次全国翻译理论研讨会（会议正式名称为"翻译学学科理论系统构建高层论坛"）为我国翻译学有系统、分层次的建设打开了新的局面。

总体而言，无论中国还是西方的翻译理论，这三个阶段都基本对应的是同样的三个翻译理论研究范式，即传统经验主义文艺学范式（或语文学范式）、现代结构主义语言学范式和当代解构主义文化学范式。

二、翻译研究的研究范式

奈达将翻译研究划分为文艺学派、语言学派、交际学派和社会符号学派，很明显地表现了范式的演进过程。我国学者傅勇林和朱志瑜在对西方翻译学范式的发展脉络进行历史考察后，把西方翻译学范式归纳为古典翻译学范式、近现代语言学范式和当代翻译学文化整合范式。吕俊在 2001 年和 2005 年分别对我国近年来的翻译研究进行了分析，指出它已经过了文艺学范式的翻译研究阶段和结构主义语言学的翻译研究阶段，现在正处于解构主义多元范式的研究阶段，目前是三个范式共存阶段。何绍斌、曹莉琼认为，翻译研究经历了古典范式、语言学范式、文学范式到文化范式的变革。武光军将当代的主要翻译研究范式归纳为文艺学范式、语言学范式、文化学范式、交际理论范式。贺爱军提出翻译学经过长期的演化发展，已基本形成了三种主要的研究范式：文艺范式、科学范式、文化范式。他认为，这三种范式在当代翻译学领域同时并存、相互砥砺、互相借鉴，构成了中国译学研究的三道风景线。

综合以上学者的范式分法，我们把翻译研究范式主要分为经验主义文艺学范式、结构主义语言学范式和解构主义文化学范式，并提出第四个研究范式，即建构主义多元范式。

（一）经验主义文艺学范式

经验主义（empiricism）作为认识论学说，认为人类知识起源于感觉，并以感觉的领会为基础。经验主义研究范式认为翻译过程具有文学创作的性质，翻译活动与文艺创作活动一样，是一种灵感与悟性的表现。译者以自己所喜好的方式来翻译，重点在于遣词用句之精确，注重神韵，欣赏所谓"神来之笔"。而评论者也以个人好恶来评论，多为印象式、点评式、随感式评论，虽说不出更多的道理，但听起来似乎让人也能有所领悟。这一范式始终将直译和意译、自由翻译与逐字翻译等问题作为翻译研究的焦点，要求重构翻译语文本的风格和文学性。但由于学科发展的历史局限性，它不注重规律性的研究与探讨，缺乏系统理论的指导和哲学基础，带有一定的主观主义和神秘主义色彩。所以翻译研究本身也就难以形成系统性理论，仅成为靠主观直觉判断进行的活动。比如，16 世纪法国学者艾蒂安·多雷（Etienne Dolet）提出的"翻译五原则"（译者必须理解原著内容、通晓两种语言、避免逐字对译、采用通俗表达形式、研究译文风格），18 世纪英国学者泰特勒确立的"翻译三原则"（译文必须完全复写出原作的思想、译文的风格和笔调必须和原文属于同一性质、译文必须具有原文的流畅性），国内严复的"信达雅"、傅雷的"神似说"、钱钟书的"化境说"等都可以说是翻译的文艺学研究范式的代表性理论。

（二）结构主义语言学范式

结构主义（structuralism）注重系统中的结构及其各成分间的关系而非功能。与传统经验主义文艺学范式相比，结构主义语言学范式把翻译研究看作是语言学研究的重要组成部分。它将翻译研究与语义、语法功能的分析结合起来，从语言应用角度出发去探讨翻译问题，认为翻译的实质在于构建一种与源语文本对等的译语文本，翻译研究旨在描述如何在词汇、语法结构等语言学层面上实现这种语义对等。

严格来讲，系统的、理论化的翻译研究始于 20 世纪 60 年代，其标志就是几本影响深远的翻译理论著作的问世。比如，奈达的《翻译科学探索》和卡特福德的《翻译的语言学理论》。他们的立论都是以某种语言学理论为基础。尤其是卡特福德的书名及副标题 *A Linguistic Theory of Translation*：*An Essay in Applied Linguistics* 更将其语言学翻译观表露无遗。奈达虽然没有明确表示归依某种语言学理论，但有人指出，他把乔姆斯基（Chomsky）的转换生成语法理论简化改造后，从语言的功能而非形式的角度提出功能对等及动态对等的转化模式。不难看出，20 世纪初翻译研究语言学范式是随着语言学研究的兴盛而产生的。

语言学范式的代表人物首推奈达，他的《翻译科学探索》被认为是翻译科学的宣言书。他首创的"翻译科学"理论于 20 世纪 80 年代传入中国，对我国的译学研究产生了重大而深远的影响，以至于我国翻译理论研究到了言必称"奈达"的程度。

语言学范式吸纳了现代语言学的合理内核，摆脱了文艺范式的感性化认识，使翻译学成为一门科学。这种研究范式高度规范化，术语准确标准，因而具有较强的可操作性。然而，语言学范式本质上是规定性的，它对翻译的科学定性和对翻译理论的学科定位遭到了学者的质疑。另外，翻译绝不是从一个文本到另一个文本的封闭过程，翻译不可能发生在真空之中，必然要受到两种语言赖以生存的文化制约。因此，到了 20 世纪八九十年代，结构主义语言学范式逐渐被解构主义文化范式所替代。

（三）解构主义文化学范式

结构主义语言学之后在西方掀起的解构主义（deconstruction）思潮，影响了人文、社会、哲学等诸多领域，引发了一场深刻的思想变革。解构主义于 20 世纪 60 年代起源于法国，其领袖人物是雅克·德里达（Jacques Derrida）。解构主义不满于西方几千年来贯穿至今的哲学思想，向传统的不容置疑的哲学信念发起挑战，对自柏拉图以来的西方形而上学传统大加责难。可以说，它是对结构主义的反叛，拒斥形而上学、反对中心和权威、破除语言中心论，提倡解构文本以及运用描述主义的方法，而和结构主义的规定性方法相对立。它把语言内部因素与外部因素相结合，置翻译研究于更广阔的文化语境之中，不仅关注翻译的内部研究，而且关注翻译的外部研究，强调文化、历史、政治等因素对翻译的影响，使翻译研究开始涉及文化方面的研究。

如前所述，文艺学范式的主观性、直觉性甚至神秘性的本质使然，文艺学范式始终没能形成系统的理论架构。以语言学为基础的翻译研究虽然转向对文本的结构分析上，致力于语言转换的方方面面，却忽略了文本产生和再生的社会、文化和政治语境。20 世纪 70 年代，以色列学者伊塔玛·埃文 - 佐哈尔（Itama Even- Zohar）提出了多元系统论观点，随后图瑞采纳了这一概念，并将其融入了翻译研究的更大框架之中。到了 20 世纪 80 年代末期，巴斯内特、勒弗维尔等学者将研究焦点集中在了译语文化的文学名声、权力操纵等方面，并于 1998 年在两人合著的论文集《文化建构——文学翻译论集》（*Constructing Cultures*: *Essays on Literary Translation*）中提出了"文化转向"概念，认为翻译研究实际就是文化互动的研究，从此文化范式得以跻身译学研究殿堂。该范式提出了一系列发人深省的问题，比如，一种文化为什么要通过翻译引进外国的文本？如此是否意味着自身文化的不足？是谁在为自己的文化引进外国文化的文本？或者说谁是翻译的主体？翻译的目的何在？谁来选择待译文本？待译文本的选择会受到哪些因素的影响和制约？这些问题在译界立即引起了强烈反响，促使了翻译研究者文化意识的普遍觉醒，同时大大拓宽了研究者的视野，也拓展了翻译研究的范围，为译学研究增加了历史与文化这一新的维度。

这些文化研究学者认为翻译不仅仅是两种语言的简单转换，而是一种复杂的文化行为。他们将翻译置于一个广阔的文化背景中进行研究，强调文化观点和历史意识。勒弗维尔（Lefevere）把翻译研究与权力、意识形态、赞助人和诗学结合起来，并提出翻译是改写文本的一种形式，是创造另一个文本形象的一种形式。翻译实际上是译者对文本的操纵，使得文学以某种方式在特定的社会里发挥作用。巴斯内特（Bassnett）则在研究了玛丽·斯内尔-霍恩比（Mary Snell-Hornby）翻译论点之后，进一步阐述了自己的文化翻译观，认为翻译应以文化作为翻译的单位，而不应停留在以前的语篇之上；翻译不只是简单的解码重组过程，更重要的还是一个传播或交流的行为；翻译研究不应局限于对源语文本的描述，还应涉及翻译文本在译语文化里的功能；为了满足不同的翻译目的与功能，翻译在不同历史时期有不同的原则和规范。

翻译研究的文化范式是由翻译研究的语言学范式演进而来的，这种更替体现了翻译研究的深化，标志着翻译研究上升到了一个更高的层次。但我们认为，这并不意味着文化范式就终止或否定了语言学范式的一切，它只能是对语言学范式的扬弃。文化范式以前所未有的深度揭示了翻译的文化属性，构成了翻译学一直缺少的外部研究范畴。它把翻译理解为一个综合体、一个动态体系，在本质上是描述性的，重点阐释翻译的结果、功能和体系，从而把翻译研究从文本层面推进到文化层面，拓宽了翻译研究的视野，增加了翻译研究的对象，丰富了翻译研究的方法。王洪涛在论及文化研究范式时，针对具体研究对象的理论特点，提出了流动和转变的概念，并从以下方面进行了总结。研究取向上，从源语走向译本；研究对象上，从形式走向功能；研究性质上，从规范走向描写；研究角度上，从共时走向历时；研究视野上，从微观走向宏观。这种理论概括可以说是精确恰当的。

（四）建构主义多元范式

我国翻译研究范式走过了一条从经验主义文艺学阶段的平行式到结构主义语言学阶段的追踪式，再到解构主义文化学阶段的接轨式的研究。也就是说，20 世纪 80 年代中期之前是文艺学研究阶段，20 世纪 80 年代中期到 90 年代中期，以结构主义语言学为理论依据的科学主义翻译观代替了原来文艺学翻译观，使翻译活动有了系统化、科学化的理论依据，具有了一种客观性。20 世纪 90 年代中后期，解构主义理论进入中国，运用描述性翻译理论研究方法，把翻译研究和文化研究结合起来，开始了多元化的翻译理论导向和建构，那时，我国翻译研究很快就与之接轨，时至今日，仍是学术研究之焦点，引领着翻译研究之潮流。文化研究学派作为西方翻译研究的主流学派，对翻译研究做出了巨大的贡献。但随着对文化学研究范式的深入发展，学者们也开始发现了一些问题，并对解构主义文化学范式进行了质疑、反思和批判。

比如，吕俊在论及这一转向时就主张采取一种辩证的态度，一方面应肯定其积极意义，并从这一视角深入研究它在我国翻译实践中的体现；另一方面必须认识到这并不是翻译研究的全部方向，它只是多元视角中的一个视角，同时应警惕用文化研究取代语言研究，即文化研究对翻译本体研究的剥夺，把翻译本体研究消解在文化研究中。但客观地讲，文化学派也并非全部否定翻译研究的语言学范式或翻译研究的本体研究，比如，巴斯内特从理论结合实际的角度出发所提出的翻译学研究的四个领域（可以说前两个侧重结果影响研究，后两个侧重文本语言研究）就可充分说明这一点。

第一个领域是翻译学史，它也是文学史的一个组成部分。研究各个时期的翻译理论、具体作品的翻译出版过程、人们对翻译作品的批评回应、特定时期翻译扮演的角色和所起的作用、翻译方法的发展以及翻译家的个人研究。

第二个领域是翻译与接受语文化的关系。研究作家、作品、文体对译入语社会的影响、译入语语言系统吸收译文的条件以及选择性原则在这一过程中所起的作用。

第三个领域是翻译与语言学。研究在音位、语素、词汇、句法层面上源语与译入语的比较、等值翻译问题，语言形式控制下的意义问题，语言学上的不可译问题，机器翻译以及非文学作品的翻译问题。

第四个领域可以粗略地叫作翻译与诗学，包括文学翻译从理论到实践的全部内容。可以是一般研究，也可以是具体文体研究，如诗歌戏剧剧本、电影配音与字幕翻译等，还可以研究比较具体翻译家的风格，研究风格的形成或原文与译文的关系以及作者、译者、读者三者间的关系。总之，这个领域的研究最终要建立一种文学翻译的理论。

尽管出发点是好的，但文化转向过程中却免不了偏离初衷，也就是说，这些学者质疑及反思的问题也并非空穴来风。为了尽量避免这些情况的发生，我们借用吕俊教授提出的建构主义理念，来对翻译研究进行重新规划，即用建构主义多元范式来研究翻译问题。所谓多元范式，主要从两方面来进行多角度多层次的立体式建构：一是纵向的发展，就是把翻译研究历史过程中的各种范式结合起来，把它们看成范式演进中的不同阶段，也许有主次或层次之别，但无好坏之分，因为本来各种研究范式就各有长短、各存优劣；二是横向的联合，即进行跨学科研究，从别的比较成熟的学科借鉴研究方式和方法，为我所用，目的就是建构一个合理的翻译研究体系。翻译研究本来就具有跨学科、综合性、开放性等特性，其跨越的领域可以纵深到语言学、美学、社会学、心理学、信息理论、计算机科学等学科领域。本研究就是在这一理念指导下，对翻译研究及翻译学的建构进行新的尝试，即从跨文化传播学的视角运用跨文化传播学的理论框架来对翻译学进行多元构建，使之不仅能反映文化学范式的研究理念，还能运用语言学范式的研究方法，并且也能体现文艺学范式的研究传统。也就是说，在这个多元体系中，作为研究本体的文艺学、语言学及文化学范式各就其位，作为研究主体的不同范式的学者们各司其职，合作构建一个严密的翻译学体系。

这个多元体系就好比西方传统食品三明治，缺失中间层充其量只是个面包而已，而缺失上下任何一层，都不能称其为三明治。如果说文艺学范式属于底层，语言学范式属于中层，文化学范式属于上层的话，那么缺失任何一层都无法构成一个完整的翻译研究多元范式。再用一个典型的中国传统建筑——塔来做个比喻，文艺学范式就是塔座，是基础；语言学范式是塔身，是主体或本体；文化学范式就是塔顶，是高屋建瓴的部分。这三个部分相加才能构成一座完整的塔。也就是说，文艺学范式、语言学范式、文化学范式三者统一起来才能建构一个有机的、从微观到中观再到宏观的翻译学体系。而事实也已证明，只有底层的文艺学范式（微观部分）形不成一个体系，只有文化学范式（宏观部分）恐怕也只能是一座空中楼阁，而只有拥有了中间层的语言学范式（中观部分）才显得完整和丰满，因为只有它才能体现出作为一门学科的翻译学的结构细致、内涵丰富的部分（见图1-2）。

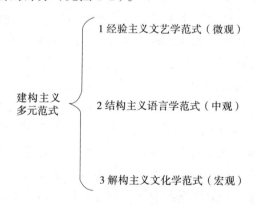

建构主义
多元范式

1 经验主义文艺学范式（微观）

2 结构主义语言学范式（中观）

3 解构主义文化学范式（宏观）

图1-2　翻译研究的建构主义多元范式

正如方梦之所言，我国的翻译论研究，从早期的经验式、随感式、印象式开始，发展为改革开放后的译介式、追踪式和接轨式；而进入 21 世纪以来，实证式、批评式、创新式研究新风渐起。

目前，我国的实证描写研究与国际潮流相符，在一定程度上正在取代规定性研究，但在描写研究的深度和广度上亟待加强。这也应该是我们努力的方向和目标，努力在未来建构一个完善的翻译学理论框架，充实研究内容，并能利用翻译学理论来解释历史事件及文化现象，从而服务于别的学科。

综上所述，我们通过回顾过去国内外翻译研究的三个阶段及范式推进（见表 1-1），审视当前的翻译研究环境和现状，是否可以预测甚至确认国际上翻译研究已经演进到第四个阶段，即建构主义多元范式阶段了呢？

表1-1　国内外翻译研究阶段及范式演进

范式时间阶段	第一阶段	第二阶段	第三阶段	第四阶段
外国	从西塞罗（公元前106—前43年）到1959年	从1959年雅可布逊发表《翻译的语言观》到1972年	从1972年霍姆斯《译学的名称和性质》发表至今	今后
中国	从古代到20世纪70年代末	从20世纪70年代末到90年代中期	20世纪90年代中期至今	今后
范式	经验主义文艺学范式	结构主义语言学范式	解构主义文化学范式	建构主义多元范式

第三节　国内外翻译与跨文化传播学研究综述

一、国外翻译结合跨文化传播学研究

传播学孕育于 20 世纪初，作为一门独立的学科则是形成于 20 世纪三四十年代。其后，大众传播学、传播社会学、跨文化传播学等研究领域的相继学科化，使传播学有了更多、更广的学术空间。把翻译和传播理论相结合的研究发轫于 20 世纪 60 年代。这一时期，美国语言学家和翻译理论家尤金·奈达开始把通讯论和信息论的成果应用于翻译研究，指出语言交际产生于社会场合，如果把它从这个场合中抽象出来，它就不可理解。相反，必须把它置于整个环境中加以分析，其中包括话语参与者和语言的关系，话语参与者作为特定语言群体相互之间的关系，以及把信息原发者和信息接收者串连起来的方式。1977年，德国翻译理论家沃尔夫拉姆·威尔斯（Wolfram Wilss）的《翻译学：问题与方法》(*The Science of Translation : Problems and Methods*)一书出版。在该书中，威尔斯对以往翻译学研究的过程进行了分析总结，指出过去的研究迫使翻译学科研究忽视了翻译本身的诸多特点，特别是有关信息传递性质的那些特点，并明确指出翻译是与语言行为和抉择密切相关的一种语际信息传递的特殊方式。1991年，英国翻译理论家罗杰·贝尔（Roger Bell）在其著作《翻译与翻译行为：理论与实践》(*Translation and Translating : Theory and Practice*)一书中根据信息论原理提出了翻译过程模式，阐释了译者从信息接收、识别、解码、获取、理解、选择、编码、传输、再接收等九个步骤。此外，美国学者斯科特·蒙哥马利（Scott L.Montgomery）于2000年在他的《翻译在科学知识跨文化跨时代传播中的作用》一书中则把翻译和跨文化传播联系起来，论述了翻译在人类跨文化传播过程中所起的极其重要的作用和功能。

二、国内翻译结合跨文化传播学研究

吕俊1997年在《外国语》第二期发表了《翻译学——传播学的一个特殊领域》一文，在国内首次提出了翻译的传播学理论，将翻译学置于传播学之下，用传播学理论观照翻译学，即视翻译为传播活动的一种，包括传播主体、传播内容、传播场合、传播目的、传播对象、传播渠道、传播效果7个彼此密切联系的要素。他明确指出："翻译是一种跨文化的信息交流与交换的活动，其本质是传播，无论口译、笔译、机器翻译，也无论是文学作品的翻译，抑或是科技文体的翻译，它们所要完成的任务都可以归结为信息的传播。"[①] 在文中他把翻译学归于传播学，虽然具有独创性，不过，这种将翻译学视为传播学的一个分支，把翻译学纳入传播学范畴的主张，似乎给人一种"才出虎口，又入狼窝"的感觉，对于翻译界来讲恐怕不是一个容易被接纳的建议，这自然会削弱建立独立的翻译学学科体系的努力，重蹈翻译学被附庸于其他学科的覆辙。不过9年后，他又在《翻译学——一个建构主义的视角》一书中，把传播学的

---

① 吕俊.翻译学——传播学的一个特殊领域[J].外国语(上海外国语大学学报),1997,4(02):40-45.

结构模式作为翻译学的机体结构进行研究，利用它来为翻译学的构建服务。随后，廖七一在 1997 年《四川外语学院学报》第三期上发表了《翻译与信息理论》一文，将信息传播的基本理论应用于翻译研究。在此后几年中，也有研究翻译与传播学理论的文章出现，如张俊探讨传播理论对翻译学理论建设的意义以及对翻译研究的指导作用；张燕琴运用了几种传播过程模式从传播学的角度探讨翻译传播过程的特点、规律和所涉及的各种关系；孟伟根结合传播学原理，构想建立翻译传播学理论框架（但好像没有后续发展了）；张从益对翻译的文化属性和文化功能的思辨，认为翻译是跨文化传播的中介环节，具有文化和传播的双重性质；罗选民从文化传播的角度认识翻译的重要性，探讨了文化传播与翻译的关系；刘明东把翻译与提升文化软实力结合起来，强调翻译是跨文化传播和交流的重要途径；等等。

与普通传播学不同的是，翻译是在异语和异质文化间进行的，是一种跨语言、跨文化的信息传播活动和过程，确定翻译的本质属性，即跨文化传播的本质属性，对于翻译理论的研究来说是一个重大的进展。从传播学意义上说，人类文化是各民族不同文化传播、汇聚与交流的产物，而翻译正是跨文化交流活动中重要的传播媒介，是不同文化之间平等对话、互相沟通、达成共识的中介。没有翻译，就没有跨文化传播和交流；要进行跨文化传播和交流，也离不开翻译。在全球化、信息化的今天，翻译研究的文化转向是历史的必然，翻译观念和翻译研究范式都业已发生了巨大变化。这种变化使翻译研究的范式从技巧分析到话语建构，从以原文为中心到以译文为中心，从文本内到文本外，从纯语言层面走向文化层面，人们开始探讨翻译与文化的互动关系和影响。这种范式也以其跨学科、跨文化的宏观综合方法而成为相对独立的研究领域，给翻译研究提供了和语言视角并行不悖的文化视角，使我们的研究更加全面而避免失之偏颇。这既有益于我们在新时期完善对翻译研究的理论建设，也对建构新时期的中国文化不无裨益。

以往传统的翻译理论著作往往局限于语言与文字两个方面和译语与源语的两极之间，不能适应日益广泛的实际信息传播活动。我国传统翻译论体系中的翻译理论，主要是文艺学的翻译理论，一直把忠实传达作者的原意作为翻译首要也是最终的目的，因此一直被看作是两种语言之间的转换过程，是一种纯粹的知识输入活动，翻译研究也一直以语言分析和文本的对照为主要任务，偏重语言的、艺术的、规定性的翻译批评而忽视文化的、历史的、描述性的翻译研究。到目前为止，国内有不少翻译研究者对中国的翻译史和翻译现象进行宏观研究，其中很多探讨都涉及翻译的作用、功能和影响，并且出现了不少这方面的专著，如有翻译发展史研究、学科翻译史研究，还有以翻译与文化的关系为角度展开的研究，以及研究翻译影响、文化变迁的。对此，除反思整理现有的理论外，我们还应对那些尚未深入探讨的领域进行比较全面系统的探索和梳理，拓展翻译理论研究的领域，进行翻译学科的建设与发展。

三、翻译研究文化转向及其意义

在 20 世纪 80 年代后期，由于文化研究在西方学术界已逐步上升到主导地位，部分学者开始从不同的文化研究角度切入翻译问题。玛丽·斯内尔 - 霍恩比撰写文章，建议从事翻译理论研究的学者们抛弃他们"唯科学主义"态度，把文化而非文本作为翻译单位，把文化研究纳入翻译理论研究中来。经过玛丽·斯内尔 - 霍恩比、苏姗·巴斯内特和安德烈·勒弗维尔等文化翻译学派学者对翻译研究的"文化转向"的积极倡导，这种以多元取向为特征的翻译理论逐渐取代了长期占统治地位的以尤金·奈达为代表的结构主义语言学翻译思想，它把语言内部因素与政治、权力、文化等外部因素相结合，进一步加大了翻译研究文化转向的力度，并相继出现了目的学派、操控学派、文化学派、解构学派、女性主义学派等更具特色、主张更鲜明的研究学派。不过它们的共同特点都是以解构主义思想为核心，反思传统的翻译研究，否定原文文本中心论，改变了传统的翻译理念，拓宽了翻译研究视野，奠定了翻译学作为一门独立学科的基础，使翻译研究成为西方学术界的一个热门话题。

安德烈·勒弗维尔说："翻译当然是对原文的改写。所有的改写，无论它出自何种目的，都反映了某种特定的意识形态和诗学，从而能够促使翻译文学在这种特定的社会中，以某种方式发挥作用。改写是某种权力背景下的操控，就其积极作用而言，能促进文学与社会的发展。它引进了新的观念，新的文学体裁和技巧。翻译的历史就是文学变革的历史，同时也是一种文化对另一种文化发生作用的历史……通过翻译来研究这种文学操纵过程有助于我们更好地认识我们所生活的世界。"[①] 这段关于翻译本质的论述，隐含着一种翻译研究的文化视角和对翻译在译入语中的接受和功能的敏锐体察。翻译已经不是传统意义上——对应的语际转化，而是一种在本土文化语境中的文化改写行为。也就是说，除外在形态异化为译入语语言外，译作还会因适应译入语文化生态环境而出现变形、增删、扭曲等，从而打上译入语文化的烙印，负载着译入语时代文化的意蕴。翻译实践因而具有了浓厚的社会、政治、经济、文化，甚至个性化

---

① 张晓倩.浅析安德烈·勒弗维尔的翻译理论 [J].青年文学家，2009,4（08）：44、47.

色彩，而翻译文本则成为译入语文化和文学规范的文化建构材料，承载着特定的社会文化功能。

无论中外，传统的翻译学观念都在以原作为中心思想的基础上，为"忠实""信与不信""信达雅""直译""意译"等翻译标准和翻译方法争执不休。在翻译观念和理论不断更新的今天，翻译研究所处的文化语境已经发生了很大变化，因此我们有必要调整、充实并更新对翻译和翻译研究的认识。在这种背景下，翻译学的文化转向研究意义尤其重大。

在研究范式上，相比于语言学派规约性的微观研究，文化研究注重进行宏观而宽容的描述性研究，强调翻译研究的多元性和宽容度。翻译活动和行为被放入了社会、历史、文化、意识形态等更广阔的语境中去研究，语言学派规定性研究范式的局限性得到了充分弥补。从研究内容上讲，以译语为中心的研究视域更加广阔，更具活力，它打破了翻译界以往的陈规和戒律，大大拓宽了对翻译活动的界定，跳出了传统翻译以信息或语义为翻译目标的桎梏，使译学研究融进文化研究，从词语、篇章、文本的层面上升到文化层面。翻译研究的文化转向给翻译研究以新的观察和研究视角，并为之提供了可依据的理论支撑，使我们超越单一的思维模式，而不再把研究局限于只解决几个具体的语言操作技巧性问题，因而得出的结论也更具有理论指导意义和学科建设意义。

另外，文化转向也给译本解读带来了有力的工具。我们知道，翻译承担着观念阐释和文化解读及传承的功能，原作中心论让翻译活动和译者置身于奴仆地位，将原作和译作对立起来；而在真正的翻译实践中，尤其是文学翻译中，源语和译语根植于不同的文化土壤，不同的历史积淀、文化经验、时代信息和意识形态等构成了各自不同的接受语境，因此翻译中要传递的文化价值与信息也往往存在差异，有时甚至是天壤之别，根本不可能产生与原作绝对对等的完美译作。多元文化世界对翻译提出了特定的要求，译作本身形成了独特的文学体系。译文并非一定要去复制原文，读者也不再仅仅以原作为标尺来衡量译文。因为每一译本所处时代不同、语境不同，相应地便要求产生顺应时代语境不同要求的译本，从而将整个翻译活动纳入动态的不断发展的社会文化体系之中。

最后，需要着重说明的是，翻译作为一种跨语际实践活动，要揭示的不仅是语言符号所承载的静态文化信息，还要昭示翻译行为本身的目的和达成目的的手段，翻译理论的建设应该对这种区分保持清醒的认识。目前很多翻译理论研究论文随意贴用文化标签，以为谈谈词句中所蕴含的文化差异就是文化研究了。名为新视角，其实却不然，如此的话，那所谓的翻译文化学派早就存在了，何来文化转向？语言学派的著名翻译理论家，如卡特福德、纽马克和奈达等无不谈到翻译中的文化转化问题，但他们关注的焦点是不同语言在词汇或语句上所反映出的文化差异，如奈达关于爱斯基摩人描绘雪的词汇和阿拉伯人关于骆驼的词汇。也有学者谈论语境问题，甚至专门为此提出语境化理论，但这个"语境"也仅仅是指文本内文化语境的差异问题，而非文本外的文化层面的翻译研究。在我国，从古至今也有众多学者都谈到这个问题。像这样探讨翻译中的文化因素和现象自有其价值，但并非我们现在所说的文化学派研究方法，因为其总体形式仍然还是在探讨微观层面上的语言转换问题，而没有涉及翻译作为一种行为的文化意义。有鉴于此，谢天振指出，翻译不再被看作是一个简单的两种语言间的转换行为，而是译入语社会的一种独特的政治行为、文化行为和文学行为。由此看来，翻译不仅被看成是一种跨文化传播的语言实践活动，更是一种对目的语文化的建构活动。不过，需要强调说明的是，文化研究学派关于翻译研究的观念也只是翻译研究的一个维度，而不是全部，传统的翻译研究在文本内探讨文化差异的方法并没有失去其自身的价值，也永远不会失去。

第四节　研究方法与理论依据

一、描述性翻译研究方法

（一）描述性翻译研究理论的提出与发展

20 世纪 50 年代以前，翻译理论研究一直属于规范性的研究。规范性翻译研究的特点是把翻译看作一种纯粹的语言艺术，定出一个规范，然后让所有译者在翻译实践中执行。它所注重的是译文是否忠实于原文以及如何翻译才能够达到忠实的问题。

1972 年，作为翻译研究学派创始人之一是詹姆斯·霍姆斯在哥本哈根召开的第三届国际应用语言学会议上首次发表了《翻译学的名与实》（*The Name and Nature of Translation Studies*）一文，把翻译学定位为经验学科（empirical discipline），提出应将翻译学视作一门独立的学科，并对翻译学的研究目标、研究范围以及学科内的划分提出了详细的构想，被西方翻译学界认为是"翻译学学科的创建宣言"。①霍姆斯将翻译研究划分为纯翻译研究（pure translation studies）和应用翻译研究（applied translation studies），前者又有理论性翻译研究（theoretical translation studies）和描述性翻译研究（descriptive translation studies）两个分支。描述性翻译研究又包括三种形式：产品取向（product-oriented）、过程取向（process-oriented）和功能取向（function-oriented）。

霍姆斯将翻译研究这门新兴学科的蓝图规划得如此清楚完备，开启了西方翻译学的学科性和系统性研究的先河。霍姆斯所提出的描述性翻译研究框架为翻译学提供了新的发展方向，使翻译研究开始注重描述性，奠定了现代描述翻译学派的理论基础。1980 年，该学派另一位代表人物，以色列学者图瑞出版了《翻译理论探索》（In Search of a Theory of Translation），标志着描述翻译学理论初步形成系统。他在 1995 年出版了描述翻译学的代表著作《描述翻译学及其他》（Descriptive Translation Studies and Beyond），系统阐述了描述翻译学的原理和它在翻译学中的地位；探讨了描述翻译学研究的方法论和翻译规范问题，主张以经验和翻译语为导向的研究方法，并对描述翻译学实践进行了系统的总结，探讨了翻译行为的一些基本准则。他力主在翻译学领域建立基于方法论的、系统的描述翻译研究分支。这极大地推进了霍姆斯翻译学思想的实践，也是迄今为止描述翻译学最具系统性的文献。该书一经出版立即引起了翻译界的广泛关注。

该学派的另一重要著作是西奥·赫曼斯（Theo Hermans）1985 年主编的论文集《文学操纵——文学翻译研究》（The Manipulation of Literature : Studies in Literary Translation）。该书收录了描述翻译学学派的重要研究论文。自问世后，由该书名而得的"操纵学派"（Manipulation School）一词不胫而走，成为描述翻译学学派的另一个代名词。赫曼斯认为，文学翻译研究应采取描述性的、功能的、系统的研究方法。20 世纪 90 年代以后，随着翻译研究的文化转向，描述派学者们开拓了很多新的研究领域，范围开始涉及权力、操纵、女性主义，把翻译放在时代的政治、经济、文化、意识形态等大的社会背景之中去研究。其中的代表性著作有：巴斯内特与勒弗维尔主编的论文集《翻译、历史与文化》（Translation，History and Culture）与勒弗维尔的《翻译、改写以及对文学名声的控制》（Translation，Rewriting，and the Manipulation of Literary Fame）。赫曼斯出版的《系统中的翻译：描述及系统方法阐释》（Translation

---

① 郑容.翻译史研究的名与实［J］.文教资料，2020,4（13）：33-34.

in Systems : *Descriptive and System- oriented Approaches Explained*）一书，进一步发展了该派的理论。

（二）描述翻译研究的含义和特点

所谓描述性翻译研究，用玛丽娅·提莫志克（Maria Tymoczko）的话来说，就是"在研究翻译的产品、过程及功能的时候，把翻译放在时代中去研究。广而言之，是把翻译放到政治、经济、文化中去研究"。相对于长期占统治地位的规范性翻译理论，描述性翻译理论一个最大特点是它的宽容性。正如图瑞在定义什么是翻译时指出："翻译就是在目的系统中，表现为翻译或者被认为是翻译的任何一段有目的文本，不管所依据的理由是什么。"①

传统的规范性（prescriptive）翻译研究侧重于文本的对照，力图探索语言转换的规律，评判译文的优劣，也就是制定出规范为翻译实践提供指导，然后让所有译者在他们的翻译实践中去遵照执行，也不考虑他们所处的时代、不分文本、不分读者的认知环境。可以说，这一直是翻译界不可动摇的指导方针。规范性翻译研究的显著特点是把翻译看作一种纯粹的语言艺术，用语言规则来考察翻译。如奈达的动态对等、卡特福德的等值理论等，即利用语言学的某些基本原理对翻译进行描述，总结出格言式的规范标准，用以指导翻译实践。这种局面在西方一直延续到 20 世纪 50 年代，甚至更久，这种规范性的翻译研究在我国也在相当长时间内占据着统治地位。翻译研究多是翻译家总结自己的实践经验，再传授给后人，让别人照着去做，如严复之"信达雅"、傅雷之"神似"和钱钟书之"化境"等。事实证明，这样的研究限制了我们的视野，不利于翻译学建设。而描述性翻译研究则突破了由单纯文本构成的封闭空间，将翻译放在目的语的社会文化中进行研究，将其视为一种文化和历史现象，考察翻译与目的语文化之间的互动关系。其着重点不在于制定规范，作出价值判断，而是从宏观角度客观地描述实际发生的翻译现象。

（三）描述翻译研究的基本观点与原则

金敬红总结出描述翻译学派有两个基本的论点。一个是翻译的"不完整性"，即译者不可能在译文中完完整整地传达出原文的意思。在此基础上，他又引出描述学派的另一个观点——翻译的可"操纵性"，即任何翻译都经过了译者不同程度的操纵，因此，同一个原文在不同的译者手里、在不同的时代才

---

① 高峰，张灯.翻译研究发展的推动力——多元系统理论研究［J］.吉林省教育学院学报，2018,34（2）：62-64.

会出现许多不同的译文。与规范性翻译不同，描述学派给各种形式的翻译以适当的定位，避免了由于规范性标准而造成的无谓又无休止的争论。不过应该说明的是，这并不意味着描述翻译理论完全否定传统的规范性的翻译标准，它只是想批评传统翻译理论中的一些不尽完善的地方。因为规范性的翻译标准也是有它的作用的，它为译者指出翻译应该达到的目标。其不足之处就在于它总认为自己的标准是唯一正确的，没有看到或是不愿意承认世界上实际存在着各种形式不同、风格不一的翻译。另外，规范性翻译理论还局限在狭小的语言层面，把翻译仅仅看作是一种语言转换，而不考虑社会文化等大语境，故而无法解释某些翻译行为。描述翻译理论则相反，它认为只要言之有理，译文文本就可以被接受认可。也就是说，描述翻译研究的关注点不在纯粹的语言形式上，它更加注重探讨翻译在社会文化方面所发挥的作用和所要达到的目的。

在讨论描述翻译研究的两个原则，即相互依赖原则和功能优先原则之前，我们还是先看一下上面提到的霍姆斯第一个为描述翻译学描绘的三个研究取向。

首先，产品取向研究就是对翻译成品进行研究，一是对个别译本的描述，或是对同一作品不同译本的比较；二是可以对译本进行历史的或共时的比较，即可以是同一产品不同时期的译本比较，也可以是同一时期同一产品的译本比较。

其次，功能取向研究的兴趣不在于研究译品本身，而在于译品对译语社会文化所起的功能，也就是研究语境（context）而非文本（text）。研究的问题是何种文本在何时何地被翻译，又有何影响。该取向的研究可能会促进社会翻译学的产生。

最后，过程取向研究关注的是翻译过程或翻译行为本身，就是要研究译者在把一种语言的文本翻译成另一种语言时，译者脑子中的"黑匣子"里究竟发生了什么。由于该领域的复杂性，希望心理学家们能多加关注，以促成新的领域——翻译心理学或是心理翻译学的诞生。

图瑞认为霍姆斯提出的这三个研究方面各有自己的研究领域，但同时它们又相互依存，图瑞称之为"相互依赖原则"。从该学科的整体角度看，如果我们要了解翻译的复杂性，就必须通过这三个方面的相互关系来理解。每个研究方面都具有两个特点：一是每个研究既独立，又都与整体密切相关；二是每个研究都是为整体服务的，共同阐释相互之间的依赖关系。另外，图瑞认为，翻译在目的语文化里的地位是翻译文本重要的组成部分，因为翻译正是为了满足目的语文化中的某种需要，为填补该文化中某个空白而出现的，这也是译者为该文化要做的首要的事情和要起的首要作用，使所译文本为目的语文化赋予新的内容。所以说描述翻译研究注重的不是语言形式，而是意义。至于译者在翻译过程中采取什么翻译策略，运用什么语言特点，以及通过什么方式来翻译，则要看翻译的功能为何了。图瑞称之为"功能优先原则"。①

（四）描述翻译学派的描述对象及描述方式

翻译研究的最终目标之一就是考察翻译活动在文化意义上的效果，也就是确定特定时期的翻译行为或现象对社会历史文化变迁的影响和作用。目的语文化变迁总是呈现出多维性、复杂性，因而也是最难把握的一个描述层面，而描述研究的关键之一就是对描述对象和描述方式的确定，为此，范祥涛归纳了翻译描述的几个对象以及相应的描述方法。描述对象包括制约翻译的目的文化、翻译的目的描述、译本的细节描述、翻译批评的描述、翻译的社会功能及目的语文化的变迁。这些对象大都不再局限于翻译内部，而是将研究的视域延展到翻译的外部，并以社会文化功能为纽带将两者联系起来。

作为描述对象的译本，其基本功能是给译语读者提供信息。这些信息一般既要符合译语的规范，又要符合译语读者的社会心理和社会文化背景。译作是译语社会的一种文化现象，会对译语社会的语言和文化产生影响。因此，翻译研究要注重译者与译语读者之间的关系、译作和译语文化之间的关系以及译者在翻译中所起的能动作用。

图瑞从译语文化的宏观角度考察译作，发现译者是根据译语文化的需要而翻译，其主要目的就是使译文更容易被译语文化所接受，因此提出翻译是以目标为导向（target oriented）的观点。也就是说，翻译活动和译作应以译语社会和文化的需要为前提，须以译语文化能够接受的形式来翻译原文。基于以目标为导向的总体把握，范祥涛列举了几种具体的描写方式，其中包括共时对比描写、以统计为基础的共时和历时描写、历时对比描写、历时译史描写。这为描述特定历史时期主导文化因素的演变，提供了多方位的描述框架和可操作的方法指导。他还总结说，确定适当的描述对象，采取有效的描述方式，都是为实现对翻译行为或翻译现象的精确描述，并在此基础上确认制约翻译各层次选择的文化规约、译者实施翻译活动的目的以及这一目的的实现的程度，进而考察翻译对目的语文化产生的各种层面的影响，以及目的语文化中所发生的历时变迁。

---

① 张科.浅谈翻译的导化与优化功能 [J].科学咨询（决策管理），2008,4（07）：65-66.

（五）描述翻译研究的成就及在方法论上对文本研究的指导价值和意义

描述翻译研究理论不论是对西方翻译学还是我国翻译学的建立与发展都做出了巨大贡献。具体来说，主要表现在以下几个方面。

首先，"翻译"的定义得到了扩展。在描述翻译研究兴起之前，人们普遍认为只有与原文对等的文本才称得上是翻译，翻译研究的对象也大多局限于此。而描述翻译研究者则对各种各样的翻译（包括以前处于边缘位置的翻译现象）给予适当的肯定，声称只要是在目的语文化中以翻译的面貌出现或是目的语读者认为是翻译的一切文本都可称为翻译。如此翻译的概念就得以扩大，甚至囊括了一些极端的例子如转译（通过一种中介语言进行翻译）和伪译（不存在原作的翻译）。这就丰富了我们的研究对象，使长期被忽视的翻译现象得到了应有的研究地位。例如，孔慧怡1998年在其专著《翻译·文学·文化》中就开辟专章，收录了三篇伪译专论。这是我国译论中较早另辟蹊径、用描述翻译方法进行翻译研究的实例。

其次，使人们对翻译现象的认识更清楚。描述性翻译研究将目光投向广阔的目的语社会文化环境，探索翻译与其所在的文化环境之间的互动关系。它将翻译放回到它所得以产生的社会、历史、文化语境中，研究与之相关的多种因素，进而对各种翻译现象做出解释，得出令人信服的结论。在这里翻译被看作是一种社会行为和一种历史文化现象

最后，提高了翻译研究的地位，促成了翻译研究的学科化。历史上，翻译虽然重要，但对翻译的研究在国内外大多处于边缘地位，只被认为是简单机械的语码转换，而不曾受到应有的重视。直到描述翻译理论创立，将翻译活动置于社会的大环境之下，通过掌握的大量的实证材料，证明翻译对于目的语社会文化的进步起到了不可估量的作用。同时，这些研究还显示了翻译研究的学术价值。图瑞认为，一门实证学科如果没有一个描述性的分支就不能称作是完整的、（相对）独立的，这种观点非常符合科学原理，对于确立翻译研究的学科地位无疑也是极有益处的。所以说，翻译研究必须展开对译语文化背景的描述性研究，探索文本以外的社会文化因素在翻译活动中所起的作用，从而为翻译研究开拓新的研究领域，使之得以向纵深发展。可以说，描述翻译研究解构并扬弃了传统的翻译理论，扩大了翻译研究的视野，同时它也是对传统翻译理论必要的补充。

总之，翻译研究从规范性研究走向描述性研究，从微观的研究走向宏观的视角，两者并不矛盾，将两者结合起来，翻译研究就能更为客观而全面。假

如我们要探讨翻译的功能，就必须把翻译研究范围扩大，以描述为基础，研究受当时社会、文化，甚至经济环境影响，从翻译过程开始之前到翻译产品面世之后的各个阶段，包括选材、选择译者、出版安排、编辑参与、当代反应和历史影响，这也是本研究运用描述翻译研究的方法，借助相关学科——跨文化传播学——的理论框架，对翻译在中国社会历史文化变迁中所起的作用及其所产生的影响进行研究的意义所在。

二、功能派翻译目的论理论

（一）功能派翻译目的论的形成和基本内容

当代西方翻译理论蓬勃发展，从注重语言和文本的微观研究到聚焦社会历史文化对翻译研究影响的宏观研究，出现了多元的、跨学科的翻译研究格局。在众多的翻译理论中，德国学者提出的功能翻译理论（目的论）独树一帜，把翻译研究关注点转向了译语文化，打破了传统翻译研究的文本中心论，使译者更多地关注翻译文本和目的语读者以及翻译文本的社会功能和跨文化交际传播效应，为翻译研究提供了新视角。

在功能翻译学派成为主流之前，以对等论为基础的语言学派在德国翻译学界占主导地位，对等论者一般都侧重于原文，认为原文的特征必须在译文中得以保留。但是，在翻译实用性文本（如广告、产品说明书）而非文学作品时，坚持对等论的理论家更倾向于接受非逐字翻译的方法。他们针对不同的语篇体裁和文本类型选择不同的，甚至是相互对立的标准来制定翻译方法，这使得对等论更加让人迷惑不解。在这种情况下，有些学者，尤其是进行译员培训的翻译教师，渐渐不满于翻译理论脱离实践的情况，希望出现一种新的理论。这可能就是一些翻译学者开始从对等论转向功能翻译途径的原因。

功能翻译理论主要以广义上的功能语言学为基础，具有评价与规范意义，评价意义包括对所处文化情景中翻译功能的鉴定；规范意义是指对未来的专业翻译工作者进行培训，要求他们译出好的（即具有某种功能的）、满足客户需要的译作，并且要求译者寻求充分的论据来保护其译作免受委托者和使用者的不合理批评。

（二）德国功能派翻译理论发展脉络

早在 1971 年，卡塔琳娜·赖斯（Katharina Reiss）在其著作《翻译批评的可能性与局限性》中，就提出了功能类别的问题。严格来说，该书仍以对等论为基础，却可以视为德国翻译学术分析的发端。她与汉斯·弗米尔（Hans J.

Vermeer）合著的《转换理论的基本原理》标志着她理论发展的巅峰。他们主张翻译应受控于占主导地位的功能，或受控于原文的"skopos"（希腊语，意为"功能""目的""意图"）。

弗米尔突破了对等理论的限制，以文本目的为翻译过程的首要标准，发展了功能派的主要理论——目的论（skopos theory），为功能派翻译理论作出了杰出的贡献。因为"skopos"既可做"功能"也可做"目的"讲，所以功能派也被称为目的论学派。他尝试在实践与理论之间架起一座桥梁，认为翻译是一种转换，也是一种人类行为，而任何行为都有一个目标、一个目的。而且，一种行为会导致一种结果、一种新的情景或事件，也可能是一个新的事物。这便是弗米尔将其理论称为目的论的原因。

通常情况下，"目的"是指译文的交际传播目的。根据目的论，一切翻译遵循的首要原则就是目的。目的一旦明确，就会直接影响翻译全过程的各个层面。弗米尔认为，翻译的目的有三种：译者目的、译文传播目的和特殊翻译策略所要达到的特定目的。正是翻译行为的发起者决定译文的传播目的。但译者并非只能被动地接受一切，他可以兼任发起者，直接决定译文的目的，或者参与决定翻译的目的。

而贾斯塔·赫兹·曼塔莉（Justa Holz Mantari）比弗米尔更进一步拓展了功能翻译理论的适用领域，她以行为理论为基础，提出了"翻译行为"（translation action）的概念，探讨包括文本转换在内的所有跨文化转换形式，着重论述了翻译过程的行为、参与者的角色和翻译过程发生的环境三方面的问题。翻译理论方面，曼塔莉是个比较前卫的人物。早在1981年，她在其著作《翻译行为理论与研究方法》中，几乎不使用"翻译"一词。这使她偏离了传统意义上"翻译"一词的概念及其所包含的读者对"翻译"一词的期望值。在她的理论模式中，翻译被解释为一种"为实现某种特定目的而设计的复杂行为"，其总称为"翻译行为"。翻译行为的目的在于传递跨越语言与文化障碍的信息，包括了各种各样的跨文化交际传播行为。曼塔莉特别强调翻译过程的行为，强调分析行为的参与者（行为发起者、译者译文使用者、信息接收者）和环境条件（时间、地点、媒介）。

诺德作为赖斯的学生，深受其老师文本类型学的影响，也十分肯定弗米尔的目的论，同时她也有自己独到的见解。她把忠诚原则引入功能主义模式，大加赞赏曼塔莉的翻译行为理论，提出"功能加忠诚"（function plus loyalty）理论，强调源文与译文的关系，这种关系的质量和数量由译文的功能（目的）确定。也就是说，根据译文的语境，源文中的哪些内容可以保留，哪些需要调整或改写，都由译文的预期功能（目的）来确定。

诺德对译学的贡献是多方面的，她的功能主义方法论也是建立在功能加忠诚两大基石之上。功能指的是使译文在译语环境中按预定的方式运作的因素；忠诚指的是译者、原文作者、译文接受者及翻译发起者之间的人际关系。忠诚原则限制了某一原文的译文功能范围，增加了译者与客户之间对翻译任务的协商。诺德说，忠诚"使译者双向地忠于译源与译入目标两方面，但不能把它与忠信的概念混为一谈，因为忠信仅仅指向原文与译文的关系，而忠诚是个人际范畴的概念，指的是人与人之间的社会关系"。功能加忠诚是诺德独特的翻译理论，更确切地说是她的理想。

此外，她还提出理想的"翻译纲要"，明示或暗示译文的预期功能、读者、传播媒介、出版时间、地点等信息，有时还包括译文目的或出版译文的动机。只有清楚地了解了翻译纲要，译者才能了解译文的功能与动机，才能据此决定合理的翻译步骤。

由上可知，德国功能主义翻译目的论学派代表人物具有里程碑意义的理论分别是：赖斯的功能主义翻译批评理论，即文本类型理论（Text Typology）、弗米尔的目的论（Skopos Theory）、曼塔莉的翻译行为理论（Theory of Translation Action）和诺德的功能加忠诚理论（Function plus Loyalty）。赖斯、弗米尔和曼塔莉属德国功能学派的第一代代表人物，诺德则属第二代代表人物，她的理论是在第一代理论的基础上发展起来的。

（三）从功能派视角看翻译的基本概念与实质

功能派将目的放在头等重要的位置，这一点也体现在功能派对翻译概念的定义和对翻译实质的阐释中。功能派认为翻译行为和翻译是两个不同的概念。如果说翻译行为指译者在跨文化交际传播中可做的工作，那么翻译就是他转换文本时所做的工作。例如，一名译者建议他的德国顾客不要把寄给新加坡一家小公司的信翻译成英文，而是译成中文，因为该译者知道新加坡虽然是个双语国家，但小公司里的人不一定熟识英文。他的行为属于翻译行为，而当他具体把这封信转换成中文时，他的行为就称为翻译。由以上两个概念的定义可以得出，翻译行为及翻译的实质是一种有目的的文化交际和传播。

翻译的实质反映出翻译的三个性质：目的性、传播（交际）性、跨文化性。译者在翻译过程中，总会自觉或不自觉地以某个特定的译文接受者群体为对象，使译文在目的语环境中具有某种功能，这就是翻译过程的目的性。另外，功能派认为目的性已经包含在行为这个概念的定义之中，因而也说明了翻译具有目的性。虽然翻译目的有时不是很明确，但至少包括完成人们因文化、语言障碍而受阻的交际活动，这就是翻译的传播性。传播是通过交换符号实现的，语言符号或非语言符号的意义可能因人而异，然而为了完成交际传播活动，传播符号必须在符号的意义方面达成某种共识。在翻译过程中，译者将源语文化中有意义的符号转换成目的语文化中的语言符号。这种翻译行为无疑具有很强的跨文化传播性。

（四）功能派翻译理论的价值及对本研究的指导意义

功能派翻译理论出现于 20 世纪 70 年代，当时正值翻译语言学派对等理论方兴未艾之际，功能派则独树一帜，明确阐释光靠语言学不能解决许多问题，试图摆脱对等理论的束缚。它以目的论为总则，把翻译放在行为理论和跨文化交际传播理论的框架中，其勇气可嘉，也为世界翻译理论界包括中国翻译学界另辟了一条探索道路。功能派翻译理论将翻译概念从翻译就是把源语文本一一对应地转换为目的语文本的观点中解放出来，扩展成为翻译行为——包括跨文化的一切语言符号与非语言符号的转换。可以说，功能派拓宽了翻译理论研究领域，赋予翻译更多的含义。

在西方，功能派为以语言学派为主流的翻译理论界开辟了一条新的研究道路，对我国翻译界也颇有影响。时至今日，中国翻译理论研究已不拘泥于文学作品的翻译，科技翻译、口译、翻译批评等各方面的研究都已蓬勃发展，对国外的翻译理论成果亦多有借鉴。德国功能派理论在这方面无疑具有很高的参考和借鉴价值。

对本研究尤其具有指导意义的是功能派翻译理论提出的"翻译行为"理论和"目的论"，突出了翻译活动的参与者特别是翻译活动发起者在整个翻译过程或跨文化交际传播中的作用和影响，扩大了翻译所涉及的范围，提升了译者的主动参与性。目的论要求译文文本实现其在接受语文化中的传播功能，因此译语文化语境如特定历史时期的政治、经济、文化、意识形态、文学规范等在翻译活动中起着不可忽视的作用，它制约着翻译目的的确定、翻译材料的过滤、翻译策略的选择、译文文本的生成以及译文文本在译语文化中的地位和作用。翻译目的论把翻译置于跨文化传播的范畴进行研究，拓宽了翻译研究的视野，使翻译研究不局限于语际转换过程和聚焦于文本的研究，而扩大到了研究在译语文化语境下翻译活动和译语文化之间的相互作用与相互影响。总之，功能派翻译目的论为本研究提供了新的视角，有利于我们全面深入地研究各种翻译变体和翻译现象，并推动翻译理论的进一步发展。

第二章　跨文化传播概述

文化与传播互动为一体，每一种文化形式、每一种社会行为，都会或清晰或含糊地涉及传播。随着国与国交往的日益紧密，跨文化传播问题也日益广泛与深入，中国的快速发展与社会转型的实现，也为跨文化传播提供了机遇。对跨文化传播知识的掌握，有助于人们对不同文化进行比较，改善对自我的认识，从而促使人们对自己的文化进行不断审视。基于此，本章对跨文化传播的基础知识展开探讨。

第一节　文化的定义、功能与特征

一、文化的定义

对于普通人来说，文化如同水之于鱼，是一种平时都可以使用到，却不知道的客观存在。对于研究者来说，文化是一种容易被感知，却不容易把握的概念。

对于文化的定义，最早可以追溯到学者爱德华·伯内特·泰勒（Edward Burnett Tylor），他这样说道："文化或者文明，是从广泛的民族学意义来说的，可以归结为一个复合整体，其中包含艺术、知识、法律、习俗等，还包括一个社会成员所习得的一切习惯或能力。"[1]

之后，西方学者对文化的界定都是基于这一定义的。1963年，人类学家艾尔弗雷德·克洛伊伯（Alfred Kroeber）对一些学者关于文化的定义进行了总结与整理，提出了一个较为全面的定义：文化是由内隐与外显行为模式组成的；文化的核心是传统的概念与这些概念所附带的价值；文化表现了人类群

---

① 陈莹，吴倩，李红云.英语翻译与文化视角[M].长春：吉林人民出版社，2020：78.

体的显著成就；文化体系不仅是人类行为的产物，还决定了人类进一步的行为。①

这一定义确定了文化符号的传播手段，并着重强调文化不仅是人类行为的产物，还对人类行为起着决定性作用，同时明确了文化作为价值观的巨大意义，是对泰勒定义的延伸与拓展。

在跨文化传播背景下，笔者认为，文化的定义可以等同于 2001 年联合国教科文组织发表的《世界文化多样性宣言》中使用的解释：文化是某个社会、社会群体特有的，集物质、精神、情感等于一体的综合，其不仅涉及文学、艺术，还涉及生活准则、生活方式、传统、价值观等。

20 世纪 90 年代之后，很多学者也对文化进行了界定，这里归结为两种：一种是社会结构层面上的文化，指在一个社会中起着普遍、长期意义的行为模式与准则；另一种是个体行为层面上的文化，指的是对个人习得产生影响的规则。

这些定义都表明，文化不仅反映的是社会存在，而且其本身就是一种行为、价值观、社会方式等的解释与整合，是人与自然、社会、自身关系的呈现。

二、文化的功能

（一）化人功能

文化具有精神属性，这也是区别人与动物的重要方式。文化的这种属性也决定了文化的化人功能，具体体现在两个方面。首先，文化是积极的、先进的，通过文化人们可以愉悦身心、启蒙心智，获得精神上的满足感和幸福感。其次，文化具有理论指导力、舆论向导力等，这些能有效满足人类的需求，成为人类的精神力量，推动着人类不断走向光明。

（二）育人功能

文化具有知识属性。文化代表着学习知识，文化人代表着知识人，可以说文化就是知识，是知识不断积累的过程。文化的知识属性也决定了文化的育人功能。

育人并非指教育人，而是指改变人、培育人和提高人的水平。首先，文化促进人不断进化。借助文化，人们从愚昧走向了文明，走向了博学。其次，文化可以塑造人。人们总是在不断地学习各种文化知识，从而塑造自己的人

---

① 王大来.翻译与文化缺省补偿策略 [M].北京：中央编译出版社，2019：112.

格。最后，文化可以提升人的能力。通过学习各种知识，人的创造能力会有所提升，会从体力劳动者转变为脑力劳动者。

（三）整合功能

社会需要通过文化的整合功能来维系自身的团结与秩序的稳定，因此整合功能也是文化的重要功能。社会通过整合，可以协调文化内部各个部分之间的关系，使之形成一个和谐一致又联系紧密的整体。此外，同一个国家或同一个民族的制度、观念、行为等也需要规范，文化的整合功能恰好可以使这个国家或民族的成员对自己的国家或民族有一种归属感。通过文化对一个社会的不断整合，各个地区、各个民族的文化也互相融会贯通，从而达到加强民族团结，促进社会稳定与发展的目的。

（四）规范功能

文化的一个重要作用就是可以形成各种各样的制度规范来约束人们的社会行为，保证一个社会能够进行有序的运转和稳定的发展。随着社会生产力的不断发展，人类文明在演变的过程中逐步出现了各种规章制度，这些制度可以维护社会生产的有序进行。如果社会成员的行为不能得到及时的引导和规范，社会就会陷入一种无序的状态。因此，文化的规范功能是保证社会有序发展的基本功能。

（五）反向功能

反向功能也是文化的重要功能。美国社会学家莫顿（R.K. Merton）在《社会理论和社会结构》一书中指出："社会并非总是处于整合状态，非整合状态也兼而有之。"也就是说，个体和群体并不总是处于整合状态，违反社会规范的情况也时有发生。例如，社会的机会结构可视作一种文化安排，在这种机会结构中，有些人在追求自己的目标时会采用合法的方式，有些人在追求自己的目标时会采用非法的方式。前者是文化的正向整合功能或状态的体现，后者则是文化的反向整合功能或状态的体现。针对文化的这一功能，在社会活动中就要发挥文化的正向整合功能，以保证社会体系的平衡。

三、文化的特征

（一）传承性

文化具有传承性，是人类进化过程中衍生和创造的一种代代相传的习得行为，对个体和社会的生存、适应和发展具有促进意义。也就是说，文化并非人类生来就有的，而是在社会化过程中逐渐习得的，每一个社会人只有依靠特定文化的力量才能生存与发展。文化作为人的生存方式，承担着个人与群体生活的基本职能。在某种意义上，文化是为人类生命过程提供解释系统、帮助他们对付生存困境的一种集体努力。

人类对自身生存行为所做的解释，使共同价值体系得以形成。这种共同价值体系的制度化反过来对人们的生存行为起着规范作用，决定着他们与自然界进行物质交换的方式，同时对他们在此生存活动中的相互关系进行调整。

（二）整合性

文化是由各种要素构成的一个整合体系，体系的各部分在结构层面是互相联结的，在功能上是互相依存的。爱德华·霍尔（Edward Hall）曾借用信息论和系统论的基本思想，根据人类活动的领域将文化分为十大"信息系统"：互动、联合、生存、两性、领土、时间、学习、消遣、防卫和利用。每个系统既为其他文化系统所反映，自身也反映其他系统。此外他指出，这些系统相互作用，相互影响，所以文化研究者可以将任意一个信息系统作为起点，最后均能呈现一幅完整的文化图景。

（三）稳定性与变化性

文化既是稳定的，又是变化发展的。一般而言，人类的每一种文化都具有保持内部稳定的文化结构，体现为相对稳定的习俗、道德、世界观、价值观等，在面对外部文化冲击时，能确保自身结构保持稳定与平衡。同时，文化是发展变化的。生产力的发展，新的发明创造、新的观念的出现、政治上的突变、经济的全球化趋势，均能在某种程度上推动文化的发展变化。

第二节　语言的定义、功能与特征

语言是一个音义结合的词汇语法体系。具体来说，语音是语言的物质外壳，词汇是语言的建筑材料，语义是语言的意义内容，而语法是语言的组织规律。很早以前，语言就与人们的社会生活发生着日益密切的联系，人们对语言现象的研究也逐渐深入，并最终形成了语言学。目前，语言学的发展已达到较高的水平，并具有不可忽视的理论意义与现实意义。本节主要从定义、功能、特征三个层面对语言进行论述。

一、语言的定义

（一）语言用于交际

语言的功能有很多，但是交际功能是所有功能中最基本的功能，具体可以从如下两个层面来理解。

1.语言是最重要的交际工具

人类社会中的每个人都生活在一定的客观社会条件之中，人与人的交际是社会生活的重要组成部分。人们往往用语言来交际，但是除了语言，还有很多种交际工具，如文字、灯光语、旗语、身势语等。文字主要是对语言加以记录，是基于语言的一种辅助交际工具，因此其与语言在历时和共时上都不能相比。灯光语、旗语是基于语言与文字而产生的辅助交际工具，因此也不能和语言相比。身势语是流传很广的交际语言，但是受各种条件的限制，往往会产生某些误会，因此也不能和语言相比。通过上述分析可知，语言是所有交际工具中最重要的一种。

2.语言是人类独有的交际工具

语言是交际工具，这在上文已经论述过，但是这里所强调的是"人类独有"，其可以从两个层面来理解。

（1）动物所谓的"语言"与人类的语言有根本区别

"人有人言，兽有兽语。"动物与动物也存在交际，它们采用的交际方式也有很多，可以是有声的，也可以是无声的。但是，动物与动物之间这些所谓的"语言"与人类的语言有所不同。

首先，人类语言具有社会性、心理性与物理性。社会性是人类语言的根本属性，因为人类的语言来源于人类集体劳动的交际需要。只有运用语言，人们才能够适应自然、改造自然。相比之下，动物的"语言"只是为了适应自然。

其次，人类的语言具有单位明晰性。人类语言是一种音义结合的词汇系统与语法系统，音形义各个要素都可以再分解成明确的单位。相比之下，动物的"语言"是无法分析出来的。

再次，人类语言具有任意性。语言是一种规则系统，人们使用语言对自己的言语加以规范。但是，语言系统本身的语素和词以及用什么音对意义加以表达等从本质上说是任意的。相比之下，动物的"语言"在表达情绪和欲望时并无多大区别。

最后，人类语言具有能产性。人类的语言虽然是一套相对固定的系统，各个结构成分是有限的，但是人们能够运用这一有限的成分产生无限的句子，传递出无限的信息。相比之下，动物的"语言"是无法达到这一效果的。

（2）动物学不会人类语言

动物能否学会人类的语言？显然是不能的。如果能学会，那就不能说语言是"人类独有"的交际工具了。很多人说，鹦鹉能够模仿人的声音，但是这也不能说明它们掌握了人类的语言，因为它们只是模仿，只能学会只言片语。也就是说，这些动物不能像人类一样运用语言产生无限多的句子，也不能写出无限多的文章。因此，语言是动物不可逾越的鸿沟，也是人与动物的根本区别之一。

（二）语言用于思维

1. 什么是思维

恩格斯曾经说过，思维是人脑的机能。有科学家争论动物也有思维，他们通过实验发现，狗会算术，黑猩猩可以借助工具获取食物，猫能够学会便后冲马桶，猴子可以借助石块砸开核桃，鸟类有自己的语言，海洋鱼类也能发出不同的声音信号，甚至还有人类无法用耳朵听见的超声信号，狼群狮群配合捕猎等，这些都是动物思维的表现。

通过思维而获得创造工具的能力是人类与动物共同的标志，只是人类较为高级一些。我们既然承认人类发源于动物界，那么就应当承认动物思维的存在，不过这只是最广义的思维范畴，从严格意义上来说，动物只具有低级的思维方式，而经过不断进化的人类的大脑才是高级思维的物质条件，是高级思维方式的基础。

同样，人类的语言是从动物的这种广义范畴的低级语言逐渐进化到狭义范畴的高级语言的。或者说，人和动物思维的本质不同在于各自运用不同的语言思维方式。从生理学来看，思维在人类与动物之间是共通的，它是一种高级的生理活动，是大脑中的一种生化反应过程。人类除睡觉外，几乎每时每刻都在思考，思考人与自然界的关系，思考个人与他人的关系。通过思考从现象深入事物的本质，发现事物的内在规律，使自身能够在客观世界中生活得更好。可见，人的思维是对客观世界的一种反映，是人类在认识客观事物时进行比较、分析、综合等的过程。

当今网络世界构成了越来越多人的第二种生活，人们可以在网络上做现实生活中的所有事情，衣食住行、求学求职，甚至"结婚生子"，有人认为这种虚拟世界不再是客观世界，而人们在网络上的思考和行为也不再是对客观世界的反映，因此得出结论：思维可以脱离现实。其实，我们应当清醒地认识到，网络世界也是客观世界的反映，虚拟世界中的种种都留有现实世界的影子。衣食住行等行为都是客观世界里的客观存在，虚拟世界也是对客观世界的反映，因此对于网络虚拟思维，我们同样应当将其看作是对客观世界的反映。

人类无时无刻不在用自己的大脑进行着思维，进行着创造，而人们很少对自身的"思维"进行思考。在学校里，思维科学也很难成为一个独立的学科。虽然有脑科学、语言科学、逻辑学等相关学科，研究思维的物质基础、外在表现、各种形式等，但对于人类"思维"的整体研究却无法独立成科，这确实是一个遗憾，其关键原因就在于很难为思维定义。那么，究竟怎样给思维下一个准确的定义呢？人们从哲学角度、心理学角度、语言学角度给出了不同的定义。例如，按照《思维科学首批名词术语征求意见稿》中的定义，思维是"人类个体反映、认识、改造世界的一种心理活动"，立刻会有人质疑，认为这样定义把思维纳入了心理学的范畴。

钱学森高度重视思维科学，把思维科学提升为与自然科学并驾齐驱的一类科学。他提出了现代科学的一个纵向分类法，把现代科学分为六大部类：自然科学、社会科学、数学科学、系统科学、人体科学、思维科学。

这样，我们就能够更加清晰地认识思维科学的地位，脑科学、语言科学、逻辑学、心理学等学科都可以统一在思维科学体系之下。科学家提出了一整套思维科学的体系架构及其友邻科学，我们可以作为参考。总之，要为思维下定义，一定离不开三个要素，即人脑、客观事物、内在联系。

首先，思维是人脑特有的机能，是人的大脑中进行的一种"活动"和"过程"，是一种生化反应。

其次，思维是人脑对客观事物的反映。

最后，人类通过思维能够认识客观事物的内在联系，对客观事物形成间接的和概括性的反映。

2. 语言与思维的关系

人们的思维认知过程总是借助于视、听、嗅、触、说、思等手段来进行的，而人的眼视、耳听、鼻嗅、手触、口说、脑思等，又都毫无例外地通过语言来反映。思想不能脱离语言而存在，语言是思想的直接现实。语言与思维紧密相连，它们的关系辩证统一。语言有两个主要功能：思维功能和交际功能。它既是思维的产物，也为思维提供物质材料；而思维是语言的核心，它必须借助语言来进行工作。思维的过程即人脑对外界信息的接收、加工和处理的过程。

外界的语音、文字等信号通过听觉、视觉、触觉等方式被大脑接收后，便迅速进入了大脑的信息加工处理程序。语言信息的加工处理过程是在大脑中进行的，这点不必用语言学来推导。其他相关科学的实验、测试手段（如脑电图、磁共振）能更直接地证实。最明显的是人们在说话时可以用脑电图测得脑电波，这样的脑电波测试可以重复成千上万次，结果都显示脑电波的存在。这就足以证明语言信息确实在物质大脑之中，语言信息的加工处理也在大脑中进行。

语言是逻辑思维的工具，当人们的大脑进行思考时，语言中枢就会对思考着的画面进行"解说"和编码，大脑会自动选择自己最熟悉的语言——母语来进行编码。对于同时说两种或多种语言的人来说，语言中枢也会根据不同的情景，自然地做出选择。

比如，人们常常会发现，双语儿童在和说中国话的妈妈说话时说中文，而和说英语的爸爸说话时自然地转换成英语交流，这就说明大脑会根据情境自动选择合适的语言来表达思维内容。

对于学习外语的人来说，无不把能够用外语进行思维作为学好这门外语的最高境界，能够熟练地像母语一样操控一门语言，我们的大脑就会在合适的情境中"毫无偏见"地采用这门语言作为它思考的工具。随着社会的发展和科学的进步，人们对语言、思维和现实的思考将从更多角度展开。

3. 语言作为符号体系

（1）什么是符号

人们生活的世界，处处都存在符号的踪迹。例如，马路上的交通信号灯，红灯符号表示车辆行人必须停止，绿灯符号表示可以通行；医院里张贴的禁止吸烟的标志，告诉人们这里不能吸烟；中国人过春节时大门上贴的倒写的"福"字，表示对来年的祝福；天气阴沉、乌云密布，预示着将要下雨；某处浓烟滚滚，人们就此推测出刚刚发生了火灾。再如，路上爬行的蚂蚁遇到同伴要互相碰碰触角，传达哪里有食物的信息；猎人根据地上留下的动物脚印，判断出前方有什么样的猎物；等等。可以说，符号以及符号活动无时不有，无所不在。

总体来说，符号一般被划分为两大类，即人类符号活动和自然界符号活动（包括动物符号活动）。其中，人类符号活动又可以分为两类，即语言符号和非语言符号，后者又可以进一步划分为建筑符号、音乐符号、影视符号、绘画符号、行为符号等。可见，符号学将人类学术领域的几乎所有学科门类都囊括其中，尤其是人文学科，它为跨学科交流和研究提供了一条道路。

索绪尔在他的普通语言学文稿中明确指出过符号学的重要性，并反复强调语言本质上是符号，语言学从属于符号学。"语言学，我们现在就称其为符号学，也就是说关于符号的科学，即研究人尝试用必不可少的约定系统来表达思想时所出现的现象……无人开课讲授符号传播现象，这一现象反过来却完全占据了语言学家的脑海，以致他们认为语言学属于历史学科……其实语言学什么也不是，它就是符号学。"

在关于符号学与语言学的关系问题上，学者们所持的观点大致分为以下几种：符号学包含语言学，如索绪尔、西比奥克等；符号学从属于语言学，如法国符号学家罗兰、巴尔特；符号学和语言学并列平行；符号学和语言学互不相干，如法国符号学家吉劳。就目前的研究来看，持第一种观点和第三种观点的学者数量更多，更具有说服力，他们各持己见，争论不休。

其实，符号学作为一门跨学科的研究工具，它在一定程度上囊括了语言学，赋予语言学一种新的研究方法，而语言学也有自身的一些特点，也许正是符号学理论尚未涉及的领域。无论如何，我们不得不承认的是，语言是人类多种符号系统中的一种典型代表，也是使用最多的一种人类符号，如果我们将对语言的研究置于符号学的广阔背景中，必将更便于进行语言的跨学科研究，为语言学的发展开辟新的道路。

（2）符号的类别

在人类社会中，符号无所不在，多种多样，为了更好地理解和利用不同种类的符号，了解它们所传达的信息，为符号划分类别成为符号学研究中的重要组成部分。在符号学史上，符号学家们都以不同的视角对符号进行过分类，但影响最为深远的是美国符号学家皮尔士（Peirce）的划分。皮尔士在定义了符号、对象和解释项三元关系之外，还在此基础上先后提出了10种符号分类的三分法，其中最著名、最重要的是把符号分为以下三种。

第一，图像符号（icon）。图像符号的表征方式是符号的形体与它所表示的对象之间形状相似。例如，一幅肖像画、一幅写生画以及照片、录像就是一个典型的图像符号，它完全是对其对象的模仿。还有一些图像符号，如地图、气象图、电路图、零件组装图、工艺流程图、几何图形、公式等，它们与对象之间只是抽象的相似。

第二，指索符号（index）。指索符号的表征方式是符号形体与符号对象之间有逻辑联系，如因果联系、方式关系等，使符号形体能够指示符号对象的存在，如各种交通指示牌、商标、招牌等。

第三，象征符号（symbol）。象征符号的符号形体与符号对象之间没有形状上的相似或者因果逻辑关系，它的表征方式是建立在社会约定俗成的基础上。例如，国旗是国家的象征，圣诞树是节日的象征，每一种花各有其象征意义，在中国红色是喜庆的象征，穿婚纱象征做新娘。在这些约定俗成的象征中，语言符号是最典型的一种。

语言符号和它所表征的对象之间没有必然的联系，不同的国家和民族可以有各自不同的约定，因此形成了各种各样的语言符号系统。可见，在人类的符号活动中，象征符号使用最多，以至于有些人从狭义理解，用象征符号（symbol）代替符号（sign）。

（3）符号系统

所谓系统，是指性质相同或相似的事物按照一定顺序和内部联系组成的整体。例如，城市道路交通系统、电路系统。符号系统就是性质相同或者相似的符号，按照一定规律组合而成的整体。一个符号总是要在特定的系统中才有意义，如果把它放在另一个符号系统中，它可能就没有意义，或者具有其他的意义。例如，在马路上看见交通灯，红灯表示要停下来，这是交通信号灯符号系统赋予"红灯"的意义，但是如果离开这个系统，红灯就可能是别的意义了。

这里说符号具有任意性，同样符号系统也带有很强的主观性，因为符号系统是借助编码组织起来的，人们根据一定的规则把符号的能指和所指结合起来，体现符号的符指过程，符号使用者在此过程中承认符号能指与所指的关系并在使用中遵守这种关系，这就构成了一个符号系统。不同的符号系统有不同的规则，也就是不同的编码方式，这就解释了为什么同一个符号在不同的符号系统中有不同的意义。

再进一步划分符号系统，可以把符号的能指系统和所指系统区分开来。符号的能指系统指的就是符号的形式系统，它关注的是符号的形式，如符号形状、符号的读音等。再用交通信号灯系统做例子，它的能指系统就是它的构成形式，通常由三个圆形的灯组成，分别是红灯、黄灯和绿灯，同时它们的排列顺序是固定的。现在改进了的红绿灯用箭头表示前进的方向，箭头向上、向左和向右以及红、绿、黄三种颜色的箭头等，这些都是交通信号灯系统的能指系统所包含的内容。

符号的所指系统就是它的意义系统，它是能指系统的对象。"意义"两个字看似简单，是最复杂的概念，从古至今，关于"意义的意义"的问题是各派争论的焦点，众学说派别林立，无法统一，尤其是语言符号系统，对其所指系统即其意义系统的研究难度更大。

符号系统包含广泛，一般来说，它可以划分为以下几大类别（见图2-1）。

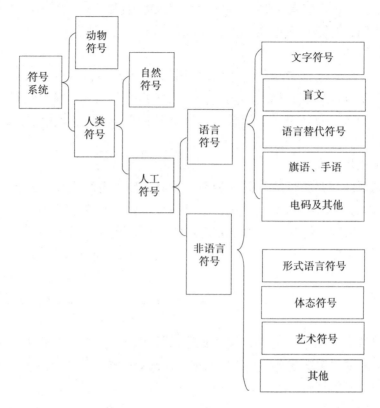

图2-1　符号系统的划分

不同符号系统之间的转换必须通过翻译。符号学中的翻译，并不限于不同语言符号之间的翻译，而是指两个或几个任意符号系统之间的转换。例如，把蚂蚁的动作意义系统翻译为人类可以看懂的语言符号系统，把语言符号转换为盲文符号系统。可见，符号之间的翻译必须对等，译者必须熟悉原符号系统和目标符号系统，并且懂得翻译技巧。

（4）语言与符号的关系

语言是人类特有的符号体系，是人们最常用的一种符号。狭义的语言只是指人们的口头言语和书写的文字，而广义的语言还包含所谓的表情语言、形体语言、装饰语言等，它们都是传递人的思想信息的符号形式，然而语言通常还是指言语和文字。

言语的物质形式是声音，文字的物质形式是图形，它们分别给人带来听觉和视觉的反映。语言作为物质形式和内容意义的统一体，在自己身上便体现为"音义"统一体或"形义"统一体。语言还是一种线性的结构系统，语言单元是沿着一维的方向前后相继地排列下去的，语言单元之间是根据语法规则组合起来，最后形成语言系统的。

由此看来，对于有声语言来说，它的三大构成语素便是语音、语义和语法。语言在所有的符号形式中是最基本和最重要的符号形式，是人类传递、存贮和加工信息的基本工具。

部分观点认为，语言是思维的外壳。我们对自身以及外在世界的思考与认知都是借助语言完成的。语言不仅帮助人们传递信息、交流思想，它也是思维工具，参与并体现人们的思维，但这很难说是思维的本质。

二、语言的功能

（一）语言的心理学功能

1.命名功能

所谓命名功能，是指语言被用作对某些事物、事件进行标识的工具或手段。这是人类运用语言的一大强烈心理需求，并且蕴含的意义巨大。大部分儿童对生词的掌握都有一种迫切的需求，这也阐明了对鉴别事物的符号加以掌握的重要性。只有掌握了这些符号，才能说真正地掌握了这种事物。

人类在没有语言之前，世界万物在人们的心目中所留下的印象是不同的，因此产生了人们对这些事物认知的差异，并且通过这些印象，他们可以识别这些事物。但是如果没有语言，人类是无法对这些事物进行表达的，这些事物也仅能作为一种意会存在于人类的脑海中，这样的话很容易出现混乱。

例如，当人们一见到兔子时，只知道它跑得很快，并不知道它叫什么，人们只能记住它的形象；当人们第一次见到荷花时，并不知道它叫什么，但是能感觉到它与其他事物之间的差异，只能在头脑中形成它的形象。但是，随着人们见到的事物越来越多，那些叫不出名字的事物就会在头脑中有所混淆。在这样的情况下，人们就有了给事物命名的需要，因此一些名字也就相继出现了。随着语言的诞生，人们才能为各种事物命名并赋予其意义，这也使得人们的记忆力明显提升。

2.陈述功能

所谓陈述功能，即语言作为一种工具或手段被用于对事物与事件之间的关系进行说明。随着人类社会的进步，仅仅为事物命名显然不能满足人们交际的需要。这是因为在日常生活中，人、事物、事件之间有着必然的关联，可能是外显的，也可能是内隐的，对于这些关联，最初人们采用了一些主谓句式或者"话题—评述"的功能、语法结构等，从而形成一个个命题。但是通常来说，一个命题显然是不够的，于是人们又创造了更多的命题，这时篇章就形成了。久而久之，人们就学会了对复杂命题的表达与陈述。

例如，当人们看见一群羊在吃草，一般就会说："羊群在草地上吃草。"草地上的牧羊人跟我们打招呼："嗨！你们好呀！"然后我们想把此事告诉家人，就会对家人说："今天我们去了草原，在那里我们受到牧羊人的热情欢迎。"这个例子中既有单个的命题，也有由多个命题构成的篇章。

3. 表达功能

所谓表达功能，即语言作为对主观感受进行表达的工具和手段，其可能是简单的词语，也可能是句子或者篇章。也就是说，人们可以通过语言表达某些喜怒哀乐。语言的表达功能可以帮助人们仔细推敲韵律、词句结构等，从而将内心情感传达出来，如散文就是很好的例子。

4. 认知功能

所谓认知功能，即语言作为一种工具或手段被用于思考，这是一个非常重要的功能。人们的思维活动往往以语言为载体。也就是说，一切抽象、复杂的思维都离不开语言，语言可以帮助人们分析与思考，从而提高人们的智力，创造出更多的精神与物质文明。

5. 建模功能

所谓建模功能，即语言被用作对客观现实的认知图式进行构建的工具或手段。随着人类认知能力的提升，词语能够为人们提供一个观察世界的图式结构，而全部的词语符号系统就形成了能够透视大千世界的模型。在这一模型中，词语可以划分为多个层次，居于下层的称为"下义词"，居于上层的称为"上义词"。层次越往上，词语就越泛化。当然，上义词与下义词都是相对来说的。随着新事物不断涌现，曾经的上义词也可能变成下义词。

例如，在远古时期，"树"是不可以划分的，是一个孤零零的下义词，但是随着人们对树的研究的深入，发现其可以划分为多个种类，如柏树、杨树、松树等，这时"树"就成了上义词。

总之，上义词与下义词构成了一个词语系统，是大千世界事物类型的反映。语言的建模功能不仅提升了人们对客观世界的认知能力，还促进了人们语言能力的进步。

（二）语言的社会学功能

1. 人际功能

所谓人际功能，即语言被用作对人际关系进行维持和改善的工具和手段。人们为了维持关系，往往会在不同的场合运用各种不同的语言，如正式的场合使用正式用语，非正式的场合使用非正式用语。这样不仅可以获得他人的好感，还可以体现自身的地位和魅力。

当然，有时候人们交谈仅仅是为了保持交往的关系。例如，在酒会上，人们的交谈会话往往没有语义内涵，但是为了保证一种惬意的氛围，往往会闲聊一些小事。在这种场合，人们交谈的话多是场面话。

2. 信息功能

所谓信息功能，即语言被用作传递信息的工具或手段。一般来说，人们交谈就是在传递信息，从而将语言的信息功能发挥出来。但是需要强调的是，交谈者所传递的信息必须与信息接收者已知的信息相匹配，否则信息接收者将无法接收所传递的信息。例如，在课堂教学中，教师必须基于学生自身拥有的知识结构展开知识技能的传授，这样才能做到因材施教。当然，除了教学内容，教师的教学语言也需要根据教学对象而定。

3. 祈使功能

所谓祈使功能，即语言被用作发布指令的工具或手段。在语言交际中，人们往往会告诫、提醒等，这时祈使功能常常被使用。例如，儿子早晨上学时，妈妈往往会提醒儿子："Be quick or you will be late!"这就是提醒，并使用了祈使句，目的是加强语气，从而对受话人的行为举止产生影响。

4. 述行功能

所谓述行功能，即语言被用作对事件或行为进行宣布的工具或手段。发话人如果是权威人士，往往会使用十分正式的语言或句式。

5. 煽情功能

所谓煽情功能，即语言是被用作煽情的工具或手段。很多时候，人们运用语言只是为了打开心扉，影响他人的情绪。一般来说，在这类交谈场合，运用越具有丰富内涵意义的语言，越能够煽情。例如，一些领导往往会使用振奋性语言来鼓舞民众同仇敌忾，一些商家为了吸引顾客会使用一些动员类的语言等。这些话语的运用都是为了激发对方的情感。

三、语言的特征

（一）生理性

语言具有生理性，这也是语言的基本特征。人脑中有着诸多处理语言的机制，这也是区分人与动物的地方，儿童能迅速获取知识，孩子到了一定年龄掌握语言的速度就会减慢，这些都源于语言的生理机制。

（二）自然性

语言是由形式和意义两部分构成的符号系统，语言符号又可以具体切分出清晰的单位，符号与符号之间有着或横向或纵向的关系，相互之间可以组合，而且组合是呈线性的。此外，语言符号具有生成性，通过一定的语言规则，有限的符号可以生成无限的句子，表达无限的意思。

（三）社会性

语言是一种交际工具，交际是其首要职能，信息的传递、情感的表达都需要借助语言这一工具来完成。语言这种工具具有全民性，不分年龄、性别地为全体社会成员服务。

语言产生于社会，又广泛应用于社会，并且随着社会的发展变化而变化。反过来，语言能够反映社会，只要对语言进行研究就可以从中观察社会现象，了解社会心态。

（四）心理性

语言与思维关系密切，语言是人类进行思维的重要工具。如果离开语言，思维也就难以进行；反过来，如果脱离思维，语言也就无所依靠，就会毫无逻辑。可以说，思维是语言存在并正常运行的基础，如果思维出现问题，那么语言能力也会受到严重影响。

第三节　文化、语言与传播的关系

一、传播的内涵

传播（communication）是人类生活中最具普遍性、最重要和最复杂的方面。在日常生活中，人们总要与他人进行交流，传递各种信息。传播是指借助符号与媒介来交流信息的一种社会互动过程。在此过程中，人们用各种符号实现信息的交换，逐渐产生共享意义，并运用意义对世界与周围的事物进行阐释。

传播的系统包括信息、编码与译码、媒介、反馈等要素，这些要素相互联系、相互制约，使传播本身具备了鲜明的动态性和结构性特征。

（一）信息

信息指在特定时间、状态下，向特定的人提供、传递的与特定事实、主题以及事件相关的知识。信息一般有以下三个特点：信息与现实中的事实息息相关，而且借助一定的载体形式得以呈现；信息处于流动的过程中，被相关的信息接收者所分享；信息与环境存在密切的关系，信息是在特定环境下发出的，环境包括社会环境、自然环境、身体状况或心理情况，信息的意义和被理解也与这些环境因素有关。

（二）编码与译码

传播是通过信息编码和译码来赋予意义的过程。编码（encoding）是通过媒介技术手段把思想、感情、意向等编成别人可以理解的传播符号；译码（decoding）则是将从外界接收到的传播符号进行破译、赋予意义或进行评价的过程。编码与译码往往是约定俗成的，流通于特定的群体与文化中，一旦跨越文化的边界，就会形成跨文化传播。

（三）媒介

媒介也可以称为"渠道""信道"，是传播方式、传播手段或传播工具的具体化。在传播过程中，各种信息的传递均要借助一种或一种以上的媒介。在跨文化人际传播中，传播媒介一般是人本身，人可以通过自身，接通与他人之间的情感、思想，确立人与世界的关系本质。随着科学技术的发展，人类传播信息的媒介越来越多样化，效率也有所提高，一种信息往往能借助多种媒介进行传递。跨文化传播研究主要关注不同文化、国家的传播媒介的差异及文化特色，以及不同文化、国家对同一媒介的运用方式和偏好。

（四）反馈

传播中的反馈指的是信息产生的结果返回到信息发出者的过程。反馈是对传播效果进行检验的主要标准，对于传播者当前和未来的传播行为具有重要的修正作用。控制论原理认为，反馈指把给定信息作用于被控对象所产生的结果再输回来并对信息的再输出产生一定影响的过程。反馈有正反馈与负反馈之分。正反馈指新的数据库在肯定的意义上转化和简化了最初的数据，使整个系统得以增长。负反馈指新的数据库推翻了原有的数据，促使系统进行调整。负反馈对于系统的平衡与稳定的维持起着重要的作用。在面对面的人际传播中，若信息接收者对发来的信息不理解，可以立即将不理解的结果返回发送者，发送者对传播中的缺陷做出即时修正，从而提高人际传播效率。在跨文化传播中，彼此之间的文化存在极大的差异，在这种情况下，多方面、多渠道的即时反馈更重要。这是因为个体对周围的环境越熟悉，负反馈信息就越准确。需要注意的是，如果身处异文化环境时，人们常常感觉无所适从，负反馈功能也往往不能得到正常的发挥。

二、文化与传播的关系

（一）传播使文化得以延续

文化是在传播过程中生成、发展和变迁的，传播是形成、保存和发展人类文化的必由之路。只有通过传播，文化才有生机和活力，并不断发展下去。

区域文化的联系在人类早期社会就已存在，相邻部落的联系也一直都存在，而且借助传播不断扩展。后来的历史经验也表明，文化依赖于传播的建构活动，文化的形成和发展一直受传播的影响。在传播过程中，经验、知识、技术、思想等逐渐发展和丰富，同时进行着新的文化创造与积累。

20世纪初期出现的文化社会学理论认为，文化最初只在地方存在，后来经过不断地传播而在其他各地逐渐发展起来。弗里茨·格雷布内尔（Fritz Grabner）等学者将人类各种不同的文化概括为单一的、一次性的现象，用"形式标准"和"数量标准"把相同的文化现象划为某一文化圈。他们认为，任何文化现象在历史上都只是一次性出现的，其他地方相同的文化现象都是此地文化传播后形成的。

在这一思路的影响下，罗伯特·路威（Robert Lowie）在《文明与野蛮》（*Are We Civilized*？）一书中指出，欧洲文明是受到埃及、希腊、印度和中国文化的影响而发展起来的文化。

（二）文化是传播的语境

没有文化的传播和没有传播的文化是不存在的。这主要包括以下两种内涵：传播是基于人类生存与发展的需求而产生的，体现于人们的日常生活中；文化具有明显的动态性，文化从一产生就有向外扩展与传播的冲动，文化的传播是文化生存与发展的必然需求。爱德华·霍尔将文化视作传播。他认为，人类的任何传播都离不开文化，没有传播，也就没有文化。"我们会选择什么样的传播行为在很大程度上取决于我们生长的文化环境。记住，我们并非生来就知如何着装、玩什么玩具、吃什么食物、崇拜什么神明、怎么花钱，或怎么用时间。文化既做先生又当课本，从应该有多少目光接触，到怎么讲清生病的原因，文化在生活中占据主导地位。文化是传播的基础，文化是多样的，传播亦有差异。"[①] 此外，他对文化与人的传播行为之间的重要关系予以了描述，阐明了文化如何在人与外部世界之间设置具有高度选择性的"屏障"，为人们提供了外部世界的结构，使文化以多种形态决定人们该注意哪些方面，不注意哪些方面，同时决定了人们的选择。

总之，文化是传播的结果，所有的文化都是混合而成的，没有哪一种文化是独立存在的。

（三）传播促进文化变迁与整合

文化的变迁指的是世界上的文化均处于不断的发展与变化中，都经历着产生、发展、变化、衰退和再生的过程。而传播是文化变迁最根本的原因。例如，20 世纪初中国发生的新文化运动和五四运动，是中国近现代社会的一次大规模的文化变迁，这主要源于西方民主和科学思想在中国的传播。

文化整合与文化变迁相互关联，涵盖各种不同文化的兼容与重组，各文化之间彼此吸收、认同，逐渐趋于一体化。历史经验表明，"彼此的渊源、价值取向、目标定位各异的不同文化的整合过程，是一种不断适应、共同发展、逐渐融合为新的文化体系的过程"。

三、语言与传播的关系

哲学家汉斯 - 格奥尔格·伽达默尔（Hans- Georg Gadame）这样说道："人与其他生物是明显不同的，人拥有一个巨大的语言世界，其他生物只不过在环境中居住而已，并不与环境发生关系。"从古希腊时期开始，西方社会就视语言为一门独立学科。在古希腊，人们对语言在传播中的作用非常推崇，正所谓"雄辩就是力量"，说的就是这个道理。可见，语言与传播之间有着密切的关系。

---

① 拉里 F. 萨默瓦，理查德·波特 . 文化模式与传播方式——跨文化交流文集 [M]. 北京：北京广播学院出版社，2003：6.

（一）传播从语言开始

传播是从语言开始的。语言是人类最基本的活动，遍及人类的各个领域，并参与了各种传播行为。这就是说，在日常生活中，人们不可能将语言与传播分离，也不能将二者的关系割断。人们往往通过语言来制订计划，运用语言来沉思、梦想、记忆、传诵，也通过语言来对文化加以创造，向他人介绍自我，与他人沟通情感，完成人类的传播。正如乔治·米德（George Mead）所言："事实上，人类的思维往往通过某种符号进行，如果没有符号，虽然人们可能理解'椅子'的含义，但是不可能在没有符号参与的情况下加以思考。"① 语言是人类传播的重要工具，也是一种社会行为，直接影响着人类的社会关系。学者索绪尔指出，语言属于一种社会事实，语言学的材料源于人类的语言活动的一切表现，在社会生活及个人生活中，语言活动有着非常重要的地位。同时，语言学的任务在于寻求一切语言中能够普遍起作用的力量，并总结出能够对一切历史特殊现象加以概括的规律。

关于人与语言的关系，萨丕尔这样说："语言不仅是人类对思想进行表达的工具，还是人类思想的创造者。"因为语言对个人的印象分析、心理活动等产生影响，所以人对世界的理解或多或少地会受到语言环境的制约和影响。另外需要指出的一点是，在语言对人进行塑造的同时，人往往会通过对语言的运用创造新的意义。萨丕尔这样强调："人之所以独特，在于人们能够运用语言对自己与世界的一体化关系进行传播与构建，即人类不仅生活在客观世界中，也生活在社会行为的世界中，还受特定语言环境的影响和制约。在这一点上，语言是人们在社会生活中表达自我的媒介。"

（二）语言在传播活动中得以观察

语言必须置于人类的传播活动中才能进行观察，即人类的语言只有在传播的过程中才能够有所表现与创造。不得不思考的一点是，当今世界上所发现的任何一种语言都能够互相翻译。也就是说，人们很难超越自己生活的界限，却可以运用语言对自己的世界进行拓宽。这似乎能够印证这样的观点：语言对人所理解的事物进行塑造，只要文化认为其非常重要，那么语言符号就可以赋予其具体的社会意义。当然，这个过程必须基于传播来确立。当前，语言学研究的一个新视角就在于，研究语言与社会之间存在的紧密联系，对社会人的语言潜能进行挖掘，让人们创造出符合社会人传播需要的符号体系。

---

① 张国良.20世纪传播学经典文本[M].上海：复旦大学出版社，2013：174.

第四节 跨文化传播解读

一、跨文化传播的内涵界定

古迪孔斯特曾对跨文化做出精辟的概述：跨文化传播涉及有关文化与传播研究的方方面面。简而言之，跨文化就是两种不同文化之间的交流或传播，主要有跨文化交流和跨文化传播两种形式。跨文化交流主要是指人际传播层面的跨文化，即来自不同文化背景的人们相互交流的一种情境。而在研究语境中，跨文化传播多指大众传播层面的跨文化，即处于一种文化中的媒体，向另一种文化中的受众进行传播。

"跨文化传播"这一术语在汉语中有多种表述方式，主要有"跨文化交流""跨文化交际"等。这是由于对跨文化传播学的研究在我国起步较晚，学术界还没有形成统一的学科研究体系。另外，研究跨文化传播的学者的知识背景和研究目的也不尽相同，一般都是按照研究需要，去选择表达方式，所以，造成这一研究范畴称谓上的差别。譬如，具有传播学学术背景的学者一般选择"跨文化传播"的说法；从事语言学和外语教学与研究的人员大都使用"跨文化交际"的说法，其主要侧重人际交往研究，在对外交往过程中提高跨文化交际技巧；而在国际关系、外交以及其他层次的对外文化交往等领域，则更多的是使用"跨文化交流"。

当前，学界对跨文化传播内涵的界定有多种形式，其研究的视角也不尽相同，大致可以归纳为如下几种类型。

第一，不同文化背景的人际交往与互动。即不同文化背景的人之间，通过合作和协商来建构意义的象征性过程。

第二，信息的编码、译码由来自不同语境的个体或群体进行的传播。在这类定义中，文化是通过象征符号的编码来传播的，当传播双方信息编码一致时，称为同文化传播；反之，当传播双方的信息编码不同时，称为跨文化传播。

第三，由于参与传播的双方符号系统存在差异传播，因而成为一种符号的交换过程。根据这一定义，不同的文化形态在交流过程中，因为符号系统的差异，文化交流效果受到影响。特别是在跨文化传播过程中，差异化的文化形态或文化群体的文化差异变大时，双方的文化交流容易产生疑虑或误解；相反，差异化的文化形态或文化群体的文化差异变小时，文化共性增多，则在双方文化交流的过程中，产生的文化挫折或误解会减少。

如上所述，跨文化传播就是指不同的文化形态之间以及处在不同文化背景下的传播受体之间的文化交流与文化交际活动，这个交流与互动的过程，体现出了不同文化传播受体之间的文化信息传播与文化交往行为，跨文化的传播就是不同文化形态中的文化要素，在全球范围内的交流、渗透、碰撞、转换、共享的过程，这些行为和过程对世界上不同国家、民族、群体乃至整个人类社会都产生了文化上的影响。

二、跨文化传播的理论基础

（一）拉斯韦尔"5W 模式"

1948 年，美国传播学的先驱之一拉斯韦尔，在题为《传播在社会中的结构与功能》一文中，首次提出构成传播过程的五种基本要素，形成了后来被人们称为"5W 模式"或"拉斯韦尔模式"的过程模式。拉斯韦尔"5W 模式"中的"5W"，分别是英语五个疑问代词的第一个字母，即 who（谁）、says what（说了什么）、in which channel（通过什么渠道）、to who（向谁说）、with what effects（有什么效果）。它清晰地阐述了社会传播的基本过程和五个基本构成要素，揭示了传播过程的结构和特点，对传播学的发展做出了巨大的贡献。

（二）跨文化传播伦理规范

哈贝马斯最著名的理论思想是交往行为理论，其理论核心在于："社会的发展不仅表现为技术理想型和功能理性的增长，更重要的是体现在交往理性的发展过程中。"具体内容主要表现为以下几个方面。

所谓交往行为合理化，是一种通过语言实现的、具有主体间性的、符合一定社会规范的、在对话中完成的、能在交往者之间达成协调一致与相互理解的理性化行为。按照这一关于交往行为合理化的界定，交往行为之所以能够实现合理化，关键在于两点：第一，交往者应承认、重视并遵守共同的社会规范标准（普遍的道德规范、原则）；第二，交往者能够选择恰当的语言，进行以相互理解为目的的对话。必须指出的是，哈贝马斯所描绘的只是一种"理想的话语环境"，由于各种因素的影响，它在现实中的形式并不完美。人类的交往存在普遍的共性，而且为了让"不理想"的话语环境不断改善并接近"理想"

而进行探索，因此，不能低估哈贝马斯的理论贡献，认为他所构造的只是一个"乌托邦"。相反，可以按照该理论的指引，去分析哪些因素造成交往理性的失效，探究个人利益和社会整体利益如何协商。[①]

研究个体是研究具有行为能力和语言能力的人的行为。对此，哈贝马斯把人的行为分为"工具行为"和"交往行为"。"工具行为"是"按照技术规则进行的，而技术规则又是以经验知识为基础的"，它是工具性的、策略性的，涉及人与自然之间的关系。"交往行为"则是指人与人之间的相互作用，它以语言为媒介，通过对话达到人与人之间的相互"理解"和"一致"。哈贝马斯认为，人类奋斗的目标不是使"工具行为"合理化，而是使"交往行为"合理化。可见，在分析人的"交往行为"的同时，不能忽略"工具行为"，因为人与人之间的关系必然会受到人与自然之间的关系的影响。

人与自然的关系产生一定的社会传统与规范，而这些社会传统与规范不一定符合个人的最佳利益。为了争取个体利益，个人就必须能够质疑和改变这些传统。这种质疑和改变的过程，就是要在"公众空间"开展讨论，其讨论的结果并不是个体利益上的要挟或胜利，而是使整体利益更具合法性和广泛性，使社会在对其自身的批评中建立和发展起来。个体这样的交往意图，决定了"公众空间"是一个运用交流理性的特权场所，其特点是让个体建立共识，促进社会的改变和巩固。这三大特点既是由个体的交往意图决定的，又是由个体的交往行为结果决定的。

然而，如果社会中个体的工具思维占据上风，不能克服那些最初的纯主观的观念而参与到公众空间的讨论中，且讨论不是为了"共同的合理信念而确立起客观世界的同一性及其生活语境的主体间性"，那么，话语的伦理性质就会弱化，就不可能通过交往理性促进社会发展。

此外，社会的发展也会改变"公众领域"的主体间性，使其不能为理性的交往行为提供理性的场所。哈贝马斯对公共领域（即"公众空间"）在当代发生的重大转型做出分析，他认为第一次世界大战后，由于国家权力的膨胀和商业化原则的盛行，公共领域发生了三个方面的变化：第一，国家日益干预经济，使经济系统不再作为独立于国家的私人领域而存在；第二，公共领域受到商业化原则的侵蚀，在商业化、功利主义对社会文化生活领域的渗透中，文学艺术、新闻出版、广播电视把追求商业利益放在首位，大众文化变得低级庸

---

① 南腊梅.基于哈贝马斯交往行动理论的教学交往关系重建[J].当代教育与文化,2009(05):51-55.

俗；第三，技术统治意识的扩张压制了公共领域的自由讨论，国家力图把各种政治问题限定为只能由专家来解决的纯技术问题，反对交由公众去讨论和争论，公共领域日趋衰落。①

放眼当今社会，跨文化交际的复杂性和传播技术的多变性，不仅影响个体的交往，也激发起拥有不同价值观、生活方式和文化传统的国家和地区之间的冲突。这些冲突可以通过哈贝马斯的交往行为理论和话语伦理学去理解，并从中找出解决措施，建构伦理规范。

三、跨文化传播的路径

传播的路径研究，是跨文化传播理论研究的重点问题。目前，学术界关于这一研究的学术观点较多，相关学者对跨文化传播的路径和方式做了大量的归纳分析。跨文化传播是不同文化形态之间，文化信息交流、沟通与融汇的过程。在常规条件下，跨文化传播的过程是传播主体与传播客体互动的过程，即传播主体不是一味输出信息，传播客体也不是完全被动地接收信息，两者之间是动态的、互动和相互影响的。传播主体与传播受众之间的互动和相互影响，是靠媒介传递信息来完成的。

（一）跨文化传播的媒介

媒介是跨文化传播的方式、手段和工具的具体化。在跨文化传播的过程中，所有文化信息都要通过传播媒介来进行传递。根据所传播文化信息的要求，往往需要一种或几种媒介作为传播载体。随着科学技术的发展，人类可以利用的传播文化信息的媒介越来越多，当前，跨文化传播研究的重点，除传统的传播内容外，还有各文化形态的传输媒介形态以及不同文化国家对媒介的运用方式和偏好。

一般而言，媒介可分为印刷媒介和电子媒介。印刷媒介主要是指报纸、杂志、图书及其他图文印刷制品等。在人类文化传播史上，印刷媒介出现较早，它使语言、文字由声音交际变成印刷品，从而使传播范围更加广阔、传播时间更加持久。电子媒介是近代科学技术的产物，其传输的方式基于电子信息的转化，主要包括电话、电报、广播、电影、电视、传真等。互联网技术的成熟和普及，又把传播媒介推向更高层次的新媒体阶段。广义上的传播媒介，也

---

① 奂平清.哈贝马斯交往行动理论及其在我国的现实意义 [J].甘肃社会科学，2002（03）：39–42.

可以是传播工具和传播手段。比如，多媒体终端设备（或称智能手机），即为传播工具；教育、交流平台、文化中介、文化营销方式、学术交流机制、国外非政府组织、国际友人、海外留学生、外籍华人等，都可以作为跨文化传播的载体和媒介手段。

（二）跨文化传播的方式

跨文化传播理论表明，由于跨文化传播过程的不同，跨文化传播的表现方式也不尽相同。通常有三种典型的传播方式，分别是直接传播、媒介传播和激起传播。

1. 直接传播

直接传播在跨文化传播过程中，居于基础地位，是出现最早、存在时间最长、使用最普遍的文化传播形式。直接传播的典型特征是它的单向性，即传播实施者与传播接受者按顺序、递进式、逐次传播。

2. 媒介传播

媒介传播是指两种或两种以上文化不是直接交往，而是通过第三方媒介交流文化信息和文化要素的传播方式。

3. 激起传播

激起传播是指一方的传播主体所拥有的某项文化知识或掌握的某种文化技能，刺激了另一传播主体的灵感，从而使对方在研究此主体知识和技能中得到启发，相应地发明了相同或相近的文化实物，或者拓展自己已有的与前者相似的文化因素和激发新的文化成分产生，比如，中国陶瓷技术的传播，就体现了刺激传播的特点。早在16世纪初，欧洲国家就从中国进口瓷器。18世纪，德国人在不掌握制造瓷器技术的情况下，发现了制造瓷器的原材料，进而发明了不同于中国传统的制陶技术。

（三）跨文化传播的途径

跨文化传播的途径多种多样，最主要的途径有三种，分别是自然式跨文化传播、强迫式跨文化传播和交流式跨文化传播。

1. 自然式跨文化传播

自然式跨文化传播是指由于自然和生存环境的变化，人类向新的地方迁徙和流动，从而形成的一种文化传播方式。

2. 强迫式跨文化传播

强迫式跨文化传播，主要是指用武力手段和强制政策，强迫一些国家和地区接受自己的文化。比如，历史上的侵略、殖民统治都体现出强迫式跨文化传播的特点。

3. 交流式跨文化传播

交流式跨文化传播，主要是指不同国家和地区，在加强理解、共同促进发展的前提下，彼此之间互相介绍和推广自己的文化。交流式跨文化传播是人类文明发展到一定阶段的产物，是一种积极、主动、文明的跨文化传播方式，也是传播样式和种类最多的跨文化传播方式。其中，最为典型的方式有：对外贸易传播（如中国历史上的"丝绸之路""香料之路"等）、学术传播（国际上的学术论坛、学术交流会、学术研讨会等）；另外，还有体育传播、旅游传播、文化艺术传播等。

四、跨文化传播的功能

跨文化传播是人类社会整体传播活动的重要组成部分，是人与人之间、群体与群体之间、民族与民族之间、国家与国家之间，必不可少的交流活动。跨文化传播维系社会结构和社会系统的动态平衡，把处在不同地区、不同群体、不同民族、不同国家的人"联结"起来，促进世界文化的发展，因而人类文化才具有"世界性"的特征。因此，可以说，跨文化传播促进了人类文化的进化和世界文明的形成。

（一）跨文化传播增进不同文化背景主体间的交流与沟通

著名传播学理论先驱哈罗德·拉斯韦尔曾经对传播的功能进行概括，他认为传播的功能主要表现在三个方面。首先，监视或提供与环境相关的信息，即准确、客观地反映现实社会的真实情况，重现周围世界的本来面目以及有关事实的重要发展。其次，协调社会各部分的关系，把各个社会环节、社会因素整合为有机整体，以应付环境、条件的变化和挑战。最后，稳定社会文化遗产的代际传播。

综上所述，所谓跨文化传播的功能，主要就是协调各部分之间的关系，传递文化，直接表现为不同文化背景主体间的交流与沟通。世界上，任何一个文化主体或个体都不是游离于社会体系之外的，其相互之间都有着一定程度的联系，而这种联系又需要一些中介作为沟通的桥梁，跨文化传播就是这个沟通的平台。跨文化传播能够满足不同文化背景的文化主体或个体文化上的融通需求，它扮演了不可替代的桥梁与纽带作用，这也是跨文化传播社会功能的体现。

（二）跨文化传播推动世界文化的交流和人类文明的进步

跨文化传播的产生过程是和人类社会的发展过程相伴随的，人类社会文化的发展、文明的进步，都离不开跨文化传播的促进。自人类早期社会之始，不同文化就走上了一个传播、交融的聚合历程，经由跨文化传播的滋养，世界文化史成为不同文化之间传播、碰撞、融合的历史。罗素指出，不同文明的接触常常是人类进步的里程碑。如希腊学习埃及，罗马学习希腊，阿拉伯学习罗马，文艺复兴时期的欧洲学习东罗马帝国等。中国文化的历史发展过程也是如此。中国自汉代起，就保持着与印度、阿拉伯乃至欧洲文化的频繁对话，尤其是中印之间的佛教文化交流，深刻影响了中国文化的深层结构和文化传统的演进。可以说，如果没有印度文化和中国文化的沟通，儒学就不可能发展成宋明理学。没有希腊文明和印度文明的沟通，也不会发展出多元多样的中世纪文明。

跨文化传播把人类文明的基因传播到世界各地，将生活在不同文化背景下的国家、民族和地区的民众，通过文化纽带联结起来，促使他们在文化上互相学习、取长补短、相互交融。人类社会的文明从低级到高级的发展，跨文化传播功不可没。所以，人类文明的进化高度和跨文化传播直接相关，跨文化传播是推动世界文明共同体构建的促动力。

第三章　翻译概述

翻译作为跨文化交际的媒介和行为，会涉及两种语言和文化。民族语言的交流实际上是文化间的交流，而且这种交流需要通过翻译来实现。自翻译诞生以来，人们对翻译本身的研究就从来没有停过，翻译工作已经走过了千百年的历程。本章就与翻译有关的内容展开论述。

第一节　翻译基础内容

一、翻译的概念

自人们的翻译活动开始以来，许多人便试图给翻译下定义。但一直以来，人们对于翻译的定义都见仁见智，各个翻译研究流派从不同的视角和层面出发，都提出了自己的看法。下面我们就来介绍国内外一些学者对翻译的界定。

（一）翻译概念的文化演变

翻译的概念由来已久，随着历史和社会的发展，其概念的范围越来越大，覆盖面越发广泛，其具体演变大致如下。

1.传统语文学定义

在英语中，单词 translate 源自拉丁语 translátus，意思为 to carry across，transfer。从 translation 的词源可以看出，"翻译"一词的最初含义主要是转移或转换。例如，在《韦伯斯特新大学词典》（Webster's New Collegiate Dictionary）里，编者给出的"翻译"的定义是"to turn into ones own language or another language"（转换成本族语或另一种语言）。在我国，"翻译"一词源自《礼记·王制》，其中记载着"五方之民，言语不通"，于是为了"达其志、通其欲，各方都有专人，而北方曰译"。后来，佛经译者在"译"字前加"翻"，成为"翻译"一词，一直流传沿用至今。

以上我们通过对"翻译"一词英汉两种词源的考证可知,一个客观准确的"翻译"的定义至少要包含两个方面的内容,即语言转换和满足沟通的目的。

2. 现代语言学定义

随着翻译活动的逐步增多,人们开始认识到翻译更重要的是原作内容的传递,而不仅仅只是语言之间的简单变换。"翻译"的语言学定义从语言实体和文本内容入手,试图通过分析形式和意义之间内在、固有的联系,把翻译过程进行"量化",以建立一种对翻译活动普遍适用的标准模式。英国著名的翻译理论家卡特福德给出的翻译定义为:用一种语言(译语)的等值文本材料去替代另一种语言(源语)的文本材料。费道罗夫(Fedorov)同时强调内容和形式之间的关系,他认为,翻译就是用一种语言把另一种语言在内容与形式不可分割的统一中所业已表达出来的东西,准确而完整地表达出来。

以上翻译名家给出的"翻译"定义表明,"翻译"开始尝试追求原文和译文在内容上的等值。语言学理论把翻译活动纳入了一种"规范的操作体系",使翻译理论不再是感悟式的经验总结,而进入到形式化、逻辑化的轨道上来。另外,它把注意力从对原作和译作表面形式特征的比较引向了对意义转换本质的探讨。

3. 交际学定义

交际学作为现代语言学的一个重要分支,其发展也深刻影响着翻译定义的演变,其特征是把翻译定义为一种交际或交流。美国著名翻译理论家奈达早期将翻译定义为,翻译就是在译语中用最贴切而又最自然的对等语再现源语的信息,首先是语义,其次是文体。

这一定义的优点在于把交际学中的信息论引入翻译理论中。根据奈达的观点,翻译意味着用语义和风格两方面都最接近、最自然的译语对等词语来再现源语的信息。之后,奈达还明确指出翻译就是交际。这就表明翻译是不同文化交流之间的一种最重要的媒介。

4. 文化学定义

自 19 世纪 80 年代后期开始,文化批评和研究在西方学术理论界崛起并逐步上升到主导地位。受此影响,很多学者开始从各自不同的文化角度切入来研究翻译问题。在这方面比较有影响的有翻译理论家图里(Toury),他给出的翻译定义为,在任何情况下,译文都表现为或被认为是目的语文化中的一种目的语文本。此外,还有翻译研究者认为,翻译等同于文化。

我国著名的翻译家蓝峰认为,翻译是一种双向文化交流的主要形式,和其他形式的文化交流一样,翻译也有很强的实用性和目的性,也就是鲁迅所说的"拿来"和"吸收"的原则。只有对翻译概念的理解达到这样一个重要阶段，人们在从事翻译活动时才有可能自觉地追求较高程度的文化交流。之后，翻译家王克非提出，翻译是译者将一种语言文字所蕴含的意思用另一种语言文字表述出来的文化活动。著名翻译家张今从文化交际的角度对翻译进行定义，翻译是两个语言社会（language community）之间的交际过程和交际工具。它的目的是促进本语言社会的政治、经济和文化的进步，它的任务是要把原作中包含的现实世界的逻辑映像或艺术映像，完好无损地从一种语言转到另一种语言中去。

由此可见，文化学定义最接近翻译的实质——文化交流。文化学定义还进一步把注意力从对译品和翻译过程的研究转向了对整个翻译行为的研究，把翻译研究置于更为广阔的文化研究语境之下，提出仅仅解决翻译过程中的技巧问题是远远不够的。此外，文化学定义把翻译活动看作是跨文化交际的活动，突出了翻译的社会功能，也体现了翻译在人类发展史上的关键作用。

5. 跨学科定义

近年来，国内外翻译界出现了诠释学派、操纵学派、目的学派、解构学派等，呈现出百家争鸣的局面。这些学派从自身的角度出发，对翻译现象进行多维度研究，使得翻译研究的范围较之以前扩大许多，由此深化了人们对翻译本质的认识。与此相应，这一阶段对翻译的定义往往从心理学、传播学、文化学、符号学、语言学等多个角度进行界定和阐释。

翻译本身具有复杂性，故跨学科的定义更接近翻译的实质，但学科之间的结合也需要合理、科学。其中，我国翻译家侯林平提出的翻译定义是跨学科定义中比较接近翻译本质的。他认为，翻译是译者通过其思维或信息科技手段，将源语文本中表达原作者意图的各种信息转换到风格极似的译语中以满足读者特定需要的跨语言跨文化的交际活动。可以说，将交际学与文化学这两个学科结合起来给出翻译的定义是比较正确的方向。但我们更应该注意到这两个学科的结合点，这个结合点就是文化交流。所以，从文化交流的角度提出翻译的概念便真正抓住了翻译的本质。

（二）国外学者对翻译的界定

英国 18 世纪著名学者萨缪尔·约翰逊（Samuel Johnson）认为，翻译就是将一种语言换成另一种语言，并保持原文的意思不变。

英国著名语言学家和翻译理论家卡特福德认为，翻译是用一种等值的语言的文本材料去替换另一种语言的文本材料。卡特福德认为翻译主要有两种存在状态，一是源语即译出语，二是目标语即译入语。

美国翻译理论家尤金·奈达认为，翻译是指从语义到文体在译语中用最切近而最自然的对等语再现源语的信息。

美国语言学家、翻译理论家罗曼·雅各布逊（Roman Jakoboson）认为，翻译是用另一种语言解释原文的语言符号。这一定义是从符号学的角度对翻译进行的界定，但是并没有对翻译的目标、标准等做深入的阐释。

纽马克认为，翻译就是把一个文本的意义按原作者所意想的方式移入另一种文字。

苏联语言学派翻译理论家费道罗夫认为，翻译就是用一种语言把另一种语言在内容与形式不可分割的统一中所业已表达出来的东西准确而完全地表达出来。

塞杰尔（J.C. Sager）认为，翻译是由外力激发，以信息科技为依托，随交际方式的变化而变化的一种产业活动。这一定义进一步扩大了翻译的外延，将翻译视为一种产业活动，其动力来自外部，并以信息科技为辅助手段。

罗杰·贝尔（Roger Bell）认为，翻译是把第一种语言（源语）语篇所表达的东西用第二种语言（目的语）重新表达出来，尽量保持语义与语体方面的等值。

美国翻译理论家劳伦斯·韦努提（Lawrence Venuti）认为，翻译是译者依靠解释所提供的目的语中的能指链替代构成源语文本的能指链的过程。韦努提反传统的"对等"角度的定义，否定了结构主义所信奉的所指与能指或自荐的对应关系，认为能指和所指是可以分裂的，符号与意义之间是不一致的，因此文本意义具有不确定性。在韦努提看来，翻译只是用一种表层结构代替另一种表层结构。

（三）国内学者对翻译的界定

许慎在《说文解字》中曾把翻译解释为："翻，飞也。从羽，番声。"对"译"的解释则是："译（譯），传译四夷之言者。从言，睪声。"用现代汉语翻译即是，译指翻译，即将一种语言文字翻译成另一种语言文字的人。形声字，言为形符，睪为声符。

张今认为，翻译是两个语言社会之间的交际过程和交际工具，它的目的是要促进本语言社会的政治、经济和文化进步，它的任务是要把原作中包含的现实世界的逻辑映像或艺术映像，完好无损地从一种语言移注到另一种语言中去。

林煌天认为，翻译是语言活动的一个重要组成部分，是指把一种语言或语言变体的内容变为另一种语言或语言变体的过程或结果，或者是把一种语言材料构成的文本用另一种语言准确而完整地再现出来。

曹明伦认为，翻译是把一种语言符号或信息编码表达的意义用另一种语言符号或信息编码表达出来的富有创造性的文化活动，它包括语内翻译、语际翻译和符际翻译。曹明伦借鉴了雅各布逊的符号学的阐释方法，同时也融入了文化翻译学派的观点。

孙致礼认为，翻译把一种语言表达的意义用一种语言传达出来，以达到沟通思想情感、传播文化知识、促进社会文明，尤其是推动译语文化兴旺昌盛的目的。

吴献书认为，翻译将一种文字之真义全部移至另一种文字而绝不失其风格和神韵。

方梦之认为，翻译是按社会认知需要，在具有不同规则的符号系统之间所做的信息传递过程。

许钧认为，翻译是以符号转换为手段、意义再生为任务的一项跨文化的交际活动。

王以铸认为，好的翻译绝不是把原文的一字一句硬搬迁来，而主要的却是要传达原来文章的神韵。

谭载喜认为，翻译是把一种语言文字的意义用另一种语言文字表达出来的过程，它主要是一门技术，同时也具有许多艺术的特征，如它的创造性特征，但绝不是科学。谭载喜主要强调了翻译的技术性和艺术性。

张培基认为，翻译是运用一种语言把另一种语言的思维内容，准确而完整地重新表达出来的语言活动。

范仲英认为，翻译是人类交流思想过程中沟通不同语言的桥梁，使通晓不同语言的人能够通过原文的重新表达而进行思想交流。翻译把一种语言（源语）的信息用另一种语言（译语）表达出来，使译文读者能得到原文作者所表达的思想，得到与原文读者大致相同的感受。

朱建平认为，翻译即解释，翻译的过程就是在跨文化的历史语境中，具有历史性的译者使自己的视域与源语文本的视域相融合而形成新视域，并用浸润着目的语文化的语言符号将新视域重新固定下来形成新文本的过程。这种观点认为，翻译只是多种解释形式中的一种，是解释的一种特殊形式。译者是翻译的主体，他既来自传统，受传统的规范与限制，同时也具有能动性的一面。

通过以上介绍可以看出，无论是国外学者还是中国学者，都将翻译视为一种文字之间的转换活动。这种转换过程主要包括以下特征：第一，在信息和风格上要力求使翻译作品与源语作品等值；第二，这种等值应是尽可能地接近，而不是机械地生搬硬套，即一味追求形式上的对等，从而牺牲某些更重要的东西；第三，要注意不同体裁的作品在各个方面的诸多不同，不能千篇一律，也就是要注意各种文体在个性上的差别。

二、翻译的分类

（一）从译出语和译入语的角度划分

从译出语和译入语的角度来分类，翻译可分为本族语译为外语（native-foreign）或者外语译为本族语（foreign- native）。从译者的母语角度来看，翻译可分为"译入"——源文本是外语，目标文本是母语，"译出"——源文本是母语，目标文本是外语。在现实生活中，译入和译出都是常见的翻译活动。译入的优势很明显，译者用母语写作，译文读者与译者共享语言和文化，译本更容易达到沟通效果。译出的挑战是译者以外语写作，读者是母语者，译者的外语水平压力更大，母语者很可能因受限于译者的外语水平对译文本身不够信任和满意。随着中国与世界接轨步伐的加快，译入和译出工作量剧增。汉语目前还不是世界范围内流行的通用语言，我们需要大量译出文化、政治、商业等各方面的文本，以保证我国的文化交流工作正常进行，以及社会生活各方面涉外活动的常规运行。同时，我们也需要引进大量的先进文化产品、经贸产品，以及各种国际交流文件。

（二）从涉及的语言符号角度划分

从涉及的语言符号来分类，翻译分为语内翻译（intralingual translation）、语际翻译（interlingual translation）和符际翻译（intersemiotic translation）。翻译有源文本（source text）和目标文本（target text）之分，例如，"汉译英"的源文本是汉语，目标文本是英语。翻译活动要完成目标文本对源文本的替换，这被称作"语际翻译"（interlingual translation）。当然，有时同语言内部也有翻译的情况，即用这种语言的一种变体替代另一种，这被称作"语内翻译"（intralingual translation），例如，把古汉语译为现代汉语的翻译行为，或将莎士比亚时代的英语作品翻译为现代英语等，都是"语内翻译"。此外，还有一种翻译行为，把文本译作一种非语言形式，例如，把诗歌译成舞蹈或者图画也是一种翻译行为，叫作"跨符号翻译"（intersemiotic translation），如《梁山伯与祝英台》原是文学作品，但是现在有"交响乐"版的《梁山伯与祝英台》，这就是一种"跨符号翻译"。对翻译另一比较宽泛的界定把"总结描述"和"解释性改写"也涵盖在翻译活动的范畴内，这两种翻译行为都是基于原文，但不拘泥于原文的形式和结构，"总结描写"是译者对原文意义进行"总结性描写"和归纳，"解释性改写"一般用于处理有文化差异的文本，如出现目的语文化没有的东西时，译者会给出译名并添加解释性文字的翻译策略。

（三）从翻译的手段角度划分

从翻译的手段来分类，翻译可分为笔译（written translation）、口译（oral interpretation）和机器翻译（machine translation）。笔译的文本是固定的，译者可以反复修改译文。在翻译过程中，译者侧重点不同，作出的译文决策也不同，笔译没有即时性要求，所以译者可以有时间做更多的译文解析，采用更多的翻译辅助工具。口语翻译，尤其是现场的口语翻译，译者受场地、场合、即时性等诸多因素的制约，无法反复核查和分析原文，其现场压力很大。非正式场合的口译，如导游翻译，虽然有即时性的特点，但是对译文的精确度要求不严格，译者的压力不大；相比之下，正式场合的口译对译者要求很严格。国际会议等场合的口译，可分为"同声传译"和"连续翻译"，前者要求译者与讲话人同步，后者允许译者在讲话人停顿后提供译文。无论同声还是非同声，口译的源文本不是固定文本而是稍纵即逝的语音形式，译者生成和处理译文的机会不多，能做的修改非常有限。这类译者一般都是专业翻译。非正式场合的翻译沟通和交流的目的性强，对译文的功能期待高，对形式的要求低，很多掌握两种或多种语言的人都可以充当翻译。

此外，随着计算机科学的发展，翻译不再是人类的专利，机器也已介入翻译活动。全自动的机器翻译（machine translation）可以直接把源文本转换为目的文本，但是准确率不高。目前更为实用的是计算机辅助翻译（CAD），翻译辅助软件协助译者完成翻译。流行软件类型包括处理文字的Word-processor、识别扫描文件的OCR、互联网搜索引擎、多语种电子词典等。

语料库的发展对翻译的影响也不容小觑，译者可以通过语料库了解词语在体裁、语境和使用频率等方面的细微差别，进而作出选择。与翻译相关的语料库分为单语语料库和多语语料库，著名的英国国家语料库BNC（British National Corpus）就是单语语料库。不过BNC不是翻译语料库（non-translational），TEC（Translational English Corpus）才是专门的翻译语料库，由曼彻斯特大学开发，现有词汇10 000 000个左右，语料来源多样。爱尔兰的NCI（New Corpus for Ireland）是爱尔兰语和英语的双语语料库，确切地说，是双语对比语料库（Bilingual contrastive corpus）。双语语料库中如果有源文本和译文同时存在的子语料库，则称为平行语料库（parallel corpus）。平行语料库极大地方便了译者和翻译理论研究。

（四）从翻译题材角度划分

从翻译的题材来分类，翻译可分为专业文献翻译、文学翻译和一般性翻译。20 世纪中期以前，无论是西方学者还是中国学者，都没有关注文本类型与翻译的关系。随着第二次世界大战后应用文本翻译数量的骤增，以及语言学、社会语言学、功能语言学等交叉学科的发展，学者们开始从文本类型角度探讨翻译标准和翻译策略。纽马克将文本类型与文本功能作为重要变量进而分为表达型、信息型和呼唤型三类功能文本。同时，他还针对该分类方法提出了侧重源语，注重上下文，尽量保留原作词法、语法特点及美学价值的语义翻译和侧重目标语、注重原作交际意图的交际翻译。功能目的理论框架促使诺德提出文献型翻译和工具型翻译，其重要变量是翻译功能、目的文本功能。应用文本翻译的崛起使得翻译研究不再拘泥于文学翻译研究，突破了以往自下而上的翻译方法，也体现出翻译的多样性和各种可能性。

（五）从翻译的处理方式角度划分

从翻译的处理方式来分类，翻译可分为全译（full-text translation）、节译（abridged translation）、 摘译（excerpt translation） 和编译（adapted translation）。全译是指译者将原文原封不动地翻译出来，不加任何删节。节译是对原文进行局部的删节性翻译，允许译者有所删节，但应保持原文内容相对完整。摘译是译者根据实际需要，摘取原文的中心内容或个别章节（或段落）进行翻译，摘译的内容一般是原作的核心部分或内容梗概。编译是指译者把一个甚至几个文本的相关内容进行编辑加工，根据要求做出概述性的翻译。

对翻译是什么的理解直接影响译者的选择和读者对译文的期待和评价。认为翻译是"转换"过程的译者面临对源语言由形式、语义、文化等层面不对等而带来的转换困难。到底是要对源文本的形式和意义进行完全转换，以至于产生不同于目标语语言直觉的翻译文体（所谓翻译腔），还是偏向意义上的转换而舍弃由源语言音、形、句法结构所带来的美感，一直是困扰译者的难题。后一种选择更倾向于翻译桥梁观，即翻译是沟通理解的桥梁，意义的传达应优先考虑。语言结构所带来的困惑与文化不对等所带来的困境相比是小巫见大巫。

了解翻译的分类有助于译者多维度分析译文，根据不同文本类型选择不同的翻译方法，甚至采用多样翻译方法进行译文互评，从而更加客观地评价译作。

三、翻译的标准

翻译标准是指用来评价译文优劣或判断其是否合乎翻译规范与要求的尺度。简单地说，翻译的标准就是指翻译的尺度、指导翻译的原则。译者在操作的过程中之所以要遵循一定的原则，评价译文质量之所以要依照一定的标准，主要原因不仅在于不同语言之间存在着绝对的差异性，也在于译者处理这些差异的手段有高低之别、优劣之分。翻译的标准是翻译学界一个争论不休的话题。在我国，翻译的标准一直是翻译理论界讨论的焦点问题。中国传统译论的明显轨迹是：案本—求信—神似—化境。案本、求信指的是翻译的方法，也就是说，是"怎么译"的方法，而不是"怎么研究翻译"的方法；神似、化境指的是目的或效果，是借案本、求信方法要力求达到的目的或效果。

早在三国时期，支谦在《法句经序》里就引用老子的"美言不信，信言不美"、孔子的"书不尽言，言不尽意"来说明翻译的不容易，主张"因循本旨，不加文饰"。他指出："其传经者，当令易晓，勿失厥义，实则为善。"在这里，"勿失厥义"是针对原文而言的，也就是说，对佛经原典的意义或思想内容必须进行忠实地再现；"易晓"则针对译文而言，指佛经翻译必须注重晓畅易懂，通顺流利的译文才能够为普通读者所接受。显而易见，支谦所言已触及"忠实"与"通顺"两种最基本的翻译原则和标准。在读音、书写、表义等方面，古印度语均有别于当时的汉语，故要加以转换实为不易，鉴于这些差异性，佛经译者必须遵循一定的翻译原则，既忠实于原文思想内容，又符合译入语的行文习惯，如此才能经得起翻译标准的检验并臻于翻译的正道。

东晋时期的道安指出，翻译中有"五失本三不易"，主张慎重对待原作。他所监译的经卷，要求"案本而传，不令有损言游字；时改倒句，余尽实录"。所谓"案本而传"，指的是按照原文文本的思想内容进行传递或转换，在这里，"案本而传"既是一种翻译方法，即"直译"，同时又是译者所遵守的翻译原则，即尽量忠实于原文文本的形式和意义，从而"不令有损言游字"。道安指出"案本而传"只能是相对的。一方面，对于符合汉语行文习惯的表达现象尽可以"案本""实录"，但与此同时，语言结构调整也是必需的，如原文中频繁出现的倒装现象，就需要根据汉语表达习惯进行调整和修改，其目的就是要化解语言之间的差异性，从而在尽量保留原文形式的同时也使译文符合通顺流利的标准。

六朝时的"译界第一流宗匠"鸠摩罗什（344～413年）曾论及翻译文体："改梵为秦，失其藻蔚，虽得大意，殊隔文体，有似嚼饭与人，非徒失味，乃令人呕秽也！"实际上也是指责直译之失。唐朝的玄奘也翻译了大量佛经，梁启超有云："若玄奘者，则意译直译，圆满调和，斯道之极轨也。"佛经翻译至玄奘而登峰造极，后世再也没有能超过他的佛经译家了。

1894 年，曾留学法国巴黎大学并获得博士学位、精通英法希腊语和拉丁语的马建忠（1845～1900 年）提出了"善译"："一书到手，经营反复，确知其意旨之所在，而又摹写其神情，仿佛其语气，然后心悟神解，振笔而书，译之成文，适如其所译而止，而曾无毫发出入于其间，夫而后能使阅者所得之益，与观原文无异，实则为善译也已。"第一位比较全面地提出翻译标准的是清末资产阶级启蒙思想家严复。严复借鉴了前人的研究成果，加以总结和提炼，凝结为三字箴言，即"信达雅"，集中国翻译理论之大成，把中国译论推向了高峰。自此，言及翻译，必谈"信达雅"，这一标准被奉之为中国翻译的金科玉律。

对译者而言，取信或忠实于原文当为必须遵守的首要原则，与此同时，译文的通顺与畅达也同样不可偏废，换句话说，"信"与"达"相辅相成，二者缺一不可。"信"既涉及原文的语义内容，又关乎原文的语言形式，因为形式与内容是不可割裂的；"达"与原文的行文方式有关，不"达"的译文有悖于原文的文体风格，同时，由此造成的洋泾浜译文或翻译腔又会影响译文读者对原文思想内容的准确把握。关于翻译原则和标准的必要性，严复所言可谓是一语中的：语言的独特性及语言之间的差异性使然。

"神似"标准是由我国著名翻译家傅雷先生提出的。神似的译文既要尽可能照顾到原文的内容和风格，又要行文通顺流畅，符合译入的表达习惯。换言之，神似的译文就仿佛原作者用译入语进行写作，原作的意义与精神是完整的，语言是通顺流利的，译作也应该或必须能够表现或再现原作的一切优点。力求神似，译者必须设法摆脱原文语言形式的羁绊，得体而得当地采用种种变通手法，从而使译文不至于因一味苛求形似而精神荡然无存。

钱钟书先生提出了翻译的"化境"标准。他在《林纾的翻译》一文中写道："文学翻译的最高标准是'化'，把作品从一国文字转变成另一国文字，既不能因语言习惯的差异而露出生硬牵强的痕迹，又能完全保存原作的风味，那就算得入于'化境'。"作为我国古典文论中的核心术语，"化境"原指艺术上臻于精妙超凡的境界，以此而论及翻译，即译者在传递原文思想与风格方面应做到尽善尽美。就一般翻译而言，神似已经不易，化境显然更难。这一点就连钱钟书本人也不否认，指出彻底和全部的化境是不可能实现的理想，译者充其量只能做到"取法乎上，仅得其中"。这一标准的提出有其重要的意义，即翻译应有最高的指导原则和实践标准，这样的原则和标准也许难以企及，却能够时时提醒译者记起翻译是一项充满艰辛的工作。

"化境"的译文不应囿于原文形式的束缚，而必须完全符合译入语的语言表达习惯，读来应如原文一样通顺、流畅、自然，仿佛未经过翻译似的。钱先生的精彩译文选取如下，以资共享。

吃一堑，长一智。（A fall into a pit, a gain in your wit.）

人之善如出一辙，人之恶殊途多方。（Men are good in one way, but bad in many.）

20世纪20年代后期，受苏联、日本风起云涌的无产阶级文学运动的影响，鲁迅的思想和翻译观念发生了变化，成为译介马列主义经典著作以及东西方无产阶级文学作品的重要代表。随着对本土文化和异质文化以及对文化交流最本质的社会功能认识的逐步深化，鲁迅走出了意译的藩篱，进而确定了自己"直译"的翻译策略。

鲁迅所提出的"直译"有两层含义。一是鲁迅的"直译"是从宏观角度作为一个翻译原则提出来的，即译者对原作应该采取"忠实"的态度，这是指导译者采取何种操作方法的一种原则。它是针对林纾等人的改译提出的，主张"竭力想保存原书的口吻"。二是鲁迅的"直译"又是从翻译过程的具体操作层面提出来的。他不仅强调对整部作品的思想内容和风格的忠实，还强调对语言形式的忠实，甚至具体到句子的结构、词的翻译上。在不同场合，为着不同目的，鲁迅又相继提出了"宁信而不顺"的翻译策略。凡是翻译，必须兼顾两方面，一则当然是其易解，一则保存着原作的风姿。

20世纪30年代，林语堂用现代语言将"达"释为"通顺"。他从艺术的角度论述翻译标准，把"信达雅"化成了"忠实、通顺、美"。严复和林语堂的高明之处就在于避免了以二元对立的极端视域来界定翻译的质量，他们在"信达"或"忠实、通顺"之外又设置了一个"雅"或"美"的标准，从而有效地分担了压在"通顺"上的压力。林语堂在论"美"的标准时就说过："翻译艺术最重要的，就是要以原文之风格与其内容并重。不但须注意其说的什么，并且须注意怎么说法。譬如苏州街上有女人骂人，我们尽可不管她骂的什么，尽可专心欣赏其语调之抑扬顿挫。"

越来越多的研究者认为，放之四海而皆准的唯一的翻译标准并不存在，翻译标准是多元互补的。如辜正坤先生认为："由于翻译具有多重功能，人类的审美趣味具有多样性，读者、译者具有多层次，翻译手法、译作风格、译作价值因而势必多样化，而这一切最终导致具体翻译标准的多元化。"辜正坤提出了"翻译标准多元互补论"。他认为翻译的绝对标准就是"原作本身",最高标准是最佳近似度,即"译作模拟原作内容与形式(深层结构与表层结构)的最理想的逼真程度"。"翻译标准多元互补论"用辩证的方法推翻了上千年来翻译界试图建立一个绝对标准的设想,取而代之的是一个标准系统,各种具体标准的提出无疑是中外翻译标准史上一次重要的探讨,在翻译界引起了强烈反响,对翻译实践有着重要的指导意义。

第二节 翻译的原则与过程

一、翻译的原则

(一)语言学原则

从语言学的角度来研究翻译问题,是从奥古斯丁开始的,他是西方翻译理论的语言学传统的鼻祖和创始人。谈到语言,人们就会想到"符号"这个概念。在参照和继承了亚里士多德的"符号"理论的前提下,奥古斯丁指出语言符号包括"能指""所指"两种内容,并揭示了这两者和译者"判断"之间的相互关系。既然是从语言学视角研究翻译,那么语言学的观点必然会影响翻译的研究。毫无疑问,西方翻译理论就是受到了索绪尔的普通语言学理论的深刻影响。20世纪初,索绪尔详细说明了什么是语言以及什么是言语,并对语言的历时和共时的辨别进行了详细的解释,为此后翻译研究的语言学派构建了基本框架。也就是从这个时候开始,西方翻译学者纷纷注意到,语言理论可以为建构翻译模式提供理论支持。这也就使得翻译语言学派对翻译中的语言事实比较关注,如语音、词汇、句子、篇章等一些语言单元都是研究者们的着手点,他们试图以此探索翻译活动的普遍规律。此外,他们深深地赞同"等值"理论,认为要进行翻译,必须先解决语言之间的转换问题。

索绪尔的理论涵盖心理学、语言学、社会学三个方面。在理学方面,认为一件已经过去的事情仍会造成影响;在语言学方面,认为语言符号具有任意性;在社会学方面,认为语言是一种存在于集体心智中的社会事实。另外,索绪尔提出了以下几个观点。第一,"言语"和"语言"是两个不同的概念,言语是说出的话或写出来的文章,语言是抽象的语法规则系统和词汇系统。使用同一语言的人做出的言语行为是不同的。第二,语言是极为复杂且异质的现象，人们可以从许多不同的角度去分析一个简单的言语活动。第三，语言是一种形式、一套规则体系，并非实体。第四，语言符号之间既有聚合关系，也有组合关系。第五，内部语言学和外部语言学有着不同的影响因素。第六，可以从历时的角度来解释语言现象，也可以对语言做出静态描写，事实上共时性研究优于历时性研究，因为语言的历史变化对于当时的言语行为的影响很小。

奈达首次倡导要进行科学的翻译，并将信息论引入翻译研究，创立了翻译研究的交际学派。他还就翻译过程提出"分析""转换""重组"和"检验"的四步模式。奈达最著名的观点是翻译原则的"对等"观，包括动态对等和功能对等，他提出的这一翻译原则对西方翻译研究贡献巨大。

雅各布逊一直坚持语言功能理论，使得翻译研究跳出了词汇、句子和语篇等的限制性框架结构，而为翻译研究开拓了一种语境模式，重点关注翻译中语言的意义、等值、可译性和不可译性等根本问题。

纽马克提出了"交际翻译"和"语义翻译"两个重要的翻译策略。要根据文本的类型来选择恰当的翻译策略，这样才能达到效果等值。交际翻译则力求接近原文文本，语义翻译在目标语结构许可的情况下尽可能准确再现原文意义和语境。他不断反思自身翻译理论的不足，并进一步提出"关联翻译法"。

（二）意识形态原则

意识形态原则涉及源语文本与目标语文本诸多因素。斯林格兰（Slingerland）在英译《论语》时非常注重文中的关键概念，如仁、礼等，为了尽量保留中国文化特色，他采取"英译＋拼音＋汉字原文"的翻译策略。肖唐金、肖志鹏提出翻译中的语篇意识形态二分论，即宏观层面和微观层面的意识形态。前者与政治、"声音"、文体风格有关，后者涉及文本措辞、信息组织结构。在翻译过程中，源语文本与目标语文本意识形态在开始、中间、结束层次上的运作机制不同，体现在作者、文本构建者和接受者、读者上也会有所不同。

（三）美学原则

20世纪中下叶，接受美学在西方翻译界得到了较大发展，是美学原则的具体体现，强调跨文化交际翻译学实践的动态性、互动性、译者与读者的合作性。从接受美学的角度来看，审美价值不仅取决于作品的审美品质，还取决于读者的阅读参与。也就是说，纵然作品的审美特征已经存在，但若未经读者阅读，该作品只是具有审美方面的"潜在价值"而非"实际价值"；审美价值的真正形成，取决于读者的阅读欣赏，尤其是阅读时的再创造活动。

同理，在翻译中，仅有译者的译作是不够的，还必须有读者对译作进行阅读并给予肯定，如此翻译活动才算完成。就翻译作品的审美价值而言，译者除了要考虑原作审美特征的再现程度，还要顾及读者对译作审美特征的接受程度，亦即通过译作对原作审美特征的接受程度。可见，翻译作品的审美价值涉及的不仅仅是翻译作品本身（内部要素），还涉及了众多其他要素（外部要素）。内部要素包括审美客体和审美主体，审美客体涉及原作和译作，而原作的审美主体涉及作者、译者，其对应译作的审美主体则主要涉及译者与读者。外部要素包括审美客体和审美主体各自以及共同所处的语言、文化、地域、历史等外部条件。译文是原文另一种语言的再现，因而译文审美价值取决于原文的审美构成，即"形式美"和"内容美"。其中，"形式"是指语言形式，"内容"包括主题、思想以及具有审美感染力的评价。可见，译作的审美价值有赖于译者对原作与译作"形式美"和"内容美"的把握。

刘宓庆认为，所有的审美客体都具有"本体属性"和"关系属性"。"本体属性"具体表现为审美客体的审美构成，而审美构成又分为"形式系统"和"非形式系统"。其中，"形式系统"着眼于内容的物态形式、外向形式（包括语音、文字、词语、句子、段落等层面的审美信息），"非形式系统"是指作为"总体存在"的非外向形式（包括"情""志""意""象"）。"关系属性"包括从原文美到译文美的关系、原作与译者的关系、原作的时代与译者所处的时代的关系等。刘宓庆还指出，"美只存在于特定的关系中"，所以审美客体只有与审美主体相结合，它的美才有意义。

二、翻译的过程

（一）理解

翻译的起步阶段就是理解，理解是表达的前提。如果译者无法完整、准确、透彻地理解源语文本，就无法用译语来表达源语文本所传递的信息。理解是翻译中最关键的环节，也是最容易出现纰漏的环节。在理解的过程中，译者需要承担以下几种任务。

1.宏观任务

（1）分析源语文本的体裁

在理解源语文本的过程中，译者首先要对文本的体裁进行辨识。因为不同的语篇类型，所采用的翻译策略或方法也不同，如文学翻译要求译者在翻译的过程中具有创新意识，商务翻译对信息的准确性要求较高，所以这一任务非常重要。分析了源语文本的体裁，也就是了解了源语文本的文体风格，译者可以据此思考译语文本所采用的文体风格。

（2）分析文化背景

翻译具有跨文化交际性质，因此译者必须了解两种文化在政治、历史、经济、科技、风俗习惯等诸多文化内部要素方面存在的差异。只有这样，译者才能准确理解或者表达原文的思想，进而在翻译中避免文化冲突的发生。

2.微观任务

在分析了源语文本的宏观要素之后，接下来就应该分析源语文本的微观因素了。

（1）分析语言现象

源语文本中的语言现象是译者在翻译中绕不开的部分，语言现象不仅包括语音、语法规则、词汇构成等层面，还包括语义的层面，如一词多义、多词同义等。

（2）分析逻辑关系

每一种语言都是思维的反映，是实现思维、传达思维的工具，思维就是逻辑分析的方式。既然翻译是跨语言的转换活动，那么就应该属于语言逻辑活动。逻辑贯穿于翻译过程，译者不仅通过逻辑分析来理解原文，更要通过逻辑方式来进行译语的表达。语言表达不能只合乎语法规则，还要合乎逻辑，否则表达也就失去了意义。

总之，对源语文本的准确理解，应该涉及以上四个方面，缺一不可。

（二）表达

理解的最终目的是指向表达的。表达就是用译语来转换源语的全过程。表达的精准度，在很大程度上取决于译者对源语文本的理解以及译者的双语语言能力。在"互联网＋"的时代背景下，新经济的发展以创新为驱动，而创造性思维作为一切创新成果的源头和内核更是重中之重。余光中指出，翻译作为一种心智活动，其中无法完全避免译者的创作。创作即创造性思维发挥作用的体现。在翻译实践中，译者如果没有创造性思维，根本不可能实现语言间的高质量转换。翻译过程中需要的创造性思维表现为译者认识到翻译难点，然后通过灵活运用语言内和语言外知识，重新组织语言并形成恰当的译文。创造性思维的特色在于"奇""异"。具有较大难度的政论文本翻译更需要创造性的参与。

由于中、英两种语言具有不同的语言特点，并且归属于两种不同的文化。译者必须跳出源语文本的形式框架，用另一种语言来表达源语文本的语义，进而在双语文本之间找到共享结构，这个过程必定需要创新思维。例如，中国数千年文化积淀的一些中文成语、古语、俗语、诗词和典故，无法在英语中找到对应结构，此时译者就需要发挥创造性思维，将深厚的中国语言文化的内涵准确地传递给译语读者。只有具有创造性思维的译者才能突破各种壁垒，使文化因子在双方交流的过程中顺畅流转。创造性思维的发挥恰好可以解决此类翻译问题。

创造性思维既贯穿于对源语理解的过程，也参与译语表达的过程。创造性翻译可以通过重新表达来实现。重新表达是指当源语文本中的语言结构所表达的意义无法在译语中找到对等的语言结构来表达时，译者必须结合整个源语文本和自己的各种知识，在译语中创造与源语文本中意义对等的新的语言结构，这显然需要通过创造性思维的发挥来挣脱源语结构的束缚。事实上，文化输出中的对外翻译应该考虑国外读者的接受反应，不能仅仅强调"忠实"于源语文化而忽视译语接受者的感受，这会影响文化输出的质量和效果。因此，变译、改写等翻译策略有时更有助于实现文化交流的目的。而在政策性短论的对外翻译中，其中看似普通、大众的语言表达其实是创造性思维辅助的结果。

（三）校改

校改是翻译的最后阶段。翻译是一项需要耐心、理想主义精神的认知活动。对待翻译，译者不能因为对材料熟悉和经验丰富而有丝毫漫不经心的态度倾向，相反，应该始终坚持精益求精的行为准则，最终向读者交出最理想的译作。即使译者的翻译能力再高超，翻译经验再丰富，也还是会出现各种错误，因为与浩瀚的世界相比，个人的认知还是非常有限的，个人的认知不可能触及世界的每个角落。所以，翻译的过程就是不断检查和校改的过程。校改一般应注意以下几个方面。

①检查译文中重要的翻译单位是否有错误。

②检查译文的标点符号是否使用错误。

③核对译文的表述与目的语表述是否一致。

④检查译文的重要人名、专有名词、地名、数字等是否存在错误。

⑤检查译文中的常见翻译单位是否表述准确。

第三节 翻译对译者的要求

在跨文化交际中，译者作为语言和文化转换的中介者，制约着文化的表达和理解，从而对两种文化的对话产生莫大的影响。因此，译者只有具备一定的素质，才能胜任翻译任务。

一、职业道德

（一）实事求是

翻译说到底还是一种跨文化交际活动。众所周知，外国和中国在文化的诸多方面存在很大的差异，同样的汉语材料在中国人眼中和外国人眼中传达着不一样的信息，因此译者就扮演着原作与译文读者之间的中介者的角色。这种角色要求译者必须尊重客观事实，公正地对待中外双方，不偏不倚，做到立场中立。

从生态翻译学的角度来看，翻译的终极目标在于最大限度地保护原文与译文之间的交际生态。具体来说，译者需要在超越时空的前提下，既要与原文作者进行平等的交流，维持原文作者的基本思想，又要考虑译文读者的理解和接受状态，将信息完整地传递给译文读者，进而在原作与译文读者之间寻求一个平衡点，在原文与译文读者的语言、文化、交际三者之间构建一个健康、有序、和谐的生态循环，这样原作与译作才能够永久共存。

（二）精雕细琢

如果说译者因为翻译水平的限制而无法创造出令人满意的译作，那还情有可原，这是客观的缺陷。毕竟翻译水平的提高不是一朝一夕的事，而是一个漫长的过程。译者只要不断虚心请教和学习，最后一定可以交出一份理想的"答卷"。最可怕的现象是译者的心和力都用得不到位，这就是主观态度和客观能力的双重缺陷了。译者一定要具备精雕细琢的工匠精神，才能在翻译这条路上走得更远。

例：请勿疲劳驾驶！

译文 1 ：Don't drive tiredly.

译文 2 ：Drive alert, arrive alive.

译文 3 ：Drowsy driving is dangerous.

在上述例子中，译文 1 虽然语义通顺，但是没有完全再现原文的信息和意义，按照交通法规的术语译为译文 2 和译文 3 的形式要比译文 1 能达到更好的表达效果。

在当今信息化时代，政治、经济跳跃式发展，知识的更新速度非常快，数量庞大的新词不断涌现，其中有些词语被人们沿袭了下来，有的在语言的历史长河中消失了。没有什么知识是一劳永逸的，不可能用同一种知识解决过去、现在和未来的所有问题。因此，翻译工作者要广泛查阅各种资料、工具书，运用一切可以使用的资源，多方查证，这样才能获得对翻译对象更全面的认识和理解，才能创造出更加贴切、达意、完善的译文。

二、语用能力

语用能力是指得体地将语言知识运用于交际的能力。翻译作为一种跨文化交际活动，要求译者能够在译文中根据语境恰当地遣词造句。语言知识涉及词汇、句子、语篇、修辞等方面，英汉文化差异具体体现在这几个方面。其中，词汇作为英语语言中的基础单元，承载着英语语言的主要文化差异。通常情况下，词汇的意义需要在特定的语境中去理解。相同的词汇在不同的语境中，具有完全不同的意义。在进行翻译时，译者就要考虑译文读者所处的语境，按照读者的阅读预期来选择合适的译文。

例：孔雀（象征着吉祥、美好）

译文：Peacock（带有炫耀、骄傲的意义）

显然汉语中的"孔雀"和英语中的"Peacock"的内涵意义是不对等的。可见原文和译文在信息和风格上也是不对等的。在特定的语境中，字面意义相同的事物有时候是不能互译的。

翻译就是要使目标文化环境中的人对翻译对象形成积极的认识，但是不同的翻译材料有着不同的预期目的，翻译工作者应根据原文的意图，决定在特定语境中原文的哪些信息要保留，哪些信息要做调整，再依据译文读者的接受程度，选择适当的翻译方法。

人们可以根据文中所叙述的事物的内在关系来判定词义，也可以根据组成文章词句之间的语法关系来判定词义。到底选择哪一种，需要根据具体的文章来判定。

三、翻译能力

（一）适应能力

既然翻译是一种跨文化交际活动，那么翻译工作者还必须具备一定的适应能力。

1. 对语言因素的适应

在翻译中，文化差异是显而易见的，但是语言因素本身就是翻译的拦路虎。跨文化交际就是根据意义选择语言、根据语言推敲意义的过程。从这个角度来说，对语言的适应，其实是指对意义的适应。翻译工作者要适应的语言意义主要有形式意义、言外意义、文化社会意义、联想意义等。

（1）形式意义

刘宓庆认为，形式意义是指语言形式所承载的意义，包括语音、词汇、句法、修辞等。尤金·奈达曾经指出，语言形式是有意义的，在翻译时需要考虑形式，否则原文的风格就消失了。语言的独特性在于自身的语言规则和语言结构。有时候，在翻译中要再现原文信息内容，就必须调整语言形式。也就是说，翻译中很难做到形式对等，最多就是形式相似罢了。英语和汉语是区别很大的两个语言系统，英语是形合语言，汉语是意合语言。在进行翻译时，译者应该适应文本的语言形式，充分认识英语和汉语在语言形式上的差异，必要时对语言结构和形式进行调整。

（2）言外意义

要想顺利地进行交际，不能满足于对字面意义的了解，还要深度挖掘对方话语中隐含的真正意义。因此，在翻译中，译者就要用目的语完整地传达出原文的言外之意，这样才能使原文读者和译文读者获得相同的感受。这样的翻译才称得上是原文和译文精神上的桥梁。译者既要适应原文的言外之意，又要适应译文的言外之意，这样才能实现文化传播的目的。

（3）文化社会意义

语言是文化的一部分，对语言的理解不能脱离其所属的文化和社会语境。各种文化互相尊重、共同发展，是不同文化相处的正确之道。在翻译中，译者属于原文的文化语境，因此更需要适应的是译语文化语境。译者需要在准确传达原文意义的前提下，考虑译文读者的接受水平。

（4）联想意义

联想意义是语言符号给人们带来的暗示性的意义。同一个事物在不同的语言中可能有着不同的联想意义，这也体现了文化语境的特点。

2. 对非语言因素的适应

在翻译中，译者最需要适应的非语言因素是认知语境、翻译目的、目标语文化占统治地位的意识形态等。

（1）认知语境

从 20 世纪 80 年代开始，认知语境就走入了人们的视线。认知语境是影响语言使用的知识图式。认知语境包括语言使用的情景知识、语言上下文知识和背景知识。从交际的角度来看，翻译是原文作者、译者和译文读者三者之间的交际，三者处于一定的认知环境中；从认知的角度来看，翻译还是一个复杂的认知过程。交际的顺利与否，取决于译者是否了解原文作者与译文读者在认知环境上的相似程度。译者要对原文进行准确的理解，就需要在认知语境中推断原文作者的真正意图。

（2）翻译目的

20 世纪 70 ～ 80 年代，结构主义语言学极大地影响着德国翻译学界，翻译严重地依附着语言学，这使理论与实践严重脱节，因此翻译的功能学派诞生了。它的诞生标志着流行于 20 世纪 50 ～ 70 年代的结构主义语言学统治地位的结束。功能学派翻译理论将分析翻译的角度延伸到了交际理论、行为理论、信息论、语篇语言学以及美学等领域，推翻了原文的权威地位，并从目标文本的立场去研究翻译，成为当代德国翻译界影响最大、最活跃的学派。功能学派翻译理论运用功能和交际方法来分析、研究翻译。功能学派的主要代表人物有弗米尔、诺德、赖斯、曼塔莉。

赖斯的研究是分阶段进行的，在不同的阶段其研究呈现不同的特点。在早期研究阶段，她主要关注的是对等概念，此处的对等是从语篇层面来说的，并在此基础上对研究进行拓展。然而，到了研究后期，她颠覆了之前的研究成果，因为她终于明白翻译实践中没有真正的对等。在这种情形下，她开始对翻译的功能展开探索，弗米尔也加入了她的研究行列，二者共同倡导翻译研究功能论。在 1971 年出版的《翻译批评的可能性与局限性》一书中，赖斯详细地对翻译批评进行了阐释，并引入了功能范畴，使语言功能、语篇类型和翻译策略三者成为一个有机整体，使得基于原文与译文功能关系的翻译批评模式有了新的进展。功能派理论思想随之萌芽。赖斯认为，文本类型是多样的，不同的文本类型对应不同的翻译方法。她将文本类型、翻译方法和翻译目的结合起来，进而将语篇分为"信息（informative）文本""表情（expressive）文本"和"感染（operative）文本"。然而，这种划分只在译文要实现的功能和原文功能对等的时候才有意义。

正因为认识到了赖斯的理论局限，弗米尔经过苦心钻研创立了影响巨大的目的论，以至于有人将功能学派称为目的学派。弗米尔沿用了符号的概念，并将翻译、符号与非语言行为进行联系，认为符号的使用也是受翻译目的驱动的，并且受到跨文化交际的制约。在他看来，翻译就相当于语言符号的转换和非言语行为。弗米尔著名的目的论包括一系列的原则，最主要的是连贯原则、忠实原则和目的原则，其中目的原则统摄连贯原则、忠实原则。换言之，目的原则的要求是排在第一位的。连贯原则主要针对的是语篇内的连贯，也就是指译文的前文和后文要有一定的逻辑关联，语言表达应该地道、真实、自然，并能够为目的语文化和交际提供某些价值。忠实原则主要针对的是语篇间的连贯，也就是指译文和原文在内容和形式上应该有逻辑关联，但也并不机械地要求译文和原文一模一样。面对同一篇原文，每一位译者可能有着不尽相同的理解，那么译文存在的目的和译者的理解就决定了忠实的程度和形式。目的原则认为，翻译行为都具有一定的目的，译者在这个目的的指引下采取相适应的翻译方法。在上述三个原则中，语篇间连贯从属于语篇内连贯，而二者同时受目的原则的统领。也就是说，当目的原则要求语篇间或者语篇内不连贯时，二者都将失去作用。

依据功能翻译理论，翻译是一种照顾读者和客户要求的有目的的交际活动。目的论并不在乎译文与原文是否对等，而是强调译文在译语文化环境中所要实现的交际功能。有了一定的翻译目的，译者才能更自然地选择翻译策略。译者首先必须明确翻译的目的和功能，并使其指导自己的翻译实践。翻译的目的是多维度的，不同的阶段有着不同的目的。译者确定了翻译的目的，才能将翻译理论和翻译实践联系起来。

（3）目标语文化占统治地位的意识形态

从意识形态的角度来研究翻译，是近年来刚兴起的一种趋势，体现了翻译研究的一大进步。意识形态是决定人们如何看待世界以及指导行为的观念体系。翻译所涉及的意识形态是由个人、群体或一种文化支持形成的一种价值体系，它表达着世界的运转规律。翻译不是在真空的环境下进行的，而是译者在特定的环境中所进行的操纵。因此，意识形态制约了翻译的最终结果。换句话说，意识形态不仅制约着翻译的产生，而且产生于翻译活动之中。因此，意识形态和翻译之间存在一种相互产生和制约的关系。译者主体性作为近年来研究的热门话题，就是译者超越意识形态的结果，也就是译者脱离了强加在自己身上的权利话语的束缚，最终顺从了自己的创造性和内心的呼声。在翻译中，译者要想产出被译语读者认可的译文，必须适应目标语文化占统治地位的意识形态。当材料中的某些内容违背了译语读者的大众意识形态时，译者需要以译语读者的接受程度为翻译准则。处于强势文化中的读者一般不太愿意接受外来文化，所以译者选择顺从译语读者，有利于读者克服自身意识形态上的障碍。

（二）选择能力

1. 翻译文体的选择

王佐良先生认为，原文和译文之间真正的对等还必须包括文体的对等。梁晓声指出，翻译文体是译者创造的一种语言形式，要考虑原文语言的优势和译文语言的特点，它是原文语言和译文语言的结合。可见，翻译文体的选择非常重要。译者要依据不同的传播渠道，将原文翻译成相适应的文体。例如，当材料是通过声音的途径来传播时，译者就必须使译文适合听，这就要求译者了解广播文体的要求，做到语言简洁、重点内容突出。

2. 翻译方法的选择

译者不仅要把外国的先进文化引入中国，也要把中国的先进文化传播到国外。中国文化走向世界，为的是丰富世界文化。要维护文化的多样性，使世界文化之水不断流动，使社会不断地良性发展，甚至于维护世界和平，需要译者在翻译活动中持有包容的态度。

传统的翻译方法就是直译法和意译法，前者是向原文作者靠拢，后者是向译语读者靠拢。为了宣传中国文化，应该在翻译中尽量保留中国文化特色，因此可以采用直译法、直译加注法、意译法、替译法、音译法等。

（三）综合意识

1. 角色意识

谈到译者的角色，第一个要提的就是中介者。精通两种语言和文化的译者，是不同语言和文化的桥梁，沟通着彼此。译者作为中介者，最基本的行为就是传达，在被许可的范围内将原文用目的语再现出来，以便两种文化相互了解。

译者第二个角色就是颠覆者。因为翻译是用另外一种语言再现原文，字词或语篇势必有和原文不同的地方，这些改变是有原因的，也是不可避免的。

译者第三个角色是揭露者和掩盖者。之所以说揭露，是因为用目的语表达原文内容时，会产生预料之外的效果，这也是原文的潜能；此处的"掩盖"，是指用另一种语言表达原文，势必会出现扭曲的现象，译者需要认真思考如何掩盖这种扭曲。

另外，译者还承担了重置者与替换者的角色。"重置"是指译者将原文用另外一种语言和文化重现。"替换"是指译文替换了原文，译文成为译语读者了解原作思想的唯一通道。

2. 主体意识

在传统的翻译理论中，译者似乎就是服务于作者和读者的仆人，只需要将源语文本的意义进行一种再现就可以，是一种隐性的存在。但是，随着翻译研究的深入，学者们逐渐开始怀疑译者的仆人身份，并认为译者才是翻译活动中的主体。学者们之所以提出这种观点，主要基于以下几种理由。首先，翻译是译者需要发挥其主观能动性的实践活动。其次，译者不仅是原文和译文的中介者，而且是原文作者与译文读者的中介者，同时架起了两种语言和文化沟通的桥梁。可见，译者处于翻译中的核心地位。再次，解构主义学派和后现代主义都宣扬译者的主体性。国内外很多学者都坚持翻译主体的唯一性，即认为翻译的唯一主体就是译者。例如，安托瓦纳·贝尔曼（Antonio Berman）认为，译者之所以成为翻译活动中的主体，是因为译者有着一定的翻译动机、翻译目的和翻译方案，译者是翻译活动中最积极的因素。我国学者陈大亮、袁莉都指出，只有参与了翻译认识和翻译实践的人才能成为主体，原文作者和读者并没有直接介入翻译活动，因此只有从事翻译实践的译者才是翻译主体。译者只有认识了自己的主体性，才能在翻译活动中实现一定的创造性，才能给翻译作品以生命。值得注意的是，译者在具有主体意识的同时要防止因自身过度膨胀而随心所欲地翻译。只有在原作者、译者和译文读者等主体之间，建立一种对话式互动关系，才能建立一个健康有序的翻译生态。

3. 读者意识

在中国翻译的历史实践中，翻译工作者早就注意到了读者意识的重要性。

清末学者马建忠提出"善译"的标准是"使阅者所得之益与观原文无异"，也就是根据读者的反应来判断译文的优劣。

奈达曾经也强调，原作者是在自己兴趣的推动下从事创作的，而译者需要明白译文是给读者看的。

郭天进一步对读者意识进行了更为细致的划分，包括读者是谁、读者有何需求以及如何满足读者需求。

从接受美学的角度来看，文本是一个多维度的开放式结构，不同的人可以做出不同的解释，相同的人在不同的地点也可以做出不同的解释。可见，在翻译中，原文文本是稳定不变的，但是接受者是动态变化的。读者根据自己的认知来认识译作文本内涵，填补意义空缺，并对未定性的内容实现具体化，最终实现译作的意义。

　　在译者的意识中，读者应该是摆在第一位的。在进行翻译之前，译者就要考虑译文读者的心理需求，并据此选择不同的翻译方法和策略。读者不同的心理需求，促成了不同的译文的产生。图里（Toury）曾经强调，一切翻译都位于一条线的终点，终点的一端是源语规范，另一端是目的语规范。

　　因此，为了实现翻译的目的，译者需要想尽一切办法来满足译文读者的心理需求。译文读者对译作内容的心理需求是影响译作传播效果的重要因素。译文读者对译作内容需求越强烈，则阅读的动机指向性越强，译作的传播效果越好；反之，译文读者对译作内容的需求越低，阅读的指向性就会越低，译作的传播效果就越差。另外，在翻译过程中，如果能够引起译文读者情感上的共鸣，使其产生良好的情绪体验，那么翻译工作就相当于成功了一半；反之，如果无法使译文读者的情感状态处于最佳水平，翻译工作的成效就有待加强。译文读者是译作信息的接收者，是拥有独特的心理特征和丰富感情的个体。译者在翻译过程中应该时刻以满足目标读者的需求为目的，最大程度上使读者与原文的视野融合。

第四章 跨文化传播与翻译

随着中国国门的开放，中国更加频繁地与西方发达国家进行经济往来。在 21 世纪的今天，中西方文化面临着不同的考验。中国文化和西方文化虽然有一些相同的社会功能，但是二者之间的差异更明显，并且这种差异为跨文化传播以及翻译实践带来了很大的影响。对此，本章首先探讨了文化因素对翻译的具体影响。但要想顺利进行翻译，还要遵循科学的原则，有效采用各种翻译策略，因此本章还详细探讨了跨文化传播视域下翻译的原则及策略。

第一节 文化因素对翻译的影响

一、语言文化因素及其对翻译的影响

（一）语言文化因素

1.词汇文化因素

对于英汉语言来说，词汇是其组成细胞，并且英汉两种语言中的词汇是非常丰富的。但是，这种丰富性也导致了英汉词汇在词义、搭配、构词方式等层面的差异性，主要体现在以下方面。

（1）完全对应

在英汉两种语言中，有些词在词义上是完全对应的，如名词、术语、特定译名等。具体的例子有：

paper——纸；

helicopter——直升机；

steel——钢；

radar——雷达。

（2）部分对应

在英汉两种语言中，有些词的词义部分对应，即有些英语词词义广泛，而汉语词词义狭窄；有些英语词词义狭窄，而汉语词词义广泛。具体举例如下：

sister——姐姐，妹妹；

gun——枪，炮；

red——红色，紧急，愤怒，极端危险；

yellow——黄色，胆小的、胆怯的。

（3）无对应

受英汉文化差异的影响，英汉两种语言中很多词在对方语言中找不到对应词，就是所谓的"无对应"，也被称为"词汇空缺"。例如下面的词：

chocolate——巧克力；

hot dog——热狗；

吃闲饭——lead an idle life。

（4）貌合神离对应

在英汉两种语言中，有些词表面看起来是对应的，其实不然，这种对应的词语可以称为"假朋友"。下面的几个词就是典型代表：

mountain lion 译为"美洲豹"，而不是"山狮"；

talk horse 译为"吹牛"，而不是"谈马"；

大酒店译为"hotel"，而不是"big hotel"；

酒店译为"hotel"，而不是"wine shop"；

白酒译为"spirits"，而不是"white wine"。

（5）词的搭配

词汇的搭配研究的是词与词之间的横向组合关系，即所谓的"同现关系"。一般来说，搭配是约定俗成的，但是英汉搭配规律存在着明显的差异，不能混用。例如，

as plentiful as blackberries 是"多如牛毛"的意思；红茶只能译为"black tea"。

另外，很多词具有很强的搭配能力，如英语中的 to do 可以构成很多词组。

例如，to do the bed（铺床）；to do the window（擦窗）；to do one's teeth（刷牙）；to do the dishes（洗碗碟）；to do a light（观光）。

通过上述 to do 组成的这些词语可以看出，其搭配能力十分广泛，可以用于"床""窗户""牙""碗碟"等，但是汉语中与之搭配的词语却不同，用了

"铺""擦""洗"等。同样，汉语中的"看"也是如此。例如，看电影（see a film）；看电视（watch TV）；看地图（study a map）。

2. 句法文化因素

（1）语言形态

从语言形态学考量，语言可以划分为两种：一种为综合型语言；另一种为分析型语言。前者的主要特征是语序非常灵活，后者则相对固定。

总的来说，汉语的分析型成分占主要部分，因此汉语语序较为固定。相比之下，英语属于分析型语言，但是很多英语句子既包含分析，又包含综合，因此本书认为英语是分析与综合参半的语言。在汉语中，句子的主谓语序为正常语序，即主语位于谓语之前，这就意味着中国人使用倒装句是非常少的。当然，英语中也有一些情况与汉语类似，但是英语中也会使用大量的倒装句，尤其是在一些商务文体中，倒装句的使用频率要比汉语多得多。

（2）扩展机制

这里所谓的扩展机制，是指随着思维的改变，句子基本结构也呈现线性延伸，因此又可以称为"扩展延伸"。如果从线性延伸的角度考虑，英汉句子采用的是不同的延伸方式。汉语句子的延伸，其句首是开放的，句尾是收缩的。

（3）语态因素

首先，汉语善用主动语态。在做事层面，中国人侧重动作执行者的作用，即所谓的重人不重事。在语言使用中也是如此，中国人更习惯采用主动语态来表达，以陈述清楚动作的执行者。

但是，汉语中也存在被动语态，主要来表达不希望、不如意的事情，如受祸害、受损害等。受文化差异的影响，汉语中的被动语态在表达上往往比较生硬。例如，"饭吃了吗？""病被治好了吗？"

显然，上述两句话虽然使用被动语态来表达，但是显得非常别扭，因此应改为："你吃饭了吗？""医生治好你的病了吗？"

这样修改为主动句式之后，就显得流畅许多。

这就说明，汉语中并不存在英语中那么多的被动句式，也很少使用被动句式，而是采用主动句式来替代。这与中国人的主体思维有着密切的关系。中国习惯"事在人为"，即行为与动作都是由人产生的，事物或动作不可能自己去完成，因此对动作执行者的表达显得至关重要。如果无法确定动作执行者，也往往会使用"有人""大家""人们"等泛称词语替代。当然，如果没有泛称词语，也可以采用无人称，就是我们所说的"无主句"。例如，"下雨了。""快走！"

其次，英语善用被动语态。西方人对于物质世界的自然规律是非常看重的，习惯弄清楚自然现象的原理。与中国人相比，他们更加看重客观事物，善于对真理进行探求。在语言表达上，他们习惯采用被动语态来对活动、事物规律或者动作承受者加以强调，对于被做的事情与过程非常看重。因此，在英语中，被动语态非常常见。甚至在有些文体中，被动语态是常见的表达习惯。从语法结构上说，英语中存在十多种被动语态，并且时态不同，被动语态结构也存在差异，如一般现在时被动语态、一般过去时被动语态等。当然，不同的被动语态，其所代表的意义也必然不同。例如，English is spoken by many people in the world.（世界上有许多人说英语。）Apple trees were planted on the hill last year.（去年山上种了很多苹果树。）

通过分析不难发现，第一个句子为一般现在时态，其被动语态表达的是现在的情况；第二个句子为一般过去时态，其被动语态表达的也是过去的情况。

之所以英语中常用被动语态，主要有如下几点原因。

其一，不清楚动作的执行者，或者动作的执行者没必要指出时，一般采用被动语态。

其二，突出动作的承受者时，一般采用被动语态。

其三，动作的执行者非人时，一般采用被动语态。

其四，汉语中的"受""被""由"等被翻译成英语时，一般采用英语中的被动语态。

其五，为了迎合表达的需要，在新闻、科技、公文等实用文体中，也常常使用被动语态。这是因为新闻文体注重语气的客观性，要求叙事冷静、翔实，动作执行者往往比较难以表明；科技文体比较注重活动、事理的客观性，所以往往也会避免提及动作执行者；公文文体注重公正性，语气往往比较正式。所以，这类文体都要求使用被动语态来表达，以淡化动作执行者的主观色彩。

（4）句子重心

在句子重心上，汉语句子一般重心在后，英语句子一般重心在前。也就是说，汉语句子一般把重要信息、主要部分置于句尾，而次要信息、次要部分置于句首。英语句子一般将重要信息、主要部分置于主句之中，位于句首。

3. 语篇文化因素

（1）隐含性与显明性

所谓隐含性，是指汉语语篇的逻辑关系不需要用衔接词来标示，通过分析上下文就可以推断与理解。所谓显明性，是指英语中的逻辑关系是依靠连接词等衔接手段来衔接的，语篇中往往会出现 but、and 等衔接词，这可以称为"语篇标记"。汉语属于意合语言，英语属于形合语言，前者注重意念上的衔接，因此具有高度的隐含性；后者注重形式上的接应，逻辑关系具有高度的显明性，例如，跑得了和尚，跑不了庙。（The monk may run away, but never his temple.）

在这个例子中，汉语原句并未使用任何连接词，但是很容易理解，是明显的转折关系。在翻译时，译者为了使译文符合英语的形合特点，添加了 but 一词，这样才能被英语读者理解。

（2）展开性与浓缩性

除了逻辑连接上的显明性，汉语语篇具有展开性，即常使用短句，节节论述，这样便于将事情说清楚、说明白。英语在语义上具有浓缩性。显明性是连接词的表露，是一种语言活动形式的明示，但是浓缩性并非如此。英语具有独特的思维方式与语言特点，这也决定了其表达方式的高度浓缩性，人们习惯将众多信息依靠多种手段表达出来，如果将其按部就班地转化成中文，那么必然是不合理的。

（3）迂回性表述与直线性表述

英汉逻辑关系的差异还体现在表述的直线性与迂回性上。汉语侧重铺垫，先描述一系列背景与相关信息，最后总结陈述要点。英语侧重开门见山，将话语的重点置于开头，然后再逐层介绍。

（二）语言文化因素对翻译的影响

语言层面的差异对翻译的影响是直接且明显的。无论是词汇层面的翻译、句法层面的翻译还是语篇方面的翻译，译者在翻译前必须先要了解其中的文化内涵，这样才能有效避免误译、错译的产生。

二、物质文化因素及其对翻译的影响

（一）物质文化因素

物质文化包含的内容非常丰富，涉及人们生活中的衣、食、住、行、用各个方面，如饮食、日用品、服饰着装、生产工具和设施等。

　　中西方在物质方面存在显著的差异。这里重点以中西方饮食文化的差异为例进行说明。

　　中西方在饮食文化方面的差异随处可见。在饮食对象方面，中国人的饮食与生存环境有着密切的关系，由于中国主要以种植业为主，畜牧业只占一小部分，因此中国人的饮食多为素食，辅以少量肉类。但是，随着中国经济的发展，中国的饮食对象在逐渐扩大，食物的种类也逐渐增多，烹调方式也多种多样。这些都使得中国人对于吃是乐在其中的，并且不辞辛苦地追求美食的创新，将美食文化发展到极致。

　　而西方国家主要以畜牧业为主，种植业较少，因此西方人饮食多以肉类或者奶制品为主，同时食用少量的谷物。西方的饮食往往是高热量、高脂肪的，他们讲究食物的原汁原味，汲取其中的天然营养。西方人的食材虽然富有营养，但是种类较为单一，制作上也非常简单，他们这样吃不是为了享受，而是为了生存与交际。

　　在饮食习惯方面，中西方也存在明显的差别。在中国，不管是什么样的宴席，人们都习惯圆桌而坐，所有的食物无论是凉菜、热菜还是甜点等都放在桌子中间。同时，中国人会根据用餐人身份、年龄、地位等分配座位，在宴席上人们也会互相敬酒、互相让菜，给人以热情、祥和之感。

　　西方人用餐则通常采用分食制，即大家用餐互不干涉。在西方的宴会上，人们的目的是交流情谊，因此宴会的布置会非常优雅、温馨。西方人对于自助餐非常钟爱，食物依次排开，大家根据自己的需要索取，选择自己喜欢的食物，这不仅方便大家随时走动，也是促进交往的表现。

（二）物质文化因素对翻译的影响

　　这里同样以饮食为例来进行阐述。

　　鉴于中西方饮食文化存在明显的差异，在向西方宾客介绍中国菜肴，尤其介绍中国菜名时，必须掌握一定的翻译技巧，要把握菜肴命名的侧重点，使宾客能够对菜肴一目了然，并了解菜肴文化背后的内涵。

　　例如，为了取吉祥的寓意，中国菜名常会借用一些不能食用的物品，如"翡翠菜心"。显然"翡翠"是不能食用的，是蔬菜艺术化的象征，因此在翻译时应该将"翡翠"省略掉。又如，"麻婆豆腐"这道菜是四川地区的名菜，传闻是一个满脸长麻子的婆婆制作而成的，但是西方人对这一典故并不了解，因此翻译时不能进行直译，而应该以这道菜味道的特殊性为描述重点，便于译入语读者理解。

中国饮食文化具有悠久的历史，加上原材料与烹饪方法非常丰富，因此很多菜名都是独一无二的，在翻译这类菜名时，往往需要进行迁移处理，把握译入语的当地特色，采用音译的方式来处理。请看下面几例：包子（baozi）、馒头（mantou）、炒面（chow mein）、锅贴（kuo tieh）。

总之，中西方在物质方面的差异会给译者带来一定的困难，译者在翻译过程中要广泛涉猎各种文化背景知识，有了一定的文化知识储备，翻译起来才会更加得心应手。

第二节　跨文化传播视域下翻译的原则

传播、文化和意识相互交织在一起，形成了人们在跨文化传播过程中所特有的视角。语言作为一种工具性的存在，是人们理解传播、文化与意识的关键所在。在跨文化传播过程中，传播、文化和意识这三个元素看似独立，实则密切结合为一个整体。对于跨文化传播视域下的翻译是否有原则或者翻译是否需要一个原则来约束，不同的学者有着不同的见解。赞同"译学无成规"的大有人在，认为"翻译是一门科学，有其理论原则"的也不在少数。对于这一问题，笔者更倾向于后一种观点，并总结了以下几大原则。

一、信息等值原则

翻译就是转述，即译者从一处得到信息后，把它变成符号，传递过去。因此翻译涉及用两种不同的符号所表示的两个等同的信息。粗略地说，信息等值就是等同的信息。但我们这里所说的信息等值有三层含义。其一，从理论上说，理想的"信息等值"是指各个层级上的等值，当然，在英汉互译中，语音尤其是语素层级上的等值是极其困难的；其二，它主要关注的是"信息核"的等值问题；其三，我们认为的"等值"并不是"等效"理论所说的"使译文对读者产生的效果尽量等同于原文对读者所产生的效果"，我们的总体原则是，对于以概念信息和文化信息为信息核的语篇，译文应尽可能产生"等同于原文对读者所产生的效果"，而对于以审美信息为主的语篇，则不尽然。这一点后面还有论述。所谓"信息等值"，指的是译文最大程度上保留了原文的核心信息、主要信息，而不是说保留原文的全部信息。在这一点上，与"等效"的实际含义并无二致。

在翻译过程中，信息的损耗是必然的，我们只能努力做到确保核心信息和主要信息，因而在翻译中应首先着力解决主要矛盾，译者要先确定信息焦点。任何高明的翻译都只能达到对原文的部分忠实。这意味着，翻译中可能出现"丢卒保车"的局面，这时译者应清楚何为"卒"，何为"车"？换言之，当我们不能同时兼顾概念、文化、审美三类信息的精确传达时，我们应当能够确定恰当的首要目标。比如，布告、通知和科技文献等重在概念信息，很少审美与文化信息；文学作品则以审美信息为主，兼及文化信息；商业广告应符合异文化（进入异文化才需翻译）接受传统，包括审美的、伦理的、宗教的等。所以应侧重文化信息的处理，兼及审美信息。这一点，应该说与"等效"的含义有所不同。

文化信息等值原则是文化差异背景下翻译活动应遵循的重要原则，具体来说，译者要尽量使译文实现与原文在语言、文本、文化、思维等多层面的等值。国内外一些文化底蕴浓厚的大学的校训的翻译，就都很好地遵循了信息等值的翻译原则。例如，塔夫斯大学校训是"Peace and Light"，翻译为"和平与光明"。

二、文化再现原则

从翻译的性质与任务的角度来看，翻译的过程就是文化再现的过程，因此需要遵循文化再现原则。具体来说，文化再现应该能够再现源语文化的特色。以"人怕出名猪怕壮"这一俗语为例，其译文有两个。

译文 1：Bad for a man to be famed：bad for a pig to grow fat.

译文 2：Fattest pigs make the choicest bacon：famous men are for the taking.

该原文为汉语中的俗语，是中国传统语言形式之一，具有十分丰富的文化内涵。在翻译过程中，很难在英语中找到匹配的表达形式。该俗语指的是人一旦出名就会有更大的挑战和困难，因此出名之后的生活反倒会十分困难，这就像猪长胖之后逃脱不了被宰杀的命运一样。译文 1 从原文的文化内涵出发，将其含义表达得淋漓尽致；译文 2 采用了创译的形式，但是译文和原文在表达和情感色彩方面都存在差异。

三、风格再现原则

在进行翻译时，风格再现也是一个重要的原则。通常来说，风格再现原则中的"风格"主要涉及如下几点。

一是文体风格。文体不同，风格也必然存在差异，如小说文体与诗歌文体、新闻文体与法律文体等，都体现着各自的特色，这就要求译者在进行翻译时要考虑不同的文体风格，除将文化再现出来外，还需要将文体的风格予以再现。以法律文体翻译为例，译者应该注重法律文体中的庄重、严肃的口吻，切记不要将其翻译成大白话，否则就违背了法律文体的法律意义。

二是人物语言风格，即遇见什么人，说什么样的话，这主要体现在文学文体中。

三是作家个人的写作风格。译文也应该展现原作者的风格，有些作者凸显简洁，有些作者要求庄重，有些作者要求华丽。因此，在翻译时，译者应该将作者的写作风格凸显出来。

第三节　跨文化传播视域下翻译的策略

如何处理翻译中的跨文化障碍是译者在翻译过程要面对的一个重要问题，而运用合理的翻译策略会使翻译变得简单。从文化角度来说，翻译策略中比较有影响力的是"归化"和"异化"。但是，在具体的翻译活动中，译者要灵活使用两种策略，当然也可以综合使用这两种策略。下面介绍跨文化传播视域下翻译的具体策略。

一、归化策略

所谓归化翻译，即要求译者在翻译时无限地向目的语读者靠拢，采取目的语读者所习惯的表达方式传达原文的内容。对于那些带有民族文化特色的成语与典故，可采用归化翻译。例如，"Talk of the devil and he will appear"可译为"说曹操，曹操就到"。

归化翻译能使读者产生一种亲切感，读起来舒畅自然。例如，"鸳鸯"如果译为"love bird"就能给英语读者带来情侣相亲相爱的联想，译作"Mandarin duck"则没有这样的效果。再如，将"初生牛犊不怕虎"译为"Fools rush in where angel fear to bead"，就采用了英语本族语言风格，显示出向英语读者靠拢的迹象，这样能够更好地被英语读者所理解。

二、异化策略

所谓异化翻译，就是要求译者要时刻牢记作者所要表达的内容和隐藏的意图，按照源语中被大多数人认可的语言风格重新表达原文的内容。换言之，异化就是将源语文本的"原汁原味"展现给译语读者。异化翻译的指导思想来源于解构主义，它的代表人物韦努蒂倡导一种"反翻译"的思想，强烈要求译文与原文在风格上的高度相似，并要抵御目标文化占指导地位的趋势。让目的语读者认识并了解源语文化，才是翻译的终极指导思想。例如，将"中国武术"翻译为 Kungfu，将"蹦极"翻译为 bungee，就是异化翻译的典型例子，这类翻译范例对于英汉文化之间的沟通大有裨益。

三、音译策略

有些源语文化中特有的物象在译语中存在空缺或者是空白的。此时只能用音译法将这些特有的事物移植到译语中。这样不仅保存了源语文化的"异国情调"，而且吸收了外来语，丰富了译语语言的文化。例如，将"Trojan horse"译为"特洛伊木马"，"a Pandora's box"译为"潘多拉盒子"，"sauna"译为"桑拿浴"，"hacker"译为"黑客"，"AIDS"译为"艾滋病"都是音译翻译的典型例子；同样，将汉语中的"馄饨"译作"wonton"，"普洱茶"译作"Pu'er tea"，"汤圆"译作"fangyuan"，"磕头"译作"kowtow"也是运用了音译策略。

四、不译策略

与传统的直译、意译等策略相比，不译策略更加省时、省力，并且能让目的语读者更容易理解和把握。在文化翻译中，译者应该对这一策略进行恰当地运用，从而更好地促进两种语言与文化的交流与发展。

例如，iPad 就采用了不译策略，直接用 iPad 来表明，不仅能够准确表达原本的科技术语，还有助于目的语读者接受该事物。

再如，在汉语中，EQ（情商）、IT（信息技术）、HR（人事部门）、DVD（激光视盘）、FAX（传真）、DNA（脱氧核糖核酸）、B（超 B 型超声诊断）、CEO（首席执行官）、VS（对阵）、VIP（重要人物，要客）往往也是不译的，这都是不译策略的直接表现。

五、文化间性策略

所谓文化间性策略，是指基于文化间性主义与文化间性观，而逐渐形成的一种翻译策略。在文化间性主义者看来，译者在进行文化翻译时应该保证互惠互补、相互协调的文化关系。不同文化有着明显的差异性，运用文化间性来处理，有助于找寻二者的共性，实现不同文化之间的互动。

一名好的译者，他（她）应该具备文化间性的身份，能将不同文化的组成要素进行内化，同时对不同文化的进步与发展情况持有开放、接纳的态度。在这种文化间性理念的指导下，译者可以更从容地参与到文化翻译实践中，具体而言可以实现两大效益。

一是译者保持开放的心态，接纳与包容不同文化间性，从而采用得体的策略与方式对待与处理不同文化。

二是译者对源语文化进行拓展与开发，在共性思想的指导下，分析与思考源语文化，进而将源语文化推向世界。

从上述定义与理念分析中可知，文化间性是对归化策略与异化策略所存在的极端主义的弱化，也是对"信、达、雅"翻译标准的支持。

六、文化调停策略

文化调停策略是指将一部分文化因素省略不翻译，甚至将全部文化因素省略不翻译，直接翻译其中的深层含义。

显然，文化调停策略也是针对归化策略与异化策略来说的，即如果这两种策略不能解决真正的文化问题，那么，这时后者采用文化调停策略是正确的。这一策略可以让译文更具有可读性，而且能够减少归化策略与异化策略中的文化问题，但是其也有着一定的局限性，即不能对文化意象进行保留，因此不利于文化交流。

七、文化对应策略

所谓文化对应策略，是指采用目的语文化中知名的事件、人物等，对源语文化中的内容进行解析与诠释。例如，"梁山伯与祝英台"在汉语文化中是广为熟知的，但是西方人并不知道二人到底是谁，如果将其翻译成"罗密欧与朱丽叶"，那么西方人就知道是什么意思了。"济公"与"罗宾汉"的互换也是如此。

　　需要说明的是，在上述几种文化翻译策略中，归化策略与异化策略仍旧占据主导地位，但是二者呈现对立统一的关系。归化策略的运用是译者为了对译语读者进行照顾，在翻译时偏向于译语读者；而异化策略的运用是译者为了对源语文化进行照顾，在翻译时偏向于源语文化。在具体的翻译实践中，译者需要把握好度，恰当选择合适的翻译策略，否则就会走入极端。当然，如果这两种策略无法解决具体的文化问题，那么译者就要考虑运用其他策略，这样才是真正的好的译者。

　　例如，在日常生活中，为了保证良好的交流效果，一些通知、广告、公告、新闻报道等往往会采用归化策略进行翻译，这样易于读者理解，如果不能运用归化策略，那么可以采用文化调停策略，这样可以使译作更为清晰，读者更易明白，也与目的语读者的阅读习惯相符合。对于那些政论、哲学著作、科技文章等，译者往往会采用异化策略，因为这些文章写作的目的在于宣传，在于弘扬，这也有助于填补目的语读者的知识空缺。也就是说，异化策略的运用有助于弥补目的语读者的空白，更多地了解目的语文化。

第五章 翻译研究新维度——跨文化传播学研究

跨文化传播学是传播学的一个重要分支，20 世纪 40 年代后期诞生于美国，20 世纪 70 ～ 80 年代逐步发展成为一门有着独特理论体系的独立学科，并于 20 世纪 90 年代被引入我国。它是一个阐释全球社会中不同文化之间社会关系与社会交往活动的知识系统，是不同文化之间的意义阐释和理解。随着国际政治、经济、文化往来的日益频繁，融汇了多种学科资源的跨文化传播学正逐渐在学理探索中走向成熟。这门交叉学科综合运用文化研究和传播学领域的思想成果，同时研究在这样的文化传播过程中大众传播媒介的基础性和调节性作用，融汇过程、关系、意义、消费等观点，探讨如何实现不同文化之间的理解、合作、共存、共荣的可能与机制。

第一节 翻译研究跨文化传播学的新视角

一、传播的定义与内涵

英语中的"传播"一词其原义为"分享"和"共有"。19 世纪末，"communication"一词成为日常用语并沿用至今，成为使用最为频繁的词语之一。众多学者从不同角度、不同侧面对"传播"进行了解读。如今，人们已普遍认同的"传播"是人类传播或社会传播，前者指个人与个人之间的信息交流和精神交往活动，后者指信息在一定社会系统内的运行。正是由于人类社会有传递信息的需要，因而才有了传播行为的发生。这里所说的"传播"，同时具有以下三个方面的内涵。

第一，传播具有社会性。传播是人类特有的活动，社会人是传播的主体——社会人既是信息的传播者，又是信息的接收者。这一现象并非偶然，没有社区就不会有传播，没有传播，社区也难以为继。事实上，通过结成一个有机的整体去从事各种社会活动，也是人类与其他动物群体的主要区别。

第二，传播是不同信息之间的交流、沟通与共享的过程，接收者也不是被动地接收信息，两者是动态的、互动的。在传播过程中一切都可能发生变化，同时也总会有新的东西出现。

第三，传播是一个持续不断的、复杂的、合作建构意义的交流过程，进而建造人类生存的意义世界。这里的"意义"是主客观相结合的产物，是认知主体赋予认知对象的含义。传播作为符号活动，是一个动态多变的编码和译码的过程。

概而言之，传播的实质就是通过符号和媒介交流信息的一种社会互动过程。人们使用大量的符号交换信息，不断产生着共享意义。

二、传播的要素与功能

最普遍意义的"传播"就是指信息的流动过程，在这种意义上的传播必然包括两方面：信息和流动。传播的内容包括传播的材料和负载材料内容的编译码。传播的过程是通过媒介来实现的，其效果是通过受众反馈来体现的。

（一）传播要素

1.信息

信息作为传播的材料，是传播或交流的最基本因素。通常，信息总是与现实中的事实相关，而且信息总是处在流动过程中，被相关的信息接收者所分享。环境作为传播的一个组成部分，可以是社会环境、身体状况或心理状况，信息的意义和理解同样也离不开这些环境因素。

2.传播者和接收者

发送者发出信息有时是有意识的，有时是无意识的；有时是自觉的，有时是无目的的。在成功的传播和交流中，接收者的反应与发送者的意愿基本相似，否则传播就很难达到目的。

3.编码与解码

传播是通过信息编码和译码来传递意义的过程；解码则是将从外界接收到的传播符码进行破译、赋予意义或进行评价的过程。重要的是，编码必须以接收者能够理解为前提，否则信息难以传递。

4.媒介

媒介还可称传播渠道或信道，是信息得以传递的物理手段和媒介，是传播方式、传播手段或传播工具的具体化。当我们说话时，媒介就是空气的振动，是空气把说话者的声音传给听话者。在跨文化人际传播中，传播媒介往往就是人本身。人可以通过自身，接通与他人之间的情感和思想联系。

5. 反馈

反馈指的是信息产生的结果返回到原信息传播者的过程，即接收者把自己的信息加以编码，通过某种渠道再回传给信息发送者。反馈通常是检验传播效果的重要尺度，特别有助于修正传播者当前和未来的传播行为。

（二）传播功能

1948 年，哈罗德·拉斯韦尔（Harold Lasswell）在《社会传播的结构与功能》（*The Structure and Function of Communication in Society*）一文中，较早对传播的功能进行了概括。后来，在拉斯韦尔这一观点的基础上，社会学家查尔斯·莱特（Charles Wright）又补充了传播的第四个功能，即提供娱乐的功能。

1981 年，联合国教科文组织在名为《多种声音，一个世界》（*Many Voices, One World*）的报告中，提出了传播的多种功能，包括：获得消息情报，收集、储存、整理和传播必要的新闻、数据、图片、意见和评论等信息；社会化，为人们提供从事社会活动的知识，使之积极参加公共生活；动力，为激励人们的意愿和理想而奋斗，鼓励人们为实现共同商定的目的而进行个别活动或社会活动；辩论和讨论，目的是促使人们关心和积极参与本国和国际事务；教育，培养人的品格，使人们在人生的各个阶段获得各种技能和能力；发展文化，激起人们对美学的热忱与创造力，发展文化事业等；娱乐，使个人和集体得到娱乐和享受；一体化，便于彼此相互了解并借鉴他人的生活经验、观点和思想。

三、文化和传播的关系

爱德华·霍尔（Edward Hall）1959 年就在《无声的语言》（*The Silent Language*）一书中阐述了有关文化、传播及跨文化传播的种种观点，影响巨大。这种以传播定义文化传承的观点一直影响着跨文化传播的研究发展。同时，传播也被视作文化流动和传承的工具，二者在很大程度上是同质同构的关系。

（一）文化是传播的语境和内容

传播因人类生存和发展的需要而产生，是人类的一种主要生存方式。文化与传播之间是互相渗透、相互兼容的。纵观历史文化的发展历程，文化不是一潭死水而是永远流动的，一经传播就显示出其本身所具有的生机与活力。文化是传播的必然结果。

对于传播活动，从整体上来看，它并不是杂乱无章地在随意进行着。人们总是生活在一定的社会文化环境中，在进行探索周围客观世界的实践活动，并做出反应。文化因素决定了人们关注什么，思考什么，赋予事物什么意义，从而决定着人们的选择和行为模式。文化语境决定了社会整体运行规律，包括传播文化的传播模式，并制约和影响着传播者的思维方式、行为模式。由此可见，文化决定了传播规则，决定了人们对传播内容的选择和传播方式的使用。

（二）传播促进了文化的传承和融合

人从出生开始就接受家庭教育和社会熏陶，经过耳濡目染、潜移默化的内化过程，逐渐根植于人们的思想意识之中。正是由于有了人类的传播活动，社会的文化传统才世代相传得以继承下来，使文化在历史长河中得以积存和沉淀。人的社会化是一种个体接受所属社会的文化和规范，并将这种文化"内化"为自己行为的价值准则的过程。

四、跨文化传播研究

人类社会的历史表明，文化传播的时间越久远，文化积淀就越深厚，文化遗产和文化传统就越丰硕。正是因为有了跨文化传播，域内与域外才得以相互交流，相互融合，从而形成了各个国家、各个民族的不同个性。

（一）跨文化传播的历史渊源

作为一种社会现象和交流活动，跨文化传播的历史可谓源远流长，可追溯到原始部落时期。各部落之间的文化交流和沟通，能够使人类昌盛繁荣，可以促使各部落组成更大的社会团体。在中华民族形成的过程中，不同民族不断相互接触和融合，其中充满了丰富的跨文化传播内容。西汉张骞出使西域、唐朝玄奘西行印度取经、鉴真东渡日本传经、明朝郑和七下西洋以及清末民初的西学东渐等，都包含了十分复杂的跨文化传播和交流的因素。由此可见，跨文化传播是自古以来就存在的现象，有时盛有时衰，但却从未间断过。

这种情况在我国如此，在世界其他地方也不例外。15世纪，西方探险家迪亚达·伽马、哥伦布等人的足迹从欧洲延伸到世界各地，随之而来的海外贸易与殖民活动促进了世界范围内的交往。在交通和通信工具日新月异、世界经济一体化趋势日益明显的今天，随着因特网的快速发展以及普及，人们通过文字、声音，足不出户便可以进行跨文化传播。尤其随着世界各国物质交往日益频繁，外交联系愈益密切，跨文化传播活动已经成为人类社会生活的重要形式。

（二）"跨文化传播"的术语来源和定义

20 世纪 50 年代，服务于美国国务院外交服务学院的美国文化人类学家爱德华·霍尔在其经典著作《无声的语言》中首次使用了"跨文化传播"一词，其英语表达为"intercultural communication"。"跨文化传播"这一术语在汉语中尚有其他几种表述方法。之所以在汉语使用上产生差别，一是因为这门学科刚刚建立，二是因为学者的学科背景不同。

学界对跨文化传播的定义多种多样，主要概括为如下三种类型。

第一，来自不同文化背景的人际交往与互动行为。在跨越文化的人际传播中，可能在观念、思维方式、生活方式乃至民族性格等方面存在着不同程度的差异。在这一认知的基础上，个体可以采用彼此的视角来合作建构意义。

第二，跨文化传播是一种信息的编码、译码由来自不同语境的个体或群体完成的传播。传播双方信息编码比较一致的传播可以称为同文化传播，传播双方的信息编码不同的传播可以称为跨文化传播。一般而言，双方信息重叠量达到 70% 可算是同文化传播，低于 70% 则是跨文化传播。

第三，由于参与传播的双方的符号系统存在差异，传播成为一种符号的交换过程。有效传播能够在来自不同文化的传播者之间创造一种共享意义。当不同文化或群体成员的文化差异增大时，产生误解的可能性无疑更大。美国著名传播学家萨默瓦和波特在《跨文化传播》（*Communication Between Cultures*）一书中将其定义为，具有不同文化观念和符号系统的人们相互交流的一种情境。这似乎过于简单，而且没有体现出跨文化传播的互动过程。第一，日常生活层面的跨文化传播，主要指来自不同文化背景的社会成员在日常互动过程中的矛盾、冲突与解决方式；第二，人类文化交往层面的跨文化传播，包括不同文化之间进行交往与互动的过程与影响，以及由传播过程决定的文化融合、发展与变迁。

第二节　跨文化传播的模式构建及要素分析

一、跨文化传播模式的功能

所谓模式是指对客观事物的内外部机制直观而简洁的描述，它是理论的简化形式，可以为人们提供事物的整体信息。模式构建在跨文化传播研究中具有不可替代的优势和功能，结合胡正荣以及张燕琴的论述，笔者把其功能综合概括为四种。

第一，构造功能，揭示跨文化传播过程中各系统要素之间的次序、相互关系及作用原理，以简洁的形式再现跨文化传播过程中的内部构造与作用机理，从而获得对事物的整体认识。

第二，阐释功能，将复杂的动态传播过程及信息传播中遇到的各种问题和矛盾以最简洁的方式清晰呈现出来，获取对未知关系的认识。

第三，启发功能，模式构建总是与理论发展相伴相生，以开放的状态，随时进一步启发扩展其他研究内容与范围，引导人们探知新的未知的事实与方法。

第四，预测功能，模式能给我们提供考虑问题的框架，通过它，我们可以把握事物规律，从而预测事物发展的进程和结果。

二、跨文化传播的要素

作为传播学奠基人之一，拉斯韦尔于1948年首次提出著名的"5W模式"，认为传播过程由5个基本要素组成：谁（who）、说了什么（what）、通过什么渠道（in which channel）、向谁说（to whom）、有什么效果（with what effect）。它们分别对应的传播要素为传播者、传播信息、传播媒介、信息受众和传播效果。这一模式第一次将人们天天从事却又阐述不清的传播活动明确表述为由5个环节和要素构成的过程，为人们理解传播过程的结构和特性提供了具体的出发点。有些学者如布雷多克认为，拉斯韦尔模式虽然实用，但却过于简单，因此进一步补充发展了这一模式，增加了信息传播的具体环境和传播目的两方面的内容，完善了传播的一般模式。胡正荣等也认为拉斯韦尔的论点确实有其简单明确之处，但是他的"5W模式"，忽略了三大问题：第一，它全然不顾社会环境如何影响媒介，把媒介的存在视为当然；第二，这"5W"中独漏why，或with what intention，或for what；第三，过程中也不包含回馈（feedback）或"谁回应"（who tells back）的问题，传播成为单方面而非双方向的行为。实际上，传播过程研究是一个开放的、系统的研究，大量的研究都具有多层性和多面性。但笔者觉得第三点其实已经包含在信息受众及传播效果之内，所以不予考虑。

然而，综合以上传播学意义上的传播过程模式，笔者认为，作为特殊领域的跨文化传播过程模式还应该包括传播方式或传播方法这一因素在内。即传播不仅有语内传播，也有语外或异语传播；不仅有文化内的传播，还有文化外的或跨文化的传播。这种传播可以是口头传播，也可以是文字传播，或是图像传播以及实物传播。这样，就可以把跨文化传播的要素增加到 8 个，它们分别是传播者、传播信息、传播媒介、信息受众、传播效果、传播目的、传播环境及传播方式。其中前五个是拉斯韦尔原有的，后两项是布雷多克增加的，最后一项则是笔者根据跨文化传播的特点又增加的。虽然这种过程模式在本质上属于理论模式建构，但是仍旧可以将其理论成果运用于其他领域，进行探索，进而建立起新的模式。也就是说，本研究的跨文化传播模式是在传播过程模式的启迪下建立的，其目的也是通过构建跨文化传播过程模式和要素为其引入翻译传播过程模式做准备。

（一）文化传播者及其文化身份

跨文化传播者是传播活动的主体和起点，也是传播活动的中心之一，其基本职能就是制作和传播信息。另外，传播者文化身份的自觉与主动是跨文化传播达到预期目的的重要前提。文化身份是一个文化群体成员对其自身文化归属的认同感，其特征由成员的所言、所行、所思、所感表现出来。它的内涵包括自我意识、表现方式、人际关系、惯性与动性、情感因素。传播信息内容、环境的变化使文化身份在群体成员身上的显现有强弱之分。文化身份不仅决定传播交际者采用哪种语言进行传播，而且决定传播者选择何类信息内容以及采用何种传播方式，即决定着不同文化属性的人们所使用的编码、解码的方式。对文化身份的研究有助于我们分析不同文化群体的传播行为模式，以加强跨文化沟通。在跨文化传播中，交际双方解释自己文化身份的特点、行为规范的做法有助于彼此建立信任，并减少偏见。一般而言，只有建立在理解和信任基础上的跨文化传播交际活动，才能被参与传播和交际的双方真正接受，才是有效的传播过程。

（二）跨文化传播产生的原因及环境

有学者认为，从根本上看，跨文化传播的产生机制是全球化的结果，世界范围内的传播成为从中心区域向非中心区域的生产和消费的扩散和过程。首先，跨国传播突破了民族、国家内部的传播制度功能，开始了世界范围的市场统一的过程，同时由全球化的技术和管理对市场进行分切和分节，使得传播的管理模式演变为社会管理的技术。其次，文化间的差异导致了跨文化传播关系的产生，传播双方在理解信息内容的方式、反馈方式上都存在差异，因此也容易产生误读与误解。所以在跨文化传播中要客观对待传播者，不应以文化主体的价值观衡量异质文化的优劣，而且要制定符合实际的传播效果目标。

跨文化传播活动总离不开一定的社会环境。环境对于传播结果的影响很大，在不同的环境中，传播的效果也不相同。一般认为跨文化传播的环境应有四种基本类型：一是空间环境，如传播进行时所处的空间、气候、温度等，这些对传播活动的方式以及传播的信息内容都有影响；二是社会关系，如社会组织、社会规范、文化习俗以及人与人之间的关系等，这些会对跨文化传播构成影响；三是心理因素，即在什么样的心理状态下进行跨文化交流传播，心理境况直接影响人们的传播行为，在传播行为上它表现为喜欢与否、高兴与否等特征，这些变化直接决定着传播者的传播内容和传播态度；四是时间因素，时间环节有时最不易为人们所重视，它通常是指跨文化传播活动具有特别意义的时刻。

上述跨文化传播环境的四种基本类型并不是孤立存在的，它们总是相互作用、相互依存，每个类型都会影响其他几个类型，并被其他几个类型所影响。例如，如果在一个干扰很大的环境里交流，即使社会关系与心理因素的情境再好，文化信息的传播也会受到影响，并会因此而发生改变。所以说空间的、社会的、心理的、时间的诸种情境类型共同发生作用，构成了跨文化传播的整体背景。这正符合我们中国人常讲的"天时、地利、人和"。若想实现成功的跨文化交流和传播，这几个要素缺一不可。

（三）跨文化传播的媒介、方式及途径

1. 跨文化传播的媒介

传播媒介的发展是人类传播能力发展变化的表征。从某种意义上说，传播的发展史实际上就是传播媒介的发展史。传播媒介的发展受制于两个基本因素：一是思想文化的发展程度；二是科学技术水平。也就是说，人类的思想文化越发达，参与传播活动的人就越多，引起的传播速度和时空变化也就越大。这就必然促使人们不断改革传播的媒介来适应日益发展的思想文化的需要。另外，传播媒介的发展又受制于科学技术的发展水平。没有造纸术、印刷术的发明，就不可能有印刷媒介如报纸、杂志、书籍的产生；没有光电技术的发明创造，就不可能有电影、广播、电视等的问世。人类每次传播技术的提高，都会带来传播方式的重大变革。

从传播技术分类角度看，传播媒介可分为印刷媒介和电子媒介两大类。印刷媒介主要指报纸、书籍、杂志三种，在人类历史上出现较早，历史也较悠久，它使语言文字得以大量印刷进而大规模传播，具有深远的社会意义，大大推动了人类文明的进程。而电子媒介则是近代的产物，主要包括电报、电话、

广播、电影、电视、传真等，而计算机、互联网的问世又把传播史上的革命推向了新的阶段。

在跨文化传播中，一般最简单的传播关系也必须在两个以上的组织和个人之间才能形成。人们即使不是生活在同一社会文化中，也彼此相互联系、相互作用，从而构成跨文化传播的信息渠道。传播媒介连结传播关系的工具和手段，可以是人，是物，也可以是社会组织，如工会、社团等。虽然人是跨文化传播的主体，又是最活跃的传播媒介，但人类的传播更多还是借助于物而进行，因为这些传播工具或媒介有跨越时间、空间的广度，而且具有反复传播的深度。

2.跨文化传播的方式

跨文化传播过程不同，方式也不同。一般说来，主要有直接传播、间接（媒介）传播和刺激传播三种。

第一，直接传播。直接传播是最简单、最基本的跨文化传播模式，其表现形式是单向传播，指传播者与接受者像接力赛跑似的，一站站地传到远方。中国造纸术的推广就是一个很好的例证。根据文献记载，公元 105 年，蔡伦发明了纸，很快造纸术就普及到了中国很多地方。公元 264 年，这项技术传到新疆，之后逐渐外传到撒马尔军（751 年）、巴格达（793 年）、埃及（900 年）、摩洛哥（1100 年）、法国（1189 年）、意大利（1200 年）等国家和地区。任何文化信息都有一个原始的信息源，当一条文化信息发布的时候，往往是许多人同时听到，然后再由这些人传播开来。这种传播模式谓之波式传播，就如同水中掷了一块石头激起的波纹一样，一层层地向四周扩散。因为它是在同一个时间的横向传递，所以又可称为横向传播。在传统社会中，文化信息的发布常常是自上而下层级进行的。这种文化传播模式谓之根式传播，就如同树根一样从主根、支根到须根依次传递和扩散，这种传播基本上是垂直传递的，所以又可称为竖式传播。如果把传播文化放到一个更为广阔的空间和持续运动的时间内来观察，就会发现在传播文化过程中，单纯的波式传播或根式传播很少见，而常常是一个复杂的多层次的结构模式，是一个持续运动着的各个部分相互作用的模式，既表现为根式传播，又表现为波式传播，如科学的发明或发现，大都是采取多层次交互作用的传播模式。这种传播文化模式超越时间与空间，跨越社会区域和社会群体，其持续运动常常表现为历史文化发展变迁的过程。

第二，间接传播。如果两种文化不是直接交往，而是通过第三者做媒介使某种文化因素得以交流，那么这就是间接传播，又称媒介传播。在一般情况下，贸易是常见的传播方式。就中国文化的输出而言，物质文化方面除丝绸、瓷器外，明清时代的铁器还曾输出到菲律宾、缅甸、泰国。而精神文化产品同样是历代商人贩运的对象，唐代白居易的诗和张鷟的文章，都为朝鲜和日本的人民所喜爱，唐代商人甚至伪造白居易诗以图利。明清时赴泰国的商人对《三国演义》的爱好与谈论引起了泰国人民对这部小说的兴趣，产生了几部泰文译本。此外，对于日本了解世界起了很大作用的魏源的《海国图志》就是由清朝商人几次航海时传过去的。

第三，刺激传播。刺激传播又叫激起传播，是指某一个社会掌握了某项知识以后，刺激了另一社会，即给另一社会以灵感和启发，使之相应发明或发展了类似的文化因素，或者说，激起传播是由外来文化的先例所促发的新的文化因素的成长。例如，16世纪，欧洲已大批从中国进口陶瓷器皿，并对它大加赞赏；到18世纪，在不知道具体制陶技术的情况下，德国人找到了制陶的原材料并重新发明了制陶技术。十分明显，这种发明并不是完全独立的，其目标或目的是由已在另一文化中存在的东西确定的，发明的独创性仅限于获得上述目标得以实现的技术。如果不是中国已经有了制陶技术并将瓷器传到了欧洲，那么欧洲人在18世纪甚至以后也不大可能会产生这项发明。激起传播既有历史的联系和依赖关系，同时也具有独创性。中国印刷术的传播所引发的许多民族对印刷术的日臻完善，就是一个比较典型的激起传播事例。活字印刷术是北宋刻字工人毕昇发明的，最初是陶活字和木活字，传到朝鲜后，发展成为铜活字。13世纪，我国印刷术传入欧洲，1454年，德国人古登堡受其启发，发明了铅字印刷。1466年，意大利出现了印刷厂，之后欧洲各国的印刷业如雨后春笋般生发起来，直到1590年占据中国澳门的葡萄牙人用铅活字印刷了传教士孟德的《日本派赴罗马之使节》一书，印刷术又倒输回中国。可见，印刷术从发明到日臻完善，包含了亚欧许多民族的集体智慧和贡献。

3.跨文化传播的途径

如上所述，跨文化的信息传播都是直接或间接通过人的接触和交流进行的。人类社会越发展，跨文化传播与人类社会生活的各个方面就越紧密地交织在一起，成为不同文化之间必不可少的交往活动。纵观世界文化发展史，跨文化传播的方式和途径多种多样，金鸣娟主要把它们归为以下几种。

一是自然式跨文化传播。主要是自然环境和生存环境的变化引起了人类向新的地方迁徙和流动，从而形成的一种文化传播方式。在传统社会里，人们生活的主要物质要依靠大自然的赐予，当这种有限的赐予无法满足不断增长的人口数量的需要时，或是在遇到自然灾害时，人们就会向新的地方迁徙和流动。在迁徙过程中，迁徙的人们将在原居住地的前人所创造的文化成果，即生产生活的知识、经验、技术、能力等作为文化积累都凝聚在自己身上，随着人的流动也把这些文化积累从一个文化空间带到了另一个文化空间。他们或是与沿途居住地的人们进行跨文化交流，或是部分成员在新的地方定居下来。无论是发生了哪种情况，都会产生跨文化传播的结果。

二是强迫式跨文化传播。主要是某些国家和地区出于经济、政治等方面利益的考虑，用武力手段和强制政策，强迫其他国家和地区接受自己的文化。这是一种野蛮的、常常伴随着血与火的跨文化传播方式。

三是交流式跨文化传播。主要是不同国家和地区在加强理解、共同促进发展的前提下，彼此之间互相介绍和推广自己的文化。这是一种积极主动的、文明的跨文化传播方式，是社会文明发展到一定程度的国家和地区所采取的跨文化传播的主要方式，其具体途径也是多种多样的，主要包括商贸传播、学术传播等。

总之，随着人类生产和交往范围的不断扩大，跨文化传播的方式和途径也越来越趋于多样化，比如，除上述几种传播途径外，还有体育传播、旅游传播等。特别是由于现代传播技术和信息网络水平的提高，跨文化传播受技术手段影响越来越大，并呈现出媒介化的发展趋势。跨文化传播已经成为人类文化创新和发展的有效方式，是世界上不同国家和地区弘扬本民族文化，提高文化实力的重要途径。

（四）跨文化传播的受众分析及效果影响

传播效果作为传播要素之一，在跨文化传播学研究领域有着较高地位，因为跨文化的信息从传播者处发出以后，传播主体都希望达到一定的效果，希望对异质文化中的受传者产生一定影响。如果受传者没有接收到传播者发出的信息，那么传播是不成功的，也就谈不上传播效果。只要传播的信息能够从来源传达到受传者，顺利完成这一过程，它就会有效果。这里所说的"效果"有程度上的差异，有的传播只要受传者有反应，得到了信息就行；有的传播却能改变受传者的态度、观念、思想等；有的传播甚至能够影响一代人的世界观、人生观和价值观，进而促进社会变革和文化变迁。传播效果有的时候是疾风骤雨式的，来得迅猛；有的时候又可能是润物细无声的潜移默化式。正像施拉姆所指出的，"虽然我们可能无法说出任何特定时间的特定项目所有特殊的效果，但其长期的效果将存在于我们生命的所有时日之中"。

但是，决定传播活动效果的主体是谁呢？从现代传播学角度看，传播活动的主体不仅有传播者，还有受传者，是他们双方共同作用，才促成了传播活动的进行。跨文化传播过程中必然也存在着两个主体：源语文化传播者和目的语文化受传者。受传者，是传播行为的接受者，是信息传播的目的地，是传播活动的一个重要环节，也是传播过程赖以存在的前提和条件。离开了受传者，传播活动就失去了方向和目的，不能再称其为传播。跨文化传播的整个过程都以源语文化传播者搜集、制作、传递信息开始，而以目的语文化受众接触、接收信息并对信息作出反馈结束。一方面，传播者总是直接或间接地向受众传递自己的传播意图，并有意无意地把受众接收信息的情况作为跨文化传播是否成功的参照；另一方面，由于受众是跨文化传播的对象和目标，对于传播者、传播内容、传播渠道在传播过程中所产生的作用，往往都需要根据受众接收信息的状态和反馈结果来评价。因此，重视目的语文化中的受众在传播中的地位，有助于理解跨文化传播过程和传播效果。

（五）跨文化传播的特殊方式——翻译实践的突出作用

跨文化传播是主体之间的精神交往和信息交流，它的载体是符号，符号构成了跨文化传播的文本、信息、话语。就符号的形式而言，有的学者将符号的意指形式分为三类：声音形式、形象形式、文字形式。在跨文化传播中，第一、三种形式可体现为同声传译和文字翻译。在信息传播技术飞速发展和大众媒介全球化的背景下，翻译在跨文化传播活动中起着举足轻重的作用，翻译的功能日益凸现，从字面转述走向文化阐释，对改善国际关系具有重要意义。

如何充分发挥翻译在跨文化传播过程中的作用呢？王宁提出要注重提升翻译的信息化、电子化、数字化水平。作为跨文化传播倚重的媒介，翻译是源语和译语之间的沟通中介，是文化传播的转换器。另外，翻译的重要性体现在二度编码上，即译者对原作者作品的解码或表达。正是译者这种特殊的二度编码活动冲破了语言的障碍，开通了跨文化传播的渠道。传播中的传播者与受传者的角色功能是对等的，双方在编码、译码和解码上轮流发挥同样的作用。因此，翻译质量和跨文化传播效果的检验是建立在译文读者对译文的理解与源语读者对原文理解程度的比较之上的，而且只有译文被译文读者理解之后，才能最终衡量译文是否正确恰当。此外，异质文化间传播不断加强时，适度异化也成为跨文化传播的积极手段和有效途径。异化翻译就是文化植入，即源语文化表达形式直接进入译文。由于受众渴望通过多元文化因素充实自己的文化建构，期待从中掌握新鲜和异质的特色，并内化为自身的文化积累，因此异化翻译是适应跨文化传播活动的最佳翻译策略。

第三节　跨文化传播的功能、文化接触与实践

一、跨文化传播的功能

多数人通常会对"跨文化传播"这一字眼感觉很陌生。事实上，"跨文化传播"一词存在已久，并且是作为一个古老的话题存在着的。此外，还能在历史典籍中找到它的缩影。在我国历史上，郑和下西洋、丝绸之路等都是跨文化传播的典范。跨文化传播具体是指各个地区、国家、民族间日益频繁的文化信息接触和交流现象，是来自不同文化背景的个体、群体或组织之间进行交流的活动。

具体来说，跨文化传播是指世界各国丰富多样的文化的相互碰撞、推动、交流与融合。人类的文化传播发展至今，已经经历了口语传播时代、文字传播时代、印刷传播时代、电子传播时代等阶段。现阶段处于电子传播阶段，这个阶段的到来使人类文化的传播突破了空间、距离和速度上的限制，实现了人体外化影像和声音的保存，并使人类的文化和信息得以形象、直观化地传承下来。电子技术的最新产品——计算机的出现，还使大脑的信息处理中枢开始了体外化的进程。

同时，跨文化传播还是人类传播活动的一大重要组成部分，它和各种文化信息在空间与时间上的流动、共享与互动过程相关联，并涉及不同文化背景下人与人之间发生的信息传播、人际交往以及人类各文化要素的渗透、扩散和迁移。

此外，人们生活的诸多方面总是和跨文化传播存在着密切的联系，跨文化传播是人际、民族间、国家间必不可少的活动。跨文化传播还使社会结构和社会系统的动态平衡得以维系，并在此过程中促进全社会的协调、整合和发展。

跨文化传播始终贯穿于人类社会的各项活动之中，其最重要的功能就在于对社会发展与变迁所起到的推动作用。因此，可以毫不夸张地说，假如不存在跨越文化的传播，就无从谈及人类社会的生存、发展、进化和文明。

我们知道，一部人类文化的发展史，也是一部人类跨文化传播史。跨文化传播是人类对异质文化的分配和共享，作为一种社会需要、社会过程和社会现象，它不仅能够对社会各个领域产生深刻的影响，具有推动人类文明发展的

政治意义、经济意义和教育意义，而且能够在社会发展的各个方面发挥独特的作用。回顾跨文化传播的历史，跨文化传播主要具备以下几种功能。

（一）促进异语社会沟通

跨文化传播能够促进人类主体之间的相互沟通，能够为不同文化的人与人之间实现社会期待、价值认同和文化融合的精神沟通提供桥梁和纽带。世界上的每一个人，都不可能是独立于他人之外的。人类所创造的文化信息，首先是为了满足人与人之间交往与沟通的需要。在这个意义上，不同社会文化的交往与沟通过程实际上也是一种具有跨文化意义的信息传播过程。失去了跨文化意义上的信息传播，不同文化之间的人们就没有共同的语言中介，他们的交往便不可能顺利进行，彼此就难以达到正常的社会沟通。因此，跨文化传播的社会沟通功能是显而易见的。

（二）整合平衡异质文化

跨文化传播能够加强异质文化里人们的社会化程度，为协调和统一人们的社会行为，形成和确定必要的社会规范，再进行社会教化。异质文化社会在向个体进行跨文化传播的过程中，也实现了异质文化的传承和发展。同时，跨文化传播是对异质文化中社会道德规范、文明规则的一种启蒙和宣传，不仅能够影响到该社会人们的社会心理和价值观念，也能够影响人们的行为规范，改变人们的社会行为，进而实现社会文化的规整。

跨文化传播还是实现异质社会文化整合的重要因素，是均衡人类文明、传播社会规范和控制社会秩序的一个重要组织环节。从人类历史宏观共时的角度看，人类文明的发展进程并不是完全"均衡"和"趋同"的。但是，正是通过跨文化传播形成的异质文化信息传递和社会成员交流的活动，人们能够比较和鉴别异质文化之间的差别，进而实现优存劣汰或优劣互转，最终使人类文明不断向均衡方向发展，并逐渐实现异质文化间的"同质化"或"均质化"。

（三）推动人类文明发展

跨文化传播是推动人类社会文明进化的重要因素，毫无疑问，历史已经证明，不同背景社会的发展和文明进化离不开异质文化之间的相互传播。人类社会由低级的原始游牧狩猎社会发展到农业社会、工业社会并进入到信息社会，其文明程度不断提高。跨文化传播将文明的火种传递到世界各个角落，将不同国家、不同民族和不同地区的人群通过文化交流联结在一起，互相取长补短，彼此求同存异，促进了整个人类的文明进化。因此，没有跨文化传播就没有今天人类文明的高度进化和发展。

总体而言，文化是传播的内容，寓于传播之中，传播是文化的形态，二者是一体的、互为生存的条件。一方面，文化是传播中的文化。没有传播，也就没有了文化的交流和融合，新的文化成果的推广与应用以及不同文化体系的借鉴和吸收都将无法完成，新的文化模式和文化体系也就难以生成和构建。另一方面，在人类社会中，传播又必然是文化信息的传播。没有文化，传播便失去了存在的意义。两者辩证统一，不可分割。正如1981年联合国教科文组织国际传播委员会发表的《多种声音，一个世界》报告中所总结的："传播功能之一在于能够使不同个人团体、国家进行文化交流，共享人类的智慧和文明，促进文化发展。"

二、跨文化接触与实践

（一）文化错位

1.什么是文化错位

一般而言，增加相互间的理解和移情是提高跨文化交际的有效手段，然而在对相互理解和移情进行观察时不难发现，其还可能成为跨文化交际的障碍。例如，日本人说"考えておく"表示委婉拒绝之意，但汉语说"考虑考虑"却表示还有一线希望。那么如果一个中国人对日本人拒绝言语行为的文化规约不甚了解，将中国文化作为背景来接收对方的"考えておく"信息，其期待的结果将会落空，甚至会产生交际理解上的错误。这种误解被称为"一次误解"。

若信息传递方（日本人）对接收方（中国人）的文化背景有了充分的认识，那么他发出的"考えておく"的信息则是希望对方按"考虑考虑"的含义来理解，此时接收者也是站在中国文化背景下赋予意义，这时的交际就是有效的。若接收方恰好也对日本文化理解透彻，并站在日本文化的角度接收"考えておく"的信息，也基于对文化的理解不再抱有期待，那么也会产生误解，这种误解被称为"二次误解"（见图5-1）。

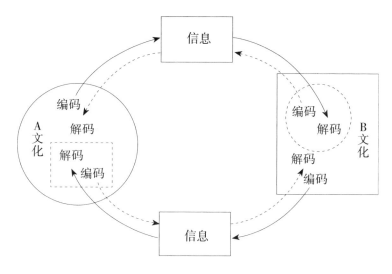

图 5-1　跨文化交际中的文化错位

2. 文化错位是如何发生的

文化错位的发生通常是基于多方面的原因，其中最为常见的原因是人们常常在面对交际对象为外国人时主动地去适应、顺从或迁就对方，主观上就认为自己本国的文化规约或交际规则不可行。例如，中国学者在国际期刊上发表论文时，有些人往往遵从西方人的习惯，在署名时将名置前、姓置后，但是，在西方刊物中，编辑知道中国姓在前、名在后的习惯，并主观地认为中国的作者在稿件署名时会遵照其本国的习惯。于是，为了和西方的习惯相符合，并方便作者的交流，他们会将其署名颠倒过来，便产生了适得其反的效果。可见，在跨文化交流中，不仅需要换位思考，同时还要尽量避免文化错位的发生。

3. 如何预防文化错位

要想在跨文化交际中实现理想的交际效果，就应尽可能防止文化错位的发生。有很多英语教师都认为，运用何种语言进行交际就应遵照该语言的文化规约，这种观点是以对一方文化的忽视为代价的，很有可能导致民族中心主义的产生。此外，这观点存在着以下几个方面的局限。

其一，假如双方的共同语不是某一方的母语，遵循此共同语的文化规约就很难实现。例如，一个中国人和一个英国人用法语进行交际，想让双方都站在法语文化背景的立场进行交际，不仅有一定的难度，且非常不符合实际。

其二，世界上有许多国家如美国、澳大利亚、英国、加拿大、新西兰等都将英语作为母语，并且，各国都有各自的传统和文化，没有哪个国家的文化被准确确定为英语文化的代表。与此同时，还有很多国家如新加坡、巴基斯坦、菲律宾和一些非洲国家将英语作为通用语，在与其进行交际时也不一定要遵循英、美等国的文化规约。例如，英美文化中 Yes 和 No 的肯定和否定含义非常明确，但菲律宾英语中的 Yes 不仅仅具有原本意思，还有如 I don't know，maybe 等含义。

其三，在跨文化交流的过程中，很多活动或行为是借助翻译员来开展的，交际双方使用各自的母语，这时要求他们使用共同的文化规约有一定的难度，且有些翻译员的调整也是有限的。

相应地，要想在跨文化交流中实现理想的交际和双赢，防止文化错位的发生，就需要在动态中保持和谐、自然的关系。例如，可通过对话式的交际方式，不忽视和怠慢交际的任何一方，在相互尊重、相互肯定的前提下进行对话式交往的动态流动。

（二）文化摩擦

1. 什么是文化摩擦

基于《现代汉语词典》对"摩擦"的定义进行分析，摩擦未必是坏事，其产生的前提是两者的"紧密接触"，接触后才会产生摩擦。文化摩擦亦是如此。它是不同的文化在接触时所产生的一种社会现象，在交际的各个层面如个人、组织、团体、文化、国家等都会发生，也可能导致双方关系紧张，甚至不和的情况。

2. 文化摩擦是如何产生的

在交际过程中，交际双方的言行不仅受到自身文化和价值观的影响，同时还是对所属文化的价值标准、社会习惯、思维习惯等的反映。由于文化视角不同，即使对同一事物也会得出不一样的结论。用自身的价值观、文化模式来解释异文化的言行，通常会引起摩擦和误会。

文化摩擦产生的原因具体体现在以下两个方面。

其一，文化的多样性使多元文化下的人们往往在思维方式、风俗习惯、价值观等方面各具特点。在跨文化交往中，这些差异往往导致文化摩擦。

其二，过分拘泥于本族文化，甚至带有民族中心主义的倾向以及对对方进行过于简单的分类而形成的定型观念也是文化摩擦产生的根本原因。过分拘泥于本族文化是指将本族文化的价值观等强加给对方或仅仅局限于自己的角度看待对方。对对方进行过于简单的分类而形成的定型观念是指对来自异文化的人进行简单的分类。例如，认定了美国人的大胆开放、法国人的浪漫就容易对这些定型观念生搬硬套，这极易导致对个体差异的忽视并造成交际的失败。

此外，导致文化摩擦的原因还有很多，如错误或误解对方言行的含义、对某种文化持有偏见等。

3.文化摩擦的特征分析

文化摩擦具有内容、关系和文化价值冲突三个维度。内容维度是指"说了什么"；关系维度是指"谁说的、用什么方式说的"；文化价值冲突维度为文化摩擦所特有，它也是文化摩擦的基础。根据文化摩擦的三个维度，可将其特征归纳为以下几点。

其一，文化摩擦的根源和一般冲突往往不同，它不是内容和关系层面的，而是由文化差异导致的碰撞。

其二，文化摩擦通常受到复杂的动态因素的影响。交际者从自身文化角度出发，对自身言语、行为与交际对象的言语、行为和反应都有一定的预期，这也是交际过程的必然。但由于交际过程中本族和异文化的差异，预期的准确与否通常会对交际效果产生影响，从而导致摩擦和误解。

其三，很多文化摩擦源于小事，并在小事的基础上使矛盾和摩擦一步步升级、愈演愈烈，最终在双方文化圈的群体中引起强烈的情感反应。

（三）语用失误

1.什么是语用失误

语用失误是指跨文化交际中出现的故障。具体而言，它是语言学习者使用目的语和目的语国家人士进行交谈时，由对语言和非语言环境、谈话主题、谈话双方的关系、双方共有的文化背景知识缺乏足够的认识而导致的误解和谈话的中断，最终使交际失败。

英国语言学家珍妮·托马斯（Jenny Thomas）将语用失误的定义确切化，即失误是对言词背后隐含意义的理解能力的缺乏。

根据洪岗的观点，语用失误的原因大体分为以下两种情况。

第一种情况表现为忽视和不了解会话双方的社会、文化背景差异。

第二种情况表现为交际过程中的外语学习者使用的目的语与本族语的语言习惯不符，从而使他们错误地套用母语的表达方式。

2.语用失误的几大类型

根据托马斯的观点，语用失误可以分为语言语用失误和社交语用失误。

（1）语言语用失误

语言语用失误基本上是一个语言问题。例如，英语学习者的很多表达不符合英语的语言习惯，这是由于他们不懂英语的正确表达方式或误用英语的表达式，甚至完全按照母语的语义和结构进行套用。这就是语言的语用失误。

（2）社交语用失误

社交语用失误基本上是一个文化问题。它是指在交际实践中，因为对谈话双方的文化背景差异的不了解而在语言形式的选择方面出现失误。这些失误和谈话双方的语域、身份、话题熟悉度等直接相关。例如，我国文化中表达关心某人的健康问题时经常用带有劝告性的话语，如"你应该多添加衣服"。但这种语气在以英语为母语的人们看来像是对小孩说话时的语气和口吻，这就是典型的社交语用失误。

但由于社交语用失误往往反映了语言学习者的价值取向和文化背景，也不能将其武断地认为是"错误"而强行纠正。在英语教学中，如果采用教师引导、学习者之间讨论等方式帮助学习者对母语文化和目的语文化加以区分，更有利于促进其在跨文化交际中的能力提升。

（3）如何看待语用失误

对待语用失误，应遵循以下几点。

其一，对语用失误的客观必然性应充分认识。语言是文化的载体，人们在交际中不可避免地会受到根深蒂固的母语文化影响，很难完全摆脱固有的行为模式和思维模式，母语的迁移也就在所难免。语用失误虽然可以尽量避免，但很难完全消除，其存在具有客观必然性。

其二，正确对待语用失误的消极作用。在跨文化交际的过程中，语用失误具有消极作用已经得到广泛的认同。它不同于由于缺乏语言知识而出现在语言表层结构上的语法错误，语用失误会被认为是缺乏教养或不友好，甚至造成交际双方的误解，从而导致交际中断。

其三，对语用失误的积极意义应给予客观评价。跨文化交际应倡导一种平等的交际模式。在交际过程中，应在试图理解对方的同时也得到对方的理解，但这往往是一种理想的状态。跨文化交际是一个动态的过程，在理解中存在冲突，并从冲突走向融合，交际双方的碰撞也能加深理解。从这个角度来看，语用失误便具有积极的意义。从客观积极的态度来看，语用失误是促进跨文化交际理解的催化剂和倡导平等交际的契机。交际过程中设身处地地为对方着想，同时也希望对方能站在自己的立场去理解。也唯有如此，才能使多元文化在碰撞交流中实现共存和理解。

（四）文化依附

1. 文化依附的含义

在不同的语境中，"文化依附"有着不同的内涵。在经济、政治、文化等内容语境中，"文化依附"指的是本民族文化对另一种文化的依附，并成为异文化的从属物，贬义成分较多。但在语言学、翻译研究、外语教学等领域，"文化依附"指的是外语学习者、教学者和翻译工作者以母语文化或目的语文化的视角来看待事物的文化立场问题，往往具有肯定含义。

2. 国家、民族间的文化依附

国家、民族间的文化依附是相对于文化自立而言的，它指的是某一文化团体将原有的文化价值观放在次要的地位，却将异域文化价值观视为思维模式和行为的标准，对异域文化趋附，从而使异文化处于主导地位而原文化处于从属地位。事实上，文化作为一个国家的精神代表，国家独立和文化独立几乎是每个国家的追求。但由于政治、历史、地理等原因，一些国家在政治上取得独立后，往往在文化上依然依附于别国。这种现象在前殖民地国家和前殖民主义国家的关系中表现得尤为明显。

3. 翻译中的文化依附

翻译是将译者和译文作为桥梁使两种文化间的人们实现沟通的过程，它实质上是一种单向的跨文化交际。语篇作为文化的载体和翻译的对象，它是特定语言团体的历史、社会、心理特征的反映，反映着思维模式、风俗习惯、行为方式、宗教信仰等内容。尤其是当本族语和目的语文化差异较为显著时，译者的文化立场就非常重要，对译文准确度、风格、美感等都有很大的决定作用。

译者作为沟通两种文化的"中介"，应尽量使作者与读者之间产生共鸣，并对语篇中的文化信息进行必要的加工处理。然而，译者要译出忠于读者、作者和作品的佳作也有很大的难度，其中最主要的原因就是文化语境的差异和译者的文化依附矛盾。

由此可见，译者对文化依附矛盾能否进行恰当的处理对语篇翻译的效果具有很大的影响。译者应尽量在两种文化语境间寻找一种平衡，不能对源语文化或译语文化完全依附，也不能过于坚持自己的文化立场，过度"归化"或"异化"。

4. 外语教学中的文化依附

在外语教学中，文化依附是指教学者在进行教学活动时对文化归属和文化身份的选择。换句话说，它是指教学者在教学中的言行体现或代表了哪种文化。

　　高一虹对我国英语教师的文化依附矛盾做了相关探讨和分析后认为，我国的英语教师成长在中国文化环境中，本身代表着中国文化，但其又在学习外语的过程中耳濡目染了西方文化，无形中也带有一些西方文化的思维和行为模式。最普遍的问题是，中国学生经常会以中国式的思维表达英文，造出不地道的"中式英语"。

　　同时，对外汉语教学中的文化依附矛盾也很明显，教师以中国文化的代表者、课堂组织者和知识传授者的身份来讲授中国文化，但其教学对象的文化背景却各不相同。他们也会在教学过程中无形地选择文化依附来适应教学对象的需要。

　　5. 跨文化交际中的文化依附

　　从实质上看，国家、民族间的文化依附，翻译中的文化依附以及外语教学中的文化依附都属于跨文化交际中的文化依附问题范畴。但区别在于，国家、民族间的文化依附是文化群体间的交际，翻译中的文化依附是单项或反馈滞后的交际，外语教学中的文化依附是同一大文化群体内部成员的交际。

　　交际是一种编码、解码和信息交流的过程，有效交际的实现发生在信息发出者和信息接收方一起共享相近或同一语言系统的情况下，即交际双方使用同一种语言交流。但这些还远远不够，同时还应理解和掌握与交际相关的其他因素。文化依附就是其中至关重要的因素，它包括交际双方用哪种文化归属的身份参与交际和对交际双方文化依附的预期等。在跨文化交际中，如果信息发出方和接受方选择的文化立场不一致，并对此差异没有一定的预期，信息在经历编码和解码的过程后通常会偏离信息源的本义，出现信息失真的情况。

　　此外，跨文化交际过程中通常会遇到文化依附论的问题，即交际的双方拥有不同的文化背景，但其所使用的语言却代表着第三种文化。此时就会出现究竟应依附何种文化，编码和解码应以何种文化的价值观为标准等问题，若选择不当，就难免会出现上述的文化错位现象。因此，跨文化交际的具体语境千变万化，文化依附的选择也应具体分析、具体对待，但交际的最佳状态应是平等、对话式的交际，不应对任何一方过分依附。

第六章　翻译的跨文化传播属性研究

作为跨文化传播的中介，翻译同时具有文化和传播的双重性质。因此，可以这样讲，翻译的过程是一种文化与另一种文化的对话，是源语文化在译语文化中传播的过程。翻译本身既是文化，又是一种传播行为，也是一个传播过程，是发生在语际交流过程中的跨文化传播行为和过程。从跨文化传播视角对翻译进行研究，可以利用跨文化传播学的相关理论为翻译研究提供有力的理论依据，有了跨文化传播学理论的指导，对翻译过程中各个环节及因素的研究将更加系统化和科学化。这也说明，跨文化传播学宏阔的理论研究体系能够赋予翻译研究一定的理论模式和有益的养分。

第一节　翻译概念及其本质的再认识

一、翻译概念的演变

本质是指事物本身所固有的，决定事物性质、面貌和发展的根本属性。世界上的万事万物都有许多性质，如形状、颜色、气味等。事物除具有许多性质外，还与其他事物存在各种关系，如上下、大小、左右等。在形式逻辑中，事物的性质和关系被统称为事物的属性。任何事物都有许多属性，在事物的诸多属性中，有些属性是某个或某类事物所特有的，能够决定该事物的本质，并使这种事物与其他事物区别开来。这种事物的基本属性就是事物的本质属性，它是事物本质的规定性。人们对"翻译"这一"事物"的本质的认识，主要见诸人们给翻译所下的各种各样的定义。谈翻译的本质其实主要就是要回答翻译是一种怎样的活动，它同其他活动相比有什么特殊之处。翻译归根结底是人类的实践活动之一，实践的本质特征就是创造，翻译的创造特征主要体现在译者主体抽象思维、形象思维、情感参与等主观性很强的复杂的过程之中，它作为一项实践活动，涉及主体（译者）和客体（文本、原作者、读者）等多个方面。

什么是翻译？这是翻译研究要回答的根本问题之一。回答这个问题的过程实际上就是对翻译过程或翻译现象进行概念化的过程，而概念化的结果借助语言表达出来就是定义。在过去的半个多世纪里，翻译理论家们或出于开展研究的客观需要，或出于揭示翻译本质属性的主观愿望，或出于确定研究对象的学科要求，从未停止过对翻译下定义的尝试。时至今日，出自各类翻译论著的翻译定义俯拾皆是。对于翻译的这些定义，虽然众说纷纭，莫衷一是，但它们毕竟从不同角度展示了翻译活动的方方面面，并且丰富、深化了我们对翻译的认识。

在结构主义语言学范式研究阶段，人们普遍认为只有与原文对等的文本才称得上是翻译。翻译一直被看作是两种语言之间的转换过程，译者对原文不应该有个人的主观评价和判断，译者的最高理想就是忠实和完整地把原文翻译到译语中来。从卡特福德到奈达，再到《中国翻译词典》中对"翻译"条目的定义和说明都忽视了翻译的其他目的，而把忠实传达文本作者的原意作为翻译首要的和最终的目的，从而使得翻译研究一直以语言分析和文本对照为主要任务。比如，最早引入中国的翻译概念是由费道罗夫提出的，他认为，"翻译是用一种语言手段忠实、全面地表达另一种语言表达的东西。传达的忠实和全面是翻译区别于转述、简述以及各种改写之所在。"卡特福德给翻译下的定义是："一种语言（译出语）的话语材料被另一种语言（译入语）中的对等的话语材料替代。"这种定义似乎只把翻译看作是具有两种存在状态的形式，一是源语，二是译语，而不谈翻译主体和翻译过程，所以并没有体现出翻译活动的实质。以奈达来看，"翻译是指首先从语义上，其次是从文体上用最贴切、最自然的对等语，在译语中再现源语的信息"。这几种定义其实并没什么本质差别，它们都把不忠实、不全面、不对等的翻译（如"摘译""编译"等）排斥在翻译之外。在这里，翻译仅仅表现为一种语言间的意义转换活动，却没有揭示出翻译活动的本质，没有体现出翻译与其他活动的根本区别。后来费道罗夫又对翻译定义进行了修订，认为"翻译是将一种语言（源语）的言语产物用另外一种语言（译语）予以再现"，并且认为"翻译是一种语言创作活动"。这个变化反映了论者翻译观的变化，这里已没有了"忠实""全面"等字眼，翻译成了"一种语言创作活动"。在对翻译本质的认识上，威尔斯比以上三位又进了一步，他认为，"翻译是将源语话语变为尽可能等值的译语话语的过程"。另外，贝尔（Bell）在其著作《翻译与翻译过程：理论与实践》（*Translation and Translating*：*Theory and Practice*）一书中，细述了 translation 一词的三个含义：① translating，指翻译过程；② a translation，指翻译过程的产物；③ translation，抽象概念，既包括"过程"也包括"产物"。"翻译"一词有这么多"所指"，论者在论及翻译本质时如果不首先限定其"所指"，就很难说清楚翻译的本质是什么。事实上，翻译不仅应指翻译行为而且涉及翻译过程，只有经过如此限定之后，关于翻译本质的争论才有意义。

吉蒂昂·图瑞抛弃了基于先验猜测的定义范式，充分尊重不同历史时期、不同文化背景下的翻译实践与判定翻译的标准，把所有被译入语系统视作翻译的语言活动都纳入了翻译的范畴。这样一来，翻译研究的对象空前扩展，不仅是误译、不对等的翻译，就连转译（通过一种中介语言进行翻译）和伪译（不存在原作的翻译）都可以成为研究对象。图瑞以服务于描述译学的理论建构为宗旨，提出了如今被广泛引用的对翻译的定义：不论基于什么理由，译入语系统中任何以翻译的形式出现或被视作翻译的译入语文本都是翻译。这样，翻译的概念就得到了拓展，从而使长期被忽视的翻译现象得到应有的研究地位。图瑞的翻译定义不完全限定研究对象，充分考虑到了翻译活动的民族性、地域性和历史性，如实地反映了翻译的客观存在。它没有对概念的内涵做过多的限定，因而其外延相当宽泛，包容性极强，几乎能够涵盖所有的翻译现象。因此，接受并采用图瑞的翻译定义可以使翻译研究的领域更为广阔。

二、翻译的本质

中国以及世界各国悠久的翻译活动历史都表明，传达作者的原意只是翻译的众多目的之一，偏颇地理解翻译的性质，必然忽视某些重要的事实，如翻译活动在主体文化中的功能。功能派翻译理论就是把翻译置于跨文化交际和传播的范畴进行研究，认为翻译是一种有目的的跨文化的互动行为。比如，曼塔莉提出了"翻译行为"这个概念，将翻译行为定义为"为实现信息的跨文化、跨语言转换而设计的复杂的行为"。

众所周知，任何一种语言都不单纯是字、词、句的组合，而是使用该语言的民族的历史、文化，甚至心理感情等各方面的沉积。从一种语言到另一种语言的信息传递过程也不可能只是字、词、句之间的机械转换，而是一种文化迁移和文化转换。文化具有民族性、地域性、时代性，文化也需要传播和发展——不仅在同一文化内部，而且在异质文化之间。因此，异语文化之间需要沟通，而沟通就离不开翻译。由此可知，翻译的本质其实就是跨文化传播和交流，也就是说，跨文化传播是翻译发生的本源，翻译则是跨文化传播的产物和手段，离不开它所在的文化。与其把翻译视为一种跨语言的转换活动，不如把翻译看成是一种跨文化的传播或交流活动更加确切。可以十分肯定地说，翻译本身就是一种文化，就是一种将某种语言所传递的信息用另外一种语言表达出来的跨文化的交际、交流和传播行为。

第二节　翻译与跨文化传播的共同特征

从传播学的角度来看，传播被视为一个系统（信源）通过操纵可选择的符号去影响另一个系统（信宿），这些符号能够通过连接它们的信道得到传播，以达到一种信息的交流和共享。它是一个涉及信源、信宿、信号、信道、噪音等要素的编码及解码的过程。翻译作为一种跨文化、跨语际的信息传播和交际活动，其意义已不再局限于传统理论中把一种语言的言语产物在保持内容，也就是意义不变的情况下，改变为另一种语言的言语产生过程。

在充分认识到翻译的跨文化传播本质后，翻译被认为是与语言行为和决策密切相关的一种语际信息传递的特殊方式。也就是说，翻译具有传播的一般性质，但与普通传播的不同之处在于，翻译处于两种语言文化之间，操作者必须选择文化换码，而并非只改换原来的语言符号系统。既然翻译是一种跨文化的信息传播，那么翻译活动和跨文化传播活动就会具有许多共同的性质和特点，即二者都是社会信息的传递方式，表现为传播者、传播渠道、传播方式、编码译码、受传者等一系列关系，是一个由传播关系组成的动态的、有结构的信息传递过程。

罗曼·雅各布逊把翻译分为语内翻译、语际翻译和符际翻译三种，按照这一分类，翻译几乎涉及了人类文化传播活动的各个方面，甚至我们每时每刻都在以不同的方式进行翻译活动。翻译在本质上与跨文化传播密不可分，是你中有我、我中有你的关系。正因为如此，跨文化传播与翻译在多方面体现出共同的特征。

一、翻译与跨文化传播都离不开语言和符号

传播离不开媒介和符号，媒介负载符号，符号负载信息。符号与媒介是一切传播活动赖以实现的中介。传播的核心是信息，它是信息的流动过程。在人类传播活动中，既不存在没有信息的传播，也不存在脱离传播的信息。文化是以符号的形式而存在着的，文化产生的目的就是传播，任何符号只有在传播

中才能获得意义和价值。没有传播，符号便没有了意义，文化也就失去了存在的可能。因此，跨文化传播活动离不开语言和人类所独创的符号。人类正是通过这些语言、符号才得以进行信息的交流、实现价值观的沟通及意义的重构。翻译作为跨文化传播的主要方式，其对语言和符号的需求和依赖更甚于其他因素。离开了语言和符号，翻译根本无从进行。

二、翻译与跨文化传播都具有目的性

跨文化传播是人类的一种有意识、有目的的自觉活动，传播主体希望能达到一定的目的和效果，可以说，跨文化传播是异质文化间动态地传递信息、观念和感情以及与此相联系的人类交往沟通的社会性活动。同样，人类的翻译活动也总是在一定的意识支配下有目的、有指向地进行，是一种主体的认知活动，也就是说，没有意图的跨文化传播和翻译都是不存在的。在跨文化传播活动中，传播者对信息进行收集、选择、加工和处理，几乎在每一个环节都在有意识地进行跨文化的创造活动，体现着一定的意图性和目的性。

三、翻译与跨文化传播都具有互动性

翻译活动和跨文化传播都是双向的，是译者（传播者）与读者（接受者）之间信息共享和双向交流的过程。在常见的人际传播和交流中，主要有无反馈的单向式交流和有反馈的双向式交流两种。单向直线性传播模式，区分了传播者与接受者的固定地位和作用，却忽视了传播者与接受者还可以转换角色。而在双向式传播交流中，传讯者与受讯者的作用是对等的，双方是互动关系，使用着相同编码、译码和解码的功能。罗选民认为尤金·奈达的翻译动态对等模式作为一种翻译检验法与双向式的文化传播模式在理念上极为相似。动态对等是指译文读者对译文的反应相当于原文读者对原文的反应。这种对译文质量的检验是建立在译文读者对译文的理解与源语读者对原文理解的比较基础之上的，而且，只有译文被译文读者所理解之后，才能最终衡量译文是否正确和恰当。这种强调译文与译文读者同原文与原文读者的互动，与传统的"作者—文本—译者"的单向分析有很大的不同。正因为文化是动态的，总是处在不断的传播之中，而文化又是多元的、异质的，所以它的传播并不是封闭的、单向的，而是互动的、双向的，甚至是多维的，这就是跨文化传播以及作为跨文化传播的翻译所共有的特征。

第三节　翻译的跨文化传播属性及因素分析

在跨文化的传播活动中，人们大部分是通过文字（翻译）达到交流目的的，翻译和写作构成我们跨文化交流的基本形式，因而把跨文化传播同翻译研究结合起来，无疑可以开拓新的研究方向，丰富翻译研究的内涵。

跨文化传播环节涉及 8 个要素，即传播者、传播信息、传播媒介、信息受众、传播效果、传播目的、传播环境及传播方式。翻译作为跨文化传播的主要方式，其传播过程必然符合跨文化传播的基本特征和属性。我们不妨从跨文化传播学的角度来分析一下翻译活动包含的各个要素。前文曾提及，跨文化的信息传播过程具体涉及 8 个要素，即谁传播（who says）、传播什么（what）、通过什么媒介传播（through which channel or medium）、以何种方式传播（in what way）、向谁传播（to whom）、传播的目的是什么（for what purpose）、在什么场合下传播（in what circumstance）以及传播的效果如何（with what effects）。这 8 个要素之间互相联系、彼此制约，共同构成跨文化传播过程的有机整体（见图 6-1）。

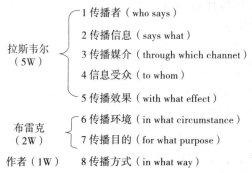

图 6-1　跨文化传播 8 要素 vs 翻译的跨文化传播 8 属性

这些环节要素与跨文化传播相吻合，联系也极为密切，恰恰说明了翻译的跨文化传播的本质和属性。事实上，跨文化传播离不开翻译，而翻译就是跨文化传播。

一、译者身份和译者行为

在这个环节，译者就是名副其实的跨文化传播者，其行为方式也就是把自身作为一个传播媒介来进行跨文化的传播活动。

（一）译者身份

在翻译这种历史悠久、对人类文明进程具有深远影响和意义的双语转换交流活动中，译者无疑是最为活跃的因素，因为译者既是沟通两种语言的媒介，又是保证交流顺利进行的关键。不通过译者主体能动作用的发挥，翻译这一跨文化的交流活动就不可能完成。在某种意义上说，译者和作者一样都是在各自所处环境中构建着不同的文化。译者在促进不同文化交流方面起着重要的纽带和桥梁作用，因此，在翻译理论研究及跨文化传播语境中，对译者的身份和作用进行研究就显得十分必要和有意义。

纵观古今中外的翻译历史，作为翻译主体的译者可谓命运多舛，他们与原作者地位的变化同当时盛行的翻译理念密切相关。这些翻译理念在不同程度上制约着译者的翻译实践活动。翻译理论研究经历了从语言到文化、从原文转向译文、从规定性转向描述性的转变，译文地位从低于原文到等于原文再到比原文重要，译者的地位也从低于原作者到被认为在翻译活动中起决定作用。在翻译过程中，译者的主体身份逐渐彰显，其主观能动作用也逐渐凸显出来。

（二）译者行为

文艺学范式翻译研究中，过分强调译者主体的"直觉"和"灵感"，使一切都笼罩了一层神秘色彩。译者依赖自己的个性和天性，凭借自己广博的知识和深厚的文学功底，在翻译中往往凸显出较多灵气和创见。虽然这种创见有时剥离不掉个人的感情色彩，脱离了翻译的客体（文本、原作者、读者），忽视了译者的受制约性和同时作为受体的一面，但也使我们看到了他们各自独到、精辟的见解，留下了许多不朽的译作，使译者主体性彰显无遗。

结构主义语言学派只关注文本这个客体，关注单纯的语言符号层面的转换，过分强调人类语言的确定性，把"等值"看作是翻译理论的核心，刻意寻求所谓的转换规律，从而产生一个与原文对等的文本。在此种理念的观照下，译者只要找到语言转换规律就可以大功告成了，翻译只不过是一种简单的语符编码、解码过程，不需任何创造性，译者在这里也就成了一台脱离时空或情感制约的"翻译机器"，其结果是造成了翻译过程中译者主体性消失殆尽，忽视了语言文化差异以及译者的主观能动性。

20世纪80年代以来翻译研究派的观点使得关于译者主体性的研究大为改观，其代表人物勒弗维尔认为，翻译是对原作的"重写"，所有的"重写"都反映了某种观念和诗学，并以此操纵文学在特定社会里以特定方式发挥作用。

因此，翻译实际上是一个译者作出选择的过程。巴斯内特更是用多元论替代了单一的、忠实于原作的教条，把翻译看作是译者摆布文本的过程。这些观点在很大程度上深化了解构主义文化学范式对译者主体性的认识。翻译不是一个被动的过程，不是对原文的简单"复制"和"模仿"，而是翻译主体积极参与的过程。读者应是文本的主人，对文本拥有绝对的阐释权；而译者作为文本的第一读者，无须再对原作者俯首帖耳，唯命是从。他不该是消极被动的，他可以自由地赋予文本某种意义而无须承担任何责任。译者的主体性至此达到了极致，得到了前所未有的张扬，而译者的主体性地位也逐渐确立起来。不过，我们强调译者对原作的重写或者摆布并不等于胡译乱译，而是旨在矫正传统翻译研究中译者与原作者、译文与原文的不平等关系。

众所周知，翻译是一门富有创造性的艺术，根本无法脱离译者的主观性而存在。在这个创造过程中，译者又具有主体性，是翻译实践的主体。如果没有译者这一主体，任何翻译活动都不可能完成。另外，语言本身就是一个充满重叠意义和模糊边界的开放体系，其不确定性也赋予译者再创造的权利。由此在建构主义多元范式的翻译研究中，我们主张翻译就是两个主体借助语言这个媒介在他们各自所处的世界中进行平等对话，达到相互理解的过程。这就为主客对立的主体性思维带来的内在矛盾提供了积极的修正建议和解决办法，从而有利于译者主体研究的进一步深入。

二、翻译目的与翻译策略

跨文化传播和交际活动一般都是有目的的，翻译活动也不例外。在这个环节，翻译目的就是跨文化传播目的，而翻译策略则可以等同于跨文化传播方式，也就是为达到某种跨文化交际目的而采取的策略方法。

（一）翻译目的

凡是人类的主动行为都是有其目的的，翻译传播行为也不例外。翻译的目的是使译文在目的语文化中起原文在源文化中同样的功能，特别强调文化在翻译中的地位和翻译对于文化传播、推动社会和文化进步的重要意义。翻译活动作为一种特殊的人类主动的跨文化传播行为，其目也必然具有特殊性。关于翻译的目的，我国古代佛经翻译家道安说道："正当以不闻异言，传令知会通耳。"① 意思就是说，正是由于不懂异域之语言，才需要译者来传达，从而使

---

① 罗新璋.罗新璋译文自选集 [M].桂林：漓江出版社，2013：65.

人们明白通晓。斯坦纳那句"翻译之所以存在，是因为人们讲不同的语言"其实也暗示了翻译的目的。所以，翻译的目的就是让不懂原文的读者通过译文知道、了解甚至欣赏原文的思想内容及其文体风格。但随着翻译研究中的文化转向，人们对翻译目的的认识也出现了多元化的趋势。关于翻译目的，有过各种各样的论述，比如，徐光启等人之所以翻译西方科技著作，目的是"神益民用"；严复翻译西方学术经典的目的是让国人学习西方的自然科学方法和民主政治制度；鲁迅和瞿秋白翻译文学作品的目的是引入新的文化内容或语言成分；西方翻译文化学派认为，翻译的目的是使译文在目标语文化中实现原文在源语文化中所实现的同样的功能；巴斯内特和勒弗维尔就认为翻译促使不同文化进行交流；而功能派翻译理论则认为，原文和译文所追求的目的也许大不相同，赚钱也可以是译者进行翻译的目的。

在论及翻译目的时，曹明伦首次在译学界提出了文本目的和非文本目的这对概念，首次区分了翻译的文本行为和非文本行为，指出翻译之文本行为乃译者的基本行为，翻译之文本目的乃译者的根本目的。他认为文化目的、政治目的、经济目的等是翻译活动发起人（initator）的目的，而不是翻译行为实施者（translator）的目的，后者的目的是文本目的，即让不懂原文的读者通过译文知道、了解甚至欣赏原文的思想内容及其文体风格。而实现文本目的的途径只有一条，那就是实施翻译的文本行为，把一套语言符号或非语言符号所负载的信息用另一套语言符号或非语言符号表达出来。翻译之文本目的乃译者的根本目的（虽然不是唯一目的），实现这一目的则是译者的根本任务。

（二）翻译策略及方法

翻译学的功能派理论将翻译目的放在头等重要的位置。一般情况下，每一个翻译行为都有一个既定目的，并且要尽一切可能实现这一目的。为实现翻译目的就要选用特定的翻译策略及方法。而跨文化传播的目的是促进不同语言、不同文化间的交流与沟通，翻译又是跨文化传播的中介，而译者正是跨文化传播的使者。译者的翻译策略和方法与译者的意识形态、文化背景、社会环境、读者的趣味要求等可变因素密切相关，从而直接影响到翻译目的与效果。

许钧和穆雷将翻译策略界定为根据所涉语言文化的诸多因素及要求而制定的行动方针和翻译方式。翻译策略主要涉及三个基本任务：一是明确翻译目的，解决为什么而译、为谁而译的问题；二是确定所译文本，解决翻译什么、为什么要翻译这个文本的问题；三是制定操作方式，解决怎么译、为什么要这么译的问题。由于文化因素的多面性和翻译所处语境的多变性，因此在理论上，翻译策略的采用没有固定模式。虽然在翻译过程中，译者采用的翻译策略可以各种各样，但总体上可以大致分为两大类：一类为"归化式"翻译策略，另一类为"异化式"翻译策略。前者的目的在于"征服"源语文化，试图从内容到形式将源文本"完全本地化"，使目标文本读起来像译入语中的原创作品一样；追求译文文体自然流畅，一目了然，其目的是尽量减少原文给目的语读者带来的陌生感。后者则相反，有意冲破目的语常规，试图从内容到形式将源文本"原封不动"地搬入译入语，使目标文本读起来像源语作品一样，把源文本的异国情调带到目的语文化之中。

翻译中的归化（adaptation）与异化（alienation）是一个老生常谈的问题，译界虽对此一直多有讨论，但并未取得共识。郭建中认为，归化与异化各有所长，这两种互补的方法将同时并存。孙致礼则持适度原则，即在"纯语言层面"用归化法翻译，在"文化层面"力求最大限度地异化。

发达的传媒、开放的资讯和丰富的信息资源为各国读者彼此间文化的相互沟通和了解打下了良好的基础。全球性文化交流与融合在目前的信息化时代是大势所趋，不可逆转。熊兵主张，在可能的情况下，译者应尽量采用异化或异化加释意方法来处理含文化因素的词语。当然这样做有时可能难以理解，也对读者的理解能力提出了一定的要求和挑战。但从长远来看，特别是从文化交流与融合以及对不同语言的丰富发展来看，这样做是值得的。还要注意的是，如果不得不用到归化法，也应尽量注意避免归化过度，以防止目的语读者对原文或源语文化产生不正确的理解和认识。在此强调异化的重要性，并非一味反对归化。归化当然有归化的用武之地，但是在采用归化还是异化的问题上我们应该有总的原则，应分清主次和先后。

既然翻译从本质上来看是一种跨文化传播活动，那么译者自然就成为两种语言间文化的传播者。译者所肩负的使命，不应仅仅是将原文的语言信息在译文中予以再现，而且应尽可能地传达原文的文化信息。所以，在处理含有文化色彩的语句时，译者应时刻牢记自己作为译者所肩负的职责，在不影响理解的前提下尽量用异化的方式来处理原文。如果是归化、异化两可的情况，也应尽量使用异化的方法。应该强调的是，译者不仅是文化传播的使者，还是丰富其民族语言的主力。译者对读者来说既有服务的义务，又有引导的责任。

与翻译策略相比，翻译方法更为具体，也可以多种多样。以往常按传统二元对立来对其加以区分，即直译与意译、死译与活译、字译与句译。其中直译、意译两种方法在传统翻译理论里讨论得最多。自 20 世纪 60 年代以来，西方翻译领域还出现了许多新的二元方法论，如奈达提出的"形式对等"与"动态对等"、图瑞的"适当的翻译"与"可接受的翻译"、纽马克的"语义翻译"

与"交际翻译"等。关于更加具体和微观的翻译操作方法和技巧，张美芳做了比较全面的统计，其中包括词义的选择、引申和褒贬，词类转移法，增词法，重复法，省略法，正反、反正表达法，分句、合句法，被动语态的译法，名词从句的译法，定语从句的译法，状语从句的译法，长句的译法，习语、拟声词、外来词语等特别语词的译法、变通和补偿手段（加注、增译、视点转换、具体化、概略化、释义、省略、省略与重复、重构、移植）等。也有的翻译专著用不同的术语指称相同的一些概念，如分切、转换、词性转换、语态转换、肯定与否定、注释、引申、替代、拆离、增补等，均属"翻译方法"的讨论范畴。

另外需要说明的是，在翻译实践中，对于一般的应用文体或多或少地使用到了目的论所提倡的增加、删减或改动这些翻译策略和方法，这些方法在实践中已证明是行之有效的，所谓的节译、编译、改译、转译也应被视为翻译方法。随着社会发展和思想进步，对外宣传的扩大和对外交流的加深，这类翻译会越来越多。当然我们也绝不是在片面强调译文的功能而滥用原文，原文依然是译文的基础。译者不论为了达到什么目的，也不能脱离原文任意发挥想象，译者或多或少总是要受到原文的制约的。

（三）翻译语境和翻译材料的选择

这里的翻译语境就是指进行跨文化传播活动的社会文化环境，包括人文环境及自然环境。翻译材料的选择就是指为了某种目的而对传播内容进行的选择。

1. 翻译语境

翻译是在人类社会历史发展到一定的阶段才出现的跨文化传播交流活动，而且随着人类社会的不断发展而不断演变、日益丰富。当我们考察影响翻译的种种要素时，无论从宏观角度还是从微观角度，都必须也必然会注意到社会因素与文化语境结合在一起，对翻译起着综合的作用，即对翻译的选择、翻译的接受和翻译的传播起着直接的影响作用。

一个社会的开放与否直接影响着翻译事业能否顺利开展。中华人民共和国成立以来，中国的翻译事业与社会发展几乎是同步的。中华人民共和国成立初期，翻译活动基本上没有任何进展，几近停滞。随着20世纪70年代末期改革开放政策的实施，翻译也迎来了春天。改革开放几十年来，翻译一方面为中国的改革开放起着桥梁的作用，而另一方面，改革开放的社会又为翻译的发展提供了宽松而自由的空间，中国由此迎来了历史上又一个新的翻译高潮。

文学翻译深受社会开放程度的影响，科技翻译更是如此。近代以来，在中国社会历史发展的各个阶段，科技翻译对引进国外先进的科学技术起到了至关重要的作用。20世纪80年代，科技翻译更是取得了突飞猛进的发展。随着全球化进程的加快，科学技术与经济快速发展，科技信息涵盖面日趋广泛，信息需求量与日俱增，信息传播也日新月异。翻译作为跨文化交流的信息传播手段，正发挥着越来越重要的作用。

社会因素对翻译的影响并不是单一的，其中起作用的还有文化语境因素。英国社会人类学家马林诺夫斯基（Malinowski）最早提出了"文化语境"这一概念，认为文化语境包括当时社会的政治、历史、哲学、科学、民俗等思想文化意识，是对某一言语社团特定的社会规范和习俗的总体认知。从宏观的角度看，文化语境常指一个国家、一个民族所处的文化空间以及与世界其他国家、民族构成的文化关系，应该包括生存状态、心理形态、生活习俗、价值伦理等组成的文化氛围以及译者在这一文化氛围中的生存方式和认知状态。文化语境所涉及的各个层面与翻译息息相关，因为就本质而言，翻译文本本身就是源文本在新的文化语境中的生命的延续与拓展。

翻译作为一种跨文化的传播交流活动，无论其形态意义如何，都是在一定的文化语境中进行的。而文化语境中所涉及的各个层面的因素，对从翻译的选择到翻译的接受这一整个过程的各个阶段都起着重要的作用。英国的西奥·赫尔曼曾从理论的高度对文化语境与翻译的关系进行过研究。他认为，任何一种文化，都会"觉得有必要而且能够借助翻译得到从其他语言引进文本的机会，在这种情况下，我们只要仔细观察以下这些方面就能够从中了解到有关这种文化的很多东西：从可能得到的文本中选择哪些文本进行翻译，是谁做的决定；谁创造了译本，在什么情况下，对象是谁，产生什么效果或影响；译本采取何种形式，如对现有的期待和实践做了哪些选择；谁对翻译发表了意见，怎么说的以及有什么根据、理由"。这似乎与我们前面谈到的跨文化传播的过程和因素不谋而合。

劳伦斯·韦努蒂（Lawrence Venuti）则认为，不同历史时期、不同社会背景下，民族文学及文化的地位是决定译者文化立场的重要因素。当民族文学处于边缘的或弱小的地位时，翻译文学在整个文学系统中往往占据主导地位，译者会尽量忠于原文的结构、内容，保持翻译文学的"异质性"，以便丰富和发展民族文学；反之，译者则为了迁就读者，尽量采用他们熟悉的语言、结构，甚至对原文的内容作出调整。

　　此外，伴随着翻译研究的"文化转向"，一批翻译学者对文化语境和翻译的关系进行了探索。如王克非编著的《翻译文化史论》，一方面考察了翻译对译入语文化的作用和影响，另一方面又对译语文化语境对于翻译的制约进行了研究。又如王建开的《五四以来我国英美文学作品译介史》则对我国在特定历史文化环境下的英美文学翻译活动进行了考察，他在书中尤其肯定了五四时期的文化环境对我国翻译事业的发展所起到的影响。

　　2.翻译材料的选择

　　社会发展及不同文化的交往是翻译存在的根本原因。功能目的派翻译理论认为，翻译是人类的一种有目的的行为活动，译者在翻译目的的引导下，结合译文读者、译文接受环境、译文要发挥的作用以及其他有关情况，对原作进行选材和翻译。不同的社会发展阶段、不同的翻译语境需要选择不同的翻译材料和文本。以欧洲为例，无论是发生在 12 世纪的原始文化复兴，还是发生在15 ～ 16 世纪的文艺复兴，翻译都起着开路先锋的作用。在文艺复兴期间，一些著名的人文主义者以古希腊人的艺术为对象，悉心研究他们所感兴趣的人文科学，如哲学、历史、音乐、诗歌、修辞等。在当时的社会里，为重新发现古希腊和古罗马文化，尤其对古希腊、古罗马的哲学、艺术和文学的强烈兴趣促使一批批人文学者把目光投向了包括欧里庇得斯、西塞罗、贺拉斯等古典作家的重要作品，在翻译的选择上，体现了社会的需要和文化风尚的影响。

　　在历史动荡阶段或社会大变革时期，翻译家们往往出于政治目的，把翻译当作实现其理想抱负的手段，因此在选择翻译材料时，特别注重其思想性，如我国清末民初时严复、梁启超、胡适、鲁迅等人的选择，都充分证明了这一点。以严复的翻译为例，在英国学习期间，他本是学习海军的，但是在维新运动期间，他开始选择翻译西方社会科学著作；变法失败以后，他下决心以此为毕生事业。他强调了他的翻译目的，就是"国民之天则"。严复主张认准时势需要，选择材料，分先后缓急，有针对性地从事翻译工作。

　　可以说，社会文化因素对翻译的影响是深刻、全面和直接的，不仅在微观上对翻译材料的选择、翻译策略的取向和翻译方法的运用发挥着制约和调节作用，也在宏观上深刻影响着翻译的接受和传播。

　　（四）译作的传播渠道及其影响

　　1.译作的传播渠道

　　这里所谓的"译作"主要是指那些经公开出版而发行传播的翻译作品。翻译与出版有着极为密切的关系，根据邹振环的观点，译作的社会存在，取决于三种人的相互关系，即译者、出版者、读者。这也就是大众传播学上经常讨论的信息发送者、传播媒介和受众。译作的大众化传播首先得从翻译出版这一渠道开始，从出版的角度来研究翻译活动，分析译者如何选择译作，出版者如何编辑加工及投入流通领域，读者如何选择、接受和评价、反应，从而研究从原作翻译到出版传播再到产生影响的过程，也是一个值得研究的新领域。从邹振环所著的《影响中国近代社会的一百种译作》及罗伯特·唐斯（Robert B. Downs）著的《影响世界历史的 16 本书》就可以看出译作的巨大力量。

李景端在 20 世纪 80 年代曾写过《翻译出版学初探》，从传播学的角度指出翻译出版就是文字翻译成果的延续和传播，是一种文字转换成另一种或多种文字之后，在传播面上的进一步扩散，并揭示了翻译与出版两者十分密切的关系，呼吁建立翻译出版学。当然，除出版传播外，在当今时代也有通过各种大众传媒进行翻译传播的，如电影、电视、互联网等，其独有的特点和作用也有目共睹，它们在跨文化传播中所发挥的功能与出版传播相比，甚至有过之而无不及。

2. 译作的传播与文化变迁

在讨论译作传播与文化变迁的关系时，我们首先要讨论"文化变迁"的含义。这里说的"文化变迁"其实就等同于"社会历史文化的变迁"。需要说明的是，有些文化变迁的现象也是社会变迁的内容。

文化何以变迁？它的真正动因是什么？古今中外的学者曾就此问题提出过许多不同的解说，有的从社会经济基础出发，有的从科学技术发明和创造的角度出发，也有的从战争、人口迁徙、疾病流行、自然环境的改变等方面进行阐述。

从跨文化传播学的视角看，外来文化的传播也是文化变迁的根本动因之一。跨文化传播的过程，是一种异质语言文化翻译传播的过程。译介过来的可以是新思想，如科学、民主、马克思主义学说，也可以是新事物，如蒸汽机、望远镜、收音机、计算机等。人们讨论异质文化的影响，往往着眼于与异质文化传播者的直接交往，但事实上在整个跨文化传播中，这类接触在规模上和力度上毕竟不占优势。莎士比亚、达尔文、托尔斯泰，以及马克思、恩格斯、爱因斯坦、霍金等，他们能在中国读者心目中占据重要地位，对 20 世纪的中国文化产生巨大的影响，主要就是通过他们作品的翻译和传播，其中有《哈姆雷特》《战争与和平》《共产党宣言》《时间简史》等。可以毫不夸张地说，译作是跨文化传播的最为重要的载体。它把外来的新思想、新元素引入本民族文化系统中，这种新思想和新元素经过与传统的思想、观念和价值取向的激烈的摩擦、冲突，再被本土文化结构所整合，成为本土文化获得生机和发展的根本所在，也构成了中国近现代文化史的重要组成部分，对中国社会文化的发展所产生的作用不容小觑。

在历史上，翻译传播活动对促进人们的思想和科学技术的变革，对社会文化的更新与进步，起过巨大的推动作用。在某种意义上，可以说整个人类的文化发展史就是一部人类跨文化翻译传播史。仅从文学角度来说，20世纪有影响的大作家无不受到外国文学的影响。陈平原指出："域外小说的输入，以及由此引起的中国文学结构的变迁，是20世纪中国小说发展的原动力……没有从晚清开始的对域外小说的积极介绍和借鉴，中国小说不可能产生如此脱胎换骨的变化。"① 即使早期一些能直接阅读原文的作家也承认，阅读原文和阅读译作所体验的美感是完全不同的，何况能懂几国外语的作家毕竟只是凤毛麟角。中华人民共和国成立初期，由于外语教育体制被破坏，很多作家无法直接阅读原著，因此受译文的影响颇深。沈善增在《"精神性"的加持》一文中写道："从创作角度说，我的作品受外国文学的影响很大。说是外国文学，其实是翻译文学，我都是通过译本来得到异乡他国的文学的滋养的。有时想想好笑，我们常说某某外国作家文笔如何优美，句式如何新颖，意象如何奇特，然而我们所说的'文笔''句式''意象'毕竟还是汉语的，译者的高级，使我这样的受恩惠者把他们与原作者认同一体。"② 赵长天发现，当改革开放的大门敞开后，全世界各民族的优秀成果竞相展现在我们面前，一时间真是眼花缭乱、目不暇接。我们的文学阅读在相当大的程度上偏向外国文学也是很正常的。这种文化失重的现象表明了翻译出版和译作传播在我们今天的生活中已经有了深刻的影响，因此在论及翻译作品及外来文化的作用时，邹振环说："不管我们是否定还是赞赏，我们都无法回避这样一种事实，即20世纪中国社会的重大社会与文化变迁，都与通过翻译接受外来文化的影响发生着紧密的联系。"③

---

① 王宏志.翻译与创作：中国近代翻译小说论[M].北京：北京大学出版社，2000：16.

② 陈思和.近于无事的悲剧——沈善增小说艺术初探[J].当代作家评论，1987（02）：104-108.

③ 邹振环，周慧，忤磊.译史研究的"虫眼"与"鸟眼"——邹振环教授访谈录[J].东方翻译，2020（02）：62-69.

第四节　翻译的跨文化传播功能阐释

　　人与人之间的交流，文化与文化之间的传播，都离不开语言。语言成就了世界，传播缩小了世界，翻译却沟通了世界。作为一种社会实践活动，翻译既是跨语言的，又是跨文化的，同时还具有传播性。从跨文化传播意义上讲，翻译是桥梁，是纽带，是黏合剂，也是催化剂：它可以传递思想，丰富语言，开发智力，开阔视野，从其他语言文化中汲取对本族语文化有益的成分，从而变革文化，发展社会，推进历史演进。只有通过翻译，才能把人类社会的不同文明推向一个更高的层次和阶段。

一、翻译是一座跨文化传播的桥梁

　　众所周知，翻译是人类社会迈出相互沟通理解的第一步。无论是东方社会还是西方世界，一部翻译史，就是一部生动的人类社会跨文化传播交流与发展史。随着全球经济一体化步伐的不断加快，世界各国间的科技、经济、文化等领域的交流日渐频繁，对翻译的需要越来越多，翻译的重要性也愈来愈凸现。另外，人类社会越发展，越体现出一种开放与交流的精神，越不能故步自封。而人类社会要想走出封闭的天地，首先必须与外界进行接触，以建立起交流的关系，向着相互理解、共同发展的目标前进。自人类有语言文化、习俗风尚以来，各民族之间为了传递讯息、交流文化，没有一桩事不是凭借翻译来达成的。翻译恰如一座桥梁，把两个相异的文化连接起来，在不同文化之间的交流过程中扮演着至关重要、必不可少的角色。著名诗人歌德就一直呼吁要打破国界、积极进行不同民族文化间的交流。在他看来，翻译在人类文化交流中起着"至关重要的作用"——不仅起着交流、借鉴的作用，更具有创造的功能。当然，就现实而言，歌德之所以成为世界性的"歌德"，他的文学生命之花之所以开遍异域，也正是因为有了翻译这座桥梁。

二、文化翻译产生翻译文化

　　文化是社会经验，是社会习得，它只能在社会生活的实际交往中完成；文化又是历史传统，是世代相传、不断延续的结果。文化帮助我们知道过去，认识现在，明白将来，推动社会有序地向前发展。所以，文化是动态的，处在不断的传播之中，而文化又是多元的，它的传播不是单向、封闭的，而是多维的、交叉的。一个民族的语言折射出这个民族纷繁多彩的文化形态，所以文化信息传播不仅是物质文化形式的引入，更主要的是价值观念、思维模式、社会心理、感情传达等精神文化层面的相互接触与认识、选择与吸收，同时也涉及各文化层面上错综复杂的关联以及深层次的转化与变异。在异语文化传播中，文化是翻译传播的内容，翻译传播是文化的羽翼，异质文化借翻译而传播、交融和延续。

人类社会的发展史是一部各种文化不断相互融合的翻译的历史，多样的文化造就了五彩缤纷的现实世界，而翻译则打通了不同文化社会之间的分割，形成了一种文化信息与另一种文化信息的交流互动，推动了世界文化的共同发展，创造了共享的人类文明。跨越文化障碍而进行的文化信息的传递过程，是人类社会所特有的活动，需要借助符号进行思想交流和文化传播。翻译作为跨文化传播的中介，参与文化符号的解码和编码活动，因而同时具有文化和传播的双重性质。翻译的过程本身，既是文化行为，又是传播活动，是发生在语际交流过程中的跨文化信息的传播。一方面受译者自身知识范围、经验、世界观、价值观等因素的制约；另一方面又受其所处社会、文化环境的制约，体现了民族文化的特色。

文化翻译的结果是产生翻译文化。所谓"文化翻译"，简言之，一方面就像"文学翻译""文化创作"等概念一样，仅仅是指一种文化传播行为；另一方面是指对文化进行翻译的活动，是一个对异语文化进行翻译的动态的过程。所谓"翻译文化"，它是"文化翻译"的结果。也可从两个层面理解：一方面是指以翻译理论和实践为研究对象，并在对其进行研究的过程中所产生的文化，包括翻译标准、翻译方法、翻译批评等一系列和翻译研究有关的内容；另一方面是从跨文化传播意义上进行理解，是指通过翻译而输入的源语文化或外来文化，以及该源语文化在与目的语文化融合后而产生的文化，即"第三种文化"或"杂合文化"。这个过程是从输入到融合再到发展，从简单到复杂，从初级到高级，从一元到二元甚至多元的过程。其实从"文化翻译"到"翻译文化"的过程，就是跨文化传播视野下从翻译开始到翻译产生效果后的翻译功能的实现过程。

三、翻译传播的社会文化功能

翻译的功能主要体现在社会文化层面。社会的变革和文化的发展往往和蓬勃开展的翻译活动有关。翻译可以引发对特定文化乃至社会制度的"颠覆"，也可以助推不同文明向前演进。古罗马的希腊文学翻译导致了拉丁文学的诞生；五四时期的西学东渐及大规模翻译活动促进了现代白话文的形成和发展，进而推动中国社会历史突飞猛进，这些无疑都是体现翻译的社会文化功能的最佳佐证。

在全球化时代，翻译无疑是跨文化的信息传播，同时也是信息跨文化传播的必备工具与渠道。因而在全球语境下的翻译研究必须摆脱狭窄的语言文字层面的束缚，将其置于一个文化全球化的跨文化语境之中。何况，研究翻译本身也是一个跨文化的问题，尤其涉及多种文化互动关系与比较研究。翻译研究的兴衰无疑也与文化研究的地位有着密切的关系。如果我们承认跨文化研究是一个新兴的跨学科研究领域的话，那么，以语言转述和文化阐释为特征的翻译研究也应该成为一门独立的人文社会科学分支学科。在跨文化传播研究的大语境下，研究翻译自然也成了一种跨文化现象与活动。由于翻译历来就是一种跨文化传播与文化传播的重要手段，在人类社会历史文化发展过程中，它的功能也是任何人工智能都不能取代的。

（一）翻译传播促进了文化整合

翻译传播具有对异质文化的整合机制。我们说文化是整合的，指的是构成文化的诸要素或特质不是各个成分的随意拼凑，而是在大多数情况下相互适应或磨合共生的。人类文化的交流和传播，是促使文化整合、生成新的文化结构和文化模式的关键性因素。人类发展的历史可以说就是不同文化通过翻译不断整合的历史。在文本翻译中，文化信息整合的结果是使译文富有他种文化的气质、意象或意境。在整合过程中，对文化信息载体，如语言、场景、事件、气氛等各种语境的组成部分进行充分地了解、识别并进行重组。这就要求译者必须具备敏感的跨文化意识和文化信息感应能力，使翻译效果得以充分体现。另外，翻译文化在目的语社会环境中进行传播时，也会与目的语社会文化因素接触，通过或碰撞、或冲突、或交融的方式达到整合，最终形成新的文化因素和面貌。一般而言，通过翻译而实现的文化整合是不同文化的兼容和重组，是异质文化之间彼此吸收、借取、认同并且趋于一体化的过程。

（二）翻译传播形成文化积淀

翻译文化传播使源语文化财富在译入语文化中被承接和传播开来，成为译入语社会不断积累的文化遗产，使异语文化在历史长河中得以堆积和沉淀，这种文化的承继和发展便是文化积淀。翻译文化传播的时间越久远，在译入语社会的积淀就越深厚。这种文化的积淀不仅是简单的由上一代文化机械地传递给下一代的历时性过程，而且是在传播过程中不断吸收外来优秀文化的共时性的创造过程。异语文化积淀促进了人类文明的共同进化和发展。

（三）翻译传播推进文化变迁

文化变迁是指世界上任何一种文化都处在动态的发展和变化之中，都不同程度地经历着产生、发展、变化、衰退和再生的过程。翻译传播使异语文化成为连续的机体并不断发生改变。翻译的跨文化传播则是异语文化变迁最普遍的也是最根本的原因。例如，中国文化在经过了五四运动和新文化运动洗礼之后，不仅接受了近代西方民主与科学思想的传播，更重要的是接受了马克思主义在中国的广泛传播，为建构一种新的社会文化模式和文化体系提供了必要条件，从而使中国文化实现了从半殖民地半封建文化向社会主义文化的跨越，开创了中国文化发展的新视野和新境界。再如，古罗马文化不仅仅继承和发扬了希腊文明，更重要的是，随着罗马帝国的向外扩张，它把同种文明传播推广到了整个西欧大陆，使西欧各国结合各自的文化语境以自己独特的方式发生着变化。由此可见，跨文化的翻译传播为社会文化的创新与发展提供了强大的推动力。纵观人类社会文化发展的历史，虽然引起异语文化变迁的原因是多方面的，但其中最普遍也最根本的原因就是跨文化的翻译传播。

虽然有时翻译对译入语文化也会产生负面的消极影响，此时外来的翻译文化也会消融人的意志、腐蚀人的精神。但总体而言，蓬勃的翻译活动和兴盛的翻译事业，往往带来的还是译入语社会的进步和文化的繁荣。丰富多彩、形式各异的外域文化通过译介活动为译入语社会带来新的活力元素，促进了译入语国家和社会文化的发展和繁荣。翻译属于跨文化传播活动，本质上拥有跨文化传播的所有属性、特点和功能，因此翻译对于在跨文化传播中引介异族文化，促进译入语文化的创新和发展方面发挥着关键的作用。如此也可以把本族文化置于更为复杂广泛的他族文化背景中去审视，同世界文明进行对话和交流。这有利于译入语文化新思维的拓展，而思维的拓展必定会改变原有的思维定式，从而引发新的创造甚至革命。翻译也能够催生强大的力量，通过社会运动的方式，影响和变革译入语社会，驱动译入语社会的历史和文化向前推进。事实证明，翻译在世界文明进程中扮着重要而独特的角色，和人类文化的积累、社会的发展以及文明的进步是紧密结合在一起的。

第七章 跨文化传播下的翻译功能之文学翻译

传统的翻译研究一直以语言分析和文本对照为主要任务，但在跨文化语境中，翻译和文化的互动关系说明翻译研究不仅应在语言层面上进行，而且要在文化层面上展开。事实上，翻译活动又不仅仅是单纯的文字转换过程，它还涉及两种语言所负载的文化。世界和中国悠久的翻译活动历史都证明，传达作者的原意只是翻译的众多目的之一，偏颇地理解翻译的性质，必然忽视某些重要的事实，如翻译活动在主体文化中的功能。作为国内外翻译学界当前的热门话题，并引导者着翻译理论研究发展的趋势，翻译研究的文化转向突破并拓展了翻译理论研究领域，是建构翻译学的重要组成部分。

翻译在人类跨文化传播和交流的实践活动中起着积极的媒介作用，翻译内容的选择、翻译活动的组织和翻译文本的传播等都受到来自社会、历史、文化、意识形态等各种因素的影响和制约。翻译研究作为一门跨文化研究学科，其覆盖面越来越宽泛。本章主要从跨文化传播学的视角通过个案分析来研究翻译的要素和社会文化功能。

第一节 严复和林纾的翻译改写

社会文化环境与翻译互动影响，联系紧密。社会文化决定翻译的主题、内容及取舍程度，同时翻译又反过来作用于社会文化中的民族传统、意识形态和社会政治等的变化。将翻译研究放到一个更大的社会文化背景中，即翻译研究的文化转向，这不仅是对翻译认识的加深，是翻译学科的进一步发展，而且对语言与社会文化的关系、翻译与社会文化的关系的认识都是极大的发展。翻译是一种跨文化的交际活动，属于广义的传播媒介，因而将翻译研究置于文化研究的大语境下是必然的趋势。本节拟从传播者和传播方式，也即译者主体和翻译策略方面分别对严复和林纾的翻译及其改写行为进行阐释。

一、翻译改写观的提出

传统观点认为，翻译主要是一种语言转换活动，因此是一种纯粹的知识输入活动，译者应该尽量避免个人的主观评价和判断，忠实和透明的翻译是译者的最高理想。例如，翻译是用一种语言中对等的文本材料来代替另一种语言中的文本材料；翻译包括把源语信息用接受语中最切近、最自然的对等语传递出来。出版于 1997 年的《中国翻译词典》中"翻译"一条的定义和说明概括了长期以来人们对翻译活动的传统认识："翻译是语言活动的一个重要组成部分，是指把一种语言或语言变体的内容变为另一种语言或语言变体的过程或结果，或者说把用一种语言材料构成的文本用另一种语言准确而完整地再现出来。"这类定义，把忠实传达作者的原意作为首要和最终的目的，而忽视了翻译的其他目的。其实，翻译的目的有多种，它经常是某历史时期的政治、经济、社会、文化和文学运动的一部分。事实上关于翻译的定义是开放的，而不是封闭的。描述翻译学把研究的重点从语言形式的转换转移到翻译在主体文化中的功能及运作过程上，第一步就是对"翻译"进行重新定义，即图瑞的观点：任何在译入语系统中以翻译形式呈现或被认为是翻译的文本都是翻译。这应该是目前在广义的层面上对翻译的一个比较合适的界定了。

在《翻译、改写以及对文学名声的控制》的序言中，勒菲维尔说："翻译当然是对原文的改写。所有的改写，无论它出自何种目的，都反映了某种特定的意识形态和诗学，从而能够促使翻译文学在这种特定的社会中，以某种方式发挥作用。改写是某种权力背景下的操控，就其积极作用而言，能促进文学与社会的发展。它引进了新的观念、新的文学样式和技巧。翻译的历史就是文学变革的历史，同时也是一种文化对另一种文化发生作用的历史。"这段关于翻译本质的精辟概括，隐含着一种翻译研究的文化视角和对翻译在译入语中的接受和功能的敏锐体察。在这里，翻译不再是传统意义上的一对一的语际转化，而是一种在本土文化语境中的"文化改写"行为。当然，这并不意味着完全抛开语言的层面，而是沿用了传统的阐释方法，从意义的传递开始所谓的协商。如果译入语与源语因为两种文化的差异或某种翻译目的（多半受制于译者所处的文化背景）而无法实现传递时，源语就要服从译入语的文化和文学规范，接受被改写的命运。也就是说，"除外在形态异化为译入语语言外，译作还会因适应译入语文化生态环境而出现变形、增删、扭曲等，从而打上译入语文化的烙印，负载着译入语时代文化的意蕴"。翻译实践因而具有了浓厚的社会、政治、经济、文化，甚至个性化的色彩，而翻译作品则成为指向译入语文化和文学规范的文化建构，负载着特定的文化功能。清末民初大规模的翻译活动和译作的涌现正是上述观点极好的例证。外族的入侵、政府的腐败无能、国力的孱弱和民众的蒙昧，促使这一时期的翻译家大量地译介西方先进的科学技术、人文理念和文学巨著，希望借此来提倡科学，开启民智，实现民族的自强和独立。早期的译作多以古雅的文言文写成，这受制于当时特定的历史条件和特定的读者群（以知识分子为主），有些译者（如林纾）甚至根本不懂英文，完全靠别人口述来完成翻译，因此，译文中不可避免地出现了大量的改写。今天看来，这些译文似乎与原文相去甚远，但在那种特定的历史文化背景之下，改写却是必须的，也是必要的翻译和文化策略，而且的确发挥了预期的跨文化传播效应。

翻译研究的文化转向，为翻译研究者提供了新的研究视角。学者们意识到翻译不仅仅是一种语言转换行为，更是一种文化活动。文化对翻译的影响和制约可通过译者所处的历史文化语境展现出来，也体现在译者本人对翻译目的的确立、翻译文本的选择和翻译策略的取舍中。翻译什么内容？采用何种翻译方法？这些不是单纯的翻译技能的问题，许多复杂的因素都已涉及其中。

二、严复的翻译

严复是清末民初的翻译大家，是中国系统译介西方思想、文化、制度的第一人。他从事翻译活动时正值外国列强大肆入侵、中华民族面临生死存亡的关头。大批的有识之士为寻求救国道路、走出闭关锁国的泥潭而把目光投向西方，不懈地努力和求索。同他们一样，严复也曾一度留学英国，在海军受训。但他很快发现，只是建立海军，并不能解决中国所面临的各种问题，更加重要的应该是教化民众，开启民智。之后，他便开始致力于对西方先进的科学技术和政治哲学思想的译介，翻译了大量的西方资产阶级启蒙学者的政治学、社会学、经济学、法学等著作，走上了以翻译西学开启民智、改变中国命运的道路。翻译就这样在这个特殊的历史时期被赋予了教育和提升民族素质的历史重任。严复选择翻译了赫胥黎的《天演论》、斯宾塞的《群学肄言》、亚当·斯密的《原富》、约翰·穆勒的《群己权界论》和《穆勒名学》、孟德斯鸠的《法意》、欧克斯的《社会通诠》、耶方斯的《名学浅说》等一批西学名著，从而把进化论、唯物论的经验论，资产阶级古典经济学和政治理论等全面系统地译介入中国，及时地满足了当时人们向西方寻求真理、改变中国落后面貌的要求。

以《天演论》为例，严复在对它的翻译中采用了特殊的翻译方案，无论在引进西学还是在翻译实践上都有重要意义。它是严复在特殊历史条件下本着特殊目的以特殊方法翻译出来的，其内在的、深藏的动机是要让《天演论》真正迎合中国当时的危机意识和中国时代环境的特殊需要。甲午战争失败后，中国正处于民族存亡的危急关头，《天演论》"物竞天择，适者生存"的普遍进化论观点，号召中国人发奋变法以自强。

严复翻译的《天演论》正式出版于1898年，译作一经问世立即在清末的思想界和学术界甚至一部分民众间引起强烈反响。在翻译过程中，严复以本民族的文学传统和特定的历史文化目的（开启民智）为主旨，兼顾到读者的文化和语言背景，在措辞、句式选择、行文架构以及翻译风格上采取审慎的策略，使译文更加接近预期读者（中国民众）道德的、文化的、文学的期待视野，便于读者吸收和消化，赢得了读者的认同。如此，依据译入语的文学和文化规范对原文进行文化改写似乎也成了一种必然。

首先，译文使用的是当时人们所熟悉的简洁的文言文，但与那些古奥的文言相比又有些白话的影子，更加通俗易懂。在句子结构上，严复放弃了英语句序中常用的主从复合句，代之以短句与分句相结合的汉语惯用句式。涉及科技术语时，译者多避免用晦涩难懂的行话而改用当时读者易于接受的通俗词语。为了实现这种通俗化，必要的时候，严复甚至生造术语如把"natural selection"译为"物竞天择"，把"politicalnature"译为"群性"等。这些生造词语于译者来说的确不容易，但所幸有些词语，如"物竞天择"就经受住了时间的考验，作为达尔文进化论的一个专有术语被广泛使用。

其次，从翻译的风格上来看，严复译作的一个显著特点就是它的变化性。他没有把假设强加到读者身上，而是表现出很大的不确定性和商量的口吻，与原文相比，又要生动活泼得多。严复的译本语势层层进逼，大肆铺陈，多有渲染，有种让人不由得不信的架势。书中第一句人称由第一人称的"我"变为"赫胥黎"，正是遵循了中国古典史书的文体要求。由此可见，为了模仿古典散文中的肃穆基调，增强译文的历史感，尤其是对待像《天演论》这种关于人类进化的严肃作品，从而以这种人们喜闻乐见的语言和形式来吸引读者的兴趣，引起读者的共鸣，严复并没有做到他在该译本的"译例言"中所提的、被后世奉为圭臬的翻译之第一标准——"信"，而是对原文做了大量的改写，"有选择、有取舍、有评论、有改造地加有大量阐发自己见解的按语……其内在的动机，是要让这一译本真正迎合中国当时痛切的危机意识和中国时代环境的特殊需要"。据统计，严复在译作中所加的按语，约占其全部文字的十分之一，主要是对原书的批评、补充、发挥，而且大多是联系当时中国实际而发表的议论。

历史事实证明，严复的尝试和努力产生了预期的效应，他的这种"开风气之先"的翻译方式获得了巨大的成功。译本对那一时期以及后来的知识分子和革命者，包括鲁迅、章太炎、蔡元培、瞿秋白、胡适等在内，都有很大的影响，它发出的是发奋变法图强的号角，使中国人不仅获得了"物竞天择，适者生存""优胜劣败"的新鲜知识，而且获得了一种观察事物和指导自己如何在危机时代生存、行动的方法和态度。恰恰通过这种对原文的改写甚至"扭曲"，严复以当时人们所熟悉的语言形式，实现了原文在译入语环境下的文化建构，译介并塑造了新的意象、先进的科学技术和思想，给予了当时中国人以振聋发聩的启迪作用，激起了他们救亡图存的爱国热情。

三、林纾的翻译

林纾是与严复同时代并与之齐名的翻译大家，二人年龄相仿，并且是同乡好友。严复选材以社会科学为主，长于理论；林纾翻译主要以文学作品为主，长于叙事。更大的不同则在于严复留过洋，精习外文；而林纾却未出国门一步，不懂任何外语（他靠别人口译合作）。他在1899年翻译的法国著名小说家小仲马于19世纪40年代所写的小说《巴黎茶花女遗事》（今译《茶花女》）一经出版问世，很快博得读者的喜爱并风行海内。《巴黎茶花女遗事》的翻译成功使林纾正式走上了文学翻译的道路。之后，他与友人（主要是王寿昌和魏易）合作，翻译了包括英、美、法、俄、日等11个国家中莎士比亚、狄更斯、大仲马、雨果、托尔斯泰、易卜生、塞万提斯等98个作家的上百部作品，译述之丰，无人能及。胡适称他为"介绍西洋近世文学的第一人"。若从文化传播史的角度看，真正对中国国人产生影响的第一部西方小说，当推《巴黎茶花女遗事》，其意义不仅仅在于开创了一代翻译西方文学作品的风气，还在于这部小说的译刊从一定意义上使清末世人的观念发生了重要的转变。可以说，林纾翻译的小说开启了近代中国人译介外国文学作品的先河，扭转了长久以来中国文人所固有的"实学我不如人，辞章人不如我"的片面观点，大大开阔了中国人的生活和艺术视野，并通过介绍西洋小说的流派和创作方法，扩大了近代小说的题材，使之较古代以才子佳人、侠义公案和讲史为主的小说类型大大向前拓展了一步。

林纾还是清末著名的古文家，有相当深的诗词造诣，并有诗词传世。但即便如此，同严复及其他同时代的翻译家相比，林纾也算不上一个严格意义上的译者。因为他没有任何的外语背景，对英语更是不通，他所有的译作都是在别人口述的帮助下完成的。这在中外翻译史上是一个极为罕见的特例，也堪称中国翻译史上一道亮丽的风景。正是像林纾这种在纯粹的单语背景下进行翻译的个案，却给我们提供了翻译的改写和文化建构的极端性的例证。换而言之，正因为他不懂外语，别人的口述对他而言只是意义传递，而他需要做的只能是将原来的"意义"移植到汉语语境下，以全然有别于源语的词汇、句式、结构和风格来重新"创作"，这是一种极端式的改写和重构。

对源语的一无所知，时常会让他无所顾忌地对待原文内容，而以他所熟悉的文言进行增添、删减甚至改写。与其说这是一种翻译，倒不如说这是一种创作。对原文蛮横的改写使得林纾在通过翻译来移植源语文化的道路上要比严复走得更远、更深。林纾译笔隽永流畅，洗练明快，富于艺术表现力，状物、写景、叙事、抒情等，都能文尽其妙。但他的文言又不同于一般古文的晦涩、凝滞，而显得简洁、大方、明快，是一种通俗、流畅和富有感染力的文言。他的作品行文生动、活泼而不乏幽默感，译者能用文言译西洋小说而达到这样的程度，的确是难能可贵。

在翻译技巧方面，林纾以中国古典文学样式为范本，结构上则是传统的开放性结构。深厚的古文功底和文学造诣使得林纾的翻译流畅、自然、贴切，为文学翻译提供了典范。但是，由于林纾不懂外文，他的翻译中除有意识地改写外，的确还存在大量的漏译、错译。不过正如有学者所说的："倘就纯翻译的观点来看，任何人都可以举出'林译小说'的诸多缺陷……问题在于'林译小说'的价值如何并非由此确立，它的真正意义不在于翻译本身，而在于通过翻译开启了民智并在文化建设上做出了重要贡献。"或者也可以说，林纾的翻译更是一种典型意义上的文化行为，他通过翻译改写，实现了在那个特定历史时期文学的特定文化功能。他首次把外国文学名著大量地介绍进来，开阔了我国文人的眼界，因而促进了我国现代小说的兴起和发展。他的作品即使在今天仍具有独立存在的价值。

四、翻译的文化建构

作为一种在不同文化语境下进行的实践活动，翻译必然要超出纯语言的层面，上升为两种文化间的"对话"和"协商"，通过大量地对源语的改写来成功地实现跨语际的文化移植和再生，完成文化间的交流和融通。而作为译者本身，他的文化、身份背景和特定的文化目的使他在选择作品和相应的翻译策略时，必然要以本土主流的意识形态和本民族的文学和文化规范为主旨。一旦原作与之发生矛盾，译者就会自觉地背离原作，通过文化改写，使译作更易于在译入语境中被接受。而这时的译作也无疑成为一种富有时代和文化内涵的，甚至近于原生态创作的作品，即成为我们所说的文化建构。

在人类文明史上，翻译一直是传播外来知识的重要渠道，世界上各主要文化系统的发展都离不开翻译活动。正因为文化具有民族、地域和时代的特性，不同文化才需要沟通，而沟通就离不开翻译，因此文化及其交流是翻译发生的本源，翻译是文化交流的产物，翻译活动离不开文化。可以说，翻译不仅仅是一种语言转换行为，更是一种跨文化的活动。翻译和文化是密不可分的互动关系，翻译的本质其实就是文化传播和文化交流。一方面，译者生活在特定的社会历史环境中，文化的特质和需求制约并影响着译者的翻译活动、翻译意识和翻译策略。另一方面，翻译活动是一种社会活动，而翻译活动的结果也终将或多或少影响着译入语的文化。

第二节　林语堂翻译分析

一、林语堂英文著译思想研究

（一）语言哲学视域下林语堂翻译思想的宏观解读

林语堂的翻译思想在中国翻译史上具有独特的历史地位。"两脚踏东西文化，一心评宇宙文章"的林语堂是蜚声中外的翻译家和语言学家，其创作和翻译得到了中外读者广泛的认同与好评。更为难得的是林语堂还为我们留下了宝贵的翻译理论资源。林语堂的翻译思想除集中体现在其《论翻译》《论译诗》等作品之外，还散落在其系列著译之中。作为中国翻译史上第一个提倡"美译"的翻译家，林语堂首次探讨了翻译的美学思想，并提出了"忠实、通顺和美"的翻译主张。林语堂是中国翻译史上明确以现代语言学和心理学为基础全面探讨翻译的性质、标准、方法以及翻译心理等问题的第一人。林语堂的翻译思想"不仅奠定了我国翻译理论的基础，还启发了后来的翻译工作者。20世纪50年代和60年代的翻译理论基本上没有超出严复和林语堂这两位大师所讨论过的范畴，所异者只是表达方式而已"。但长期以来，对于林语堂翻译思想同时也存在着许多误解和误读甚至歪曲。本节将从语言哲学的高度，追根溯源，探讨林语堂翻译观与他的语言观、文化观、创作观、美学观以及文艺观之间的互动关系，以期从本源上解读林语堂的翻译思想。

1. 翻译本质的美学探源

林语堂的翻译思想主要集中体现在其《论翻译》一文中。在该文中，林语堂首先阐明了他对翻译本质的认识："翻译是一种艺术。"林语堂的这种"翻译艺术论"与他历来对中西文化的理解有着密切的关联。林语堂一向反对西方科学主义的泛滥和逻辑主义的极端，深信"中国文化的精神就是人文主义的精神"。这种文化观也充分体现在他的翻译理论与实践之中。继而，林语堂认为翻译艺术得以实现所依赖的条件："第一是译者对于原文文字上以及内容上透彻的了解；第二是译者有相当的中文程度，能写清顺畅达的中文；第三是译事上的训练，译者对于翻译标准及手术的问题有正当的见解。"基于以上对翻译本质及其条件的认识，林语堂进而提出了"翻译即创作"的论断。

以往的研究者大多忽略了林语堂这种"翻译艺术观"和"翻译创作论"的理论基础及两者之间的互动关系。正如刘宓庆所言："翻译理论与文艺美学的结合，正是我国翻译理论的基本特征。"实际上，林语堂的这种观念受到了西方的表现主义美学理论和中国的传统美学的双重影响。林语堂曾选译过克罗齐的《美学：表现的科学》且深得其精髓，深受其"艺术即表现即直觉"观点的影响，并创造性地演绎出了"表现即艺术"的结论。依林语堂看来，现实生活中任何心灵的表现都是艺术活动，人人都是艺术家，时时刻刻都在创造艺术，这种艺术也就是与维特根斯坦所谓的"生活形式"最贴近的艺术。而翻译作为一种具有极强的主观性和不确定性的创造性活动，当然也不例外。林语堂一向主张要"把翻译自身事业也当作一种艺术"，就是秉承了克罗齐所谓的"翻译即创作"（not reproduction but production）之义，这同时也源于道家的基本美学思想。作为"翻译艺术论"的代表，林语堂的翻译思想无疑是根植于中国传统译论。中国传统译论源于术、释、道哲学思辨的非理性"直觉"和"顿悟"以及丰富的人文美学因子和诗性特征。这种"言外之意"的人文特质和美学价值是西方纯科学的理性思维和形式逻辑所无法想象和准确考量的。泛化的科学主义、工具理性和逻辑极端试图将翻译活动的各个环节加以规约和量化，林语堂的翻译艺术观无疑对其是一种有力的回击与必要的补充。

另一方面，林语堂也赞同克罗齐"真正的艺术作品是不可翻译"的说法，因为作者之思想及作者之文字在最好的作品中若有完全天然之融合，故一离其固有文字则不啻失其精神躯壳，此一点之文字精英遂岌岌不能自存。他清楚地认识到，所谓的翻译标准"实不过做一种普通方针之指导而已"，在具体的实践中，翻译并无成规。这显然是由艺术本身的特性决定的。林语堂认为这就是翻译中"个人自由之地",翻译之所以可称为艺术,正是基于此种意义,换言之,翻译中的这种创造性和多变性决定了译的艺术特质。

学术界历来有翻译是科学还是艺术之争,而且长期以来各执一理,互不相让,但是如果从语言哲学的角度看,这种对立却根本不是同一层面上的问题。正如语言哲学家卡西尔所言,艺术和科学是在完全不同的平面上行进的,所以它们不可能彼此相矛盾或相反对。科学的概念解释并不排斥艺术的直观解释。每方都有自己的观察角度,并且可以说都有自己的折射角度。一般说来,翻译活动有两个层面:一是语言转换活动本身,二是对这一转换过程的研究。前者兼具科学性和艺术性,而对后者的研究可以使其成为一门科学,从而上升为一门学科即翻译学或称为翻译研究(translation studies)。因此,林语堂认为"翻译是一种艺术"显然是就语言转换活动本身的创造性而言,对于像汉语这样偏重感性和关注审美、有着数千年美学传统的语言更是如此。同时,林语堂并不排斥翻译的科学性,他对翻译心理的研究便是明证。所有这一切都显示出林语堂对翻译活动的准确理解和把握。

2. 翻译标准的语言学考量

翻译归根到底是一种语言活动。不管人们给翻译下过多少种定义,"翻译始终是关于语言的翻译",翻译研究也必然以语言问题为核心。而以怎样的语言观看待翻译中的语言问题又是不可回避的,因为"不同的语言观会带来不同范式的翻译研究"。翻译理论的每一步发展与进步无不与语言学研究的成果有着密切关系。可以说,每一种译论的出现,其背后都蕴含着某种语言思想。对此,林语堂更是有着深刻的认识:"其实翻译上的问题,仍不外乎译者的心理及所译的文字之间的关系。所以翻译的问题,就可以说是语言文字及心理的问题。"基于此,林语堂提出了翻译的三条标准:一是忠实标准,二是通顺标准,三是美的标准。这三条标准分别指向译者对原文和原作者、对译文和译文读者以及对艺术本身的责任,是林语堂翻译思想中最重要的组成部分。

(1)"忠实标准"的双重解读

作为译者第一责任的"忠实标准",林语堂认为最重要的是对忠实"应作如何解释"的问题。根据对忠实理解的程度不同,林语堂将其归结为直译、死译、意译、胡译四种现象,其中死译、胡译分别是直译、意译的极端,而直译和意译这两种提法本身也存在着一定的问题和流弊。那么,如何才能做到"忠实"呢?林语堂逐一阐明"忠实非字字对译之谓""忠实需求传神"以及"绝对忠实之不可能"三要义的原委。

（2）"以意念为中心"的语言观

林语堂之所以提倡"以句为主体"的句子层面上的忠实而反对"字字对译"，除"字神"论以外，还源于他"以意念为中心"的语言观。他一贯认为，语言是意念的载体和表达意念的工具，人们说话时先有意念，明确了说什么，再选用表达意念的方式，决定怎么说。从这种对语言的认识出发，林语堂提出语言的第一要义是"达意"，不在一字一词间纠缠，而是注重"意念"的整体的表达，这是建立在"字译"基础上的"格式塔"式的整体翻译。因此，林语堂反复强调，"译者所应忠实的，不是原文的零字，乃零字所组者的语意"的。也唯有如此，才能达到林语堂提出的"忠实"的第二要义"传神"。

"字神"论直接决定了所谓的"忠实"只能是相对的，绝对的"忠实"是不可能的，这是林语堂论忠实的第三要义。这种见解源自他对各国语言"语性"清醒的认识，"译者尽量依本国语之语性，寻最相当之译句表示出来，务必使原文意义大体上满意地准确地翻译出来"。这实际上是对"忠实"悖论的超越。这种"忠实"相对论同时也受到了林语堂曾经节译的克罗齐"论表现之仿佛"一节的影响："自然艺术品有相类似之处，正犹如个人与个人也有类似之点……这些不过是常人所谓同一家人相貌的相似，所以互相仿佛。""因为有这些类似之点，所以翻译是相对可能的。"这种论断类似于维特根斯坦提出的"家族相似性"即"各种语言游戏仿佛是一个家族的成员，它们之间有许多相似之处，但没有任何完全相同的共同点"，这昭示出"忠实"标准的相对性。林语堂曾言："将英语的科学论文翻译成汉语是最难的。而将汉语的诗歌，优美的散文翻译成英语也是最难的，因为每一个名词都是一个意象。"

3．"美译"理论的多维透析

深受东西方美学传统浸染的林语堂将翻译作为一种"艺术"，认为必然还有更重要的问题需要考究——美的问题。他说："翻译于用之外，还有美一方面须兼顾的。"相对于"雅"而言，"美"有着更丰富的内涵。翻译尤其是文学翻译，最重要的问题，依林语堂看来，"就是应以原文之风格与其内容并重"，特别是"不但须注意其说的什么并且须注意怎么说法"，且"一作家有一作家之风度文体，此风度文体乃其文之所以为贵"，所以"凡译艺术文的人，必先把其所译作者之风度格调预先认明，于译时复极力模仿，才是尽译艺术文之义务"。

林语堂翻译的三标准之一便是美的标准。首先，之所以强调风格与内容的并重，主要源于林语堂关于内外体裁的认识，是林语堂"由内到外"的语法观的延续。他一向认为，"语法是表现的科学，一切的语法形式和结构只是表达意念的手段",并在《开明英文文法》中成功地实践了叶斯柏森"由内到外"的研究路线。进而,林语堂创造性地发展了语言哲学家洪堡特的"外的语言形式"(指语音形式)和"内的语言形式"(指纯粹的和智力的方面),把文字形式界定为"外的体裁"与"内的体裁"。这里,林语堂特别重视外的体裁与内的体裁的和谐一致,认为只有内外体裁的和谐才能达到美的境地。其次,"风格与内容的并重"又与林语堂"以自我为中心,以性灵为格调"的创作原则高度一致。林语堂一向笃信"性灵就是自我",主张尊重译者的个性,发挥其"个人自由",以达到翻译"必由译者之自出心裁"。林语堂深信只有深刻领悟原文作者的"风度""文体""格调""个性"等,进而做到形式和内容上的完美统一,才能打破"艺术文之不可译"的神话,超越"忠实"的悖论,从而达到林语堂心目中理想的"美的标准"。

最后,强调风格与内容的和谐一致与林语堂的艺术观也是一脉相承的。林语堂的艺术观不但受克罗齐、斯平加恩等西方表现派美学家的影响,同时也根植于中国传统美学,特别是老庄的道家美学,与其有着割舍不断的血缘关系。"以和为美"的衣耕文明使中国人逐渐形成了宁静平和的心态,而林语堂深得中国文化的这种和谐精神的精髓。正如《吾国与吾民》一书中所言,"平静与和谐是中国艺术的特征,它们源于中国艺术家的心灵",同西方艺术相比,"中国艺术的精神则较为高雅,较为含蓄,较为和谐与自然"。无疑,这种和谐的艺术观自然会体现在翻译——林语堂心目中的这种创造性极强的艺术体式上。

林语堂在跨文化传播中国文化过程中卓有成效的翻译成果和丰富的翻译思想对于指导我们的翻译实践和促进我们的翻译理论建设一定会起到不可替代的作用。林语堂的翻译美学思想,其精辟的见解和独到的认识是对中国传统翻译思想的丰富和发展。

(二)林语堂编译思想探究:编译行为的合法性

1.编译活动的理论根源:目的论观照下的信息整合

编译作为翻译的一种特殊的形式与方法,《中国翻译词典》是这样描述的:编译者集翻译与编辑于一身,不仅要求有较强的外语阅读能力、有关的专业知识以及分析和综合的能力,做到吃透原作的内容,掌握它的要领;还要求能用另一种语言忠实而又通顺地把它再现出来。刘树森则进一步解释说,编译是将一种语言文字写作的内容、一本著作的内容或者若干篇文章、若干部著作中的相关内容,用另一种语言文字忠实而又完整地予以概述。编译的特殊性在于用精当的语言再现原作本质性的内容，略其形态，取其精而舍弃其余，的确，翻译本身就意味着"改变"，正所谓"译"者"易"也。即使是传统的语言学派对此也不无认同，每种翻译都是从一种语言世界观角度向另一种语言世界观角度的转换，而这种转换若不伴以种种变化或变异是不可能完全实现的。

20 世纪 70 年代的德国功能派翻译理论为编译行为提供了有益的理据。诺德（Nord）指出，任何一个译本都含有编译的成分，而编译则是"目的论"的一种体现。目的论认为，翻译作为一种行为，是人类出于交际的目的而进行的从一种语言到另一种语言的语言和非语言符号的转换，而决定翻译目的的最重要的因素是接受者，即带有自己的民族文化先见的译文读者，他们的期待和交际需要决定翻译的目的。任何翻译都有其意欲针对的受众，因为翻译意味着"在目标语的环境中生产一篇满足目标语受众的目的的文本"。对此，西方学者有着广泛的认同。巴斯奈特就曾批评那些把原文视为"只能产生一个固定读本的物体"，任何"偏离"都是一种"侵犯"（transgression）的思想，她认为这样做是徒劳的，因为"语际翻译必然反映译者本身对原文的创造性的阐释"，而纽马克则认为编译属于交际翻译，"是一种最自由的翻译形式"，其目的是"努力使译文对目的语读者所产生的效果与原文对源语读者所产生的效果相同"。换言之，交际翻译的重点不是对原文刻板与"忠实"的复制，而是根据目的语的语言、文化和语用方式传递信息。这就要求译者在交际翻译中要有较大的自由度去整合原文信息，从而势必会突破原文的桎梏。

国内学者对编译活动也进行了较为深入的研究。张美芳通过用功能翻译理论分析编译实例得知，"如果把翻译视为一种跨文化的信息传播活动，我们就要重视译文在译语文化中的交际功能，把关注点从原文转移到目的语文化与目的读者身上。译文的形式、翻译策略与具体的翻译方法，都是取决于翻译目的与译文功能的"。徐建国则从处理原作的方式出发，认为编译既不同于全译又有别于摘译。因为编译"固然需要忠实地再现原作的中心内容和要点，但并非只字不漏地翻译全文；编译也有别于摘译，必须保持原作内容的相对完整性，而摘译则只是依据一定的需要摘取部分有关的内容进行翻译的一种翻译行为"。黄忠廉则认为编译的本质是一种"于量中求质，长中求短，乱中求序，一般需求中求特殊需求"的翻译活动。

事实上，作为一种特殊的翻译改写手段，编译以其既编又译、创译结合的特点将大量的原文信息经过整合萃取后立体地呈现给目的语读者，从而实现文本信息在目的语文化中的传播与交流，从这个意义上讲，编译者既是译者又是编辑，既是传译者同时又是译文文本的缔造者。因此，作为翻译改写手段的编译，不仅在具体的语言文化实践中得到广泛运用，同时其合法性在理论与实践的会通中也日益得到诠释与彰显。

2. "改写理论"观照下林语堂编译思想溯源

传统的翻译活动一直被简单地认为是两种语言之间一一对等的机械转换过程，因而翻译研究一直以语言分析和文本对照为主要任务与旨归。20世纪70年代以后，在翻译研究多元化的趋势下产生了"翻译研究学派"，对翻译活动进行了全新的诠释。

（1）文化学派的视角：从文化制约因素看翻译即改写

比利时学者勒菲弗尔是"翻译研究学派"中的主要代表人物之一。巴斯奈特和勒菲弗尔合著的《翻译、历史与文化》一书的问世，标志着翻译研究的文化转向和翻译研究文化学派的最终形成，其"改写"理论则更是备受关注。翻译研究文化学派认为，翻译是一种文化改写（cultural rewriting），也是一种文化操纵（cultural manipulation），"所有的翻译都意味着出于某种目的而对原文某种程度上的操纵"。"改写"和"操纵"的观点揭示了译入语文化对于翻译尤其是文学翻译的制约和利用的文化属性。在《翻译、改写以及对文学名声的控制》一书中，勒菲弗尔对其"改写"理论做了详尽的阐述，探讨了意识形态、诗学等问题对翻译的形成发挥的影响和作用，并用"改写"（rewriting）来高度概括翻译：注释、评论、选编等都是"改写"，翻译也是一种"改写"。"改写"使原文得以生存和延续，因而具有巨大的能量。翻译的文化学派使得翻译研究从语言学的单一模式中突围出来，打破了"对等"与"等值"的天真假设，解构了"忠实"翻译的虚幻梦想，从此不再只是纠缠于微观层面的简单技术操作。

翻译作为人类历史上最复杂的活动之一，翻译策略的选择不仅受到源语文本的制约，同时也必然受到译语文化中诸多因素的限制。"译作绝不是在真空中产生的，也绝不是在真空中被接受的"，因此译者在动笔翻译之前也必须预先考虑以上诸多问题。实际上，翻译在许多情况下不得不受到多种文化的制约和影响。具体而言，勒菲弗尔认为，文化对翻译活动的制约主要来自两个方面：一个是内部制约因素，即从事翻译活动或翻译评论的人员，包括批评家、评论家和译者自身等因素。由于其自身的教育背景、知识结构、审美情趣、价值取向的因素，或者是为了使译作能符合他们所处时代的诗学观念和思想意识，他们总是有意或无意地对文本进行一定程度的改写；另一个是外部制约因素，主要指的是赞助者。赞助者可能是个人，也可能是机构团体，他们通过内部因素对翻译活动施加影响从而发挥作用。一般来说，译者本人对译作诗学方面影响较大，而赞助者则对译作思想意识方面有较大的影响。翻译活动自始至终都是被各种权利话语所操控的活动，因此译者从来就是"戴着镣铐跳舞"，必然会在多种因素的作用下作出协调与权衡。翻译绝不只是一种简单的语言符号的对等转换或文本的复制，而是一种文化、思想、意识形态在另外一种文化、思想、意识形态里的改造、变形与再创造。正如潘文国所言，"重写"就是"操纵"，可以"操纵"文学，"操纵"文化。在文化学派的眼中，译文的作用甚至超过了原文，成了塑造和左右目的语文化的一种势力，而译本则是在译入语文化各种元素的合力之下"操纵"和"改写"的结果。

（2）从中西语言文化差异看英汉互译即改写

英汉两种语言间的本质差异也决定了英汉互译时从音、形、义到译文的整体风格等诸多方面的改写。英汉语之间存在着某种程度上的"不可通约性"以及存在着大量的"不可通约"现象。这里，"不可通约"是美国哲学家库恩在数学概念——意指"没有共同的度量单位"的基础上进一步提出的科学范式的"通约性"问题：范式的不可通约性不仅包括观察用语和理论用语意义的改变，而且还包括范式在方法、问题范围和解答标准上的区别，即范式的改变意味着科学的基础、语言和定义乃至于科学家整个世界观的转变。简言之，不同范式之间是"不可通约"的，英汉语言文化间的这种"不可通约"现象决定了英汉互译过程中必然存在着大量的改写。在英汉互译过程中，由于英汉两种语言结构及各自文化系统间存在着巨大差异，"改写既是文学翻译的本质属性，也是非文学翻译的必然"。英汉语言和文化间的巨大差异导致了英汉互译过程必然是语言和文化的改写过程，而这种改写是显性的、有目的地进行的，例如，对原文适当增、删减或文本重组等。

由此可见，中西思维方式的不同必然导致翻译过程中从语言表层到结构、概念等方面的变换与改写。林语堂很清楚汉英两种语言间的差异和汉译英的艰难，把中文翻成英文是困难的。观念不同，思想的方式不同，而更糟的是，中文文法的关系只用句子的构造来表示，没有字尾变化，且没有常用的连接词及冠词，有时更没有主词。因此中国哲学的"源头"，直到今天，仍被覆盖在"似雾的黄昏中"，特别是哲学文本的翻译，因为在哲学观念上翻译的陷阱是很大的。因此，林语堂尤其佩服辜鸿铭的"超越忠实的创造性翻译"，同时自己也一贯主张要"把翻译自身事业也当作一种艺术"，就是秉承了克罗齐所谓的"翻译即创作"之义，同时也源于道家的基本美学思想。由于汉语的表达和理解中以神摄形、主体参与意识强的浓郁的人文精神，汉语文学则有强烈的"排译性"，这也造成了汉英语间的不可通约性，从而导致了创造性翻译——

改写与创作。由此可见，翻译尤其是英汉语之间的翻译其实质都是指翻译的改写论。从这个意义上讲，英汉语言结构的巨大差异决定了改写是英汉互译活动的必然。

（3）林语堂编译行为的人文基础

林语堂通过中西文化比较发现了中国传统文化最有价值的是人文主义思想，无论是儒家思想还是老庄哲学，都是建立在日常人伦基础上，避开了西方那种实证分析理论，直接关切人与社会、人与自然等诸方面问题。"欲明了中国人对于生命之理想，先应明了中国之人文主义。"在20世纪西方科学主义和人文主义两大哲学思潮激烈冲突的文化背景下，林语堂坚定地站在人文主义一方，坚决捍卫人文世界。林语堂的人文主义视野中不但有着中国儒道互补的中国传统人文主义，同时也受到了西方现代人文主义精神的影响。

林语堂的翻译理论与实践无疑契合了中国传统文化中一脉相传的这种人文精神。如前文所述，林语堂一向反对西方科学主义的泛滥以及逻辑主义和工具理性的极端，深信"中国文化的精神就是人文主义的精神"，这种文化观也充分体现在他的翻译理论与实践之中。林语堂始终认为"翻译是一种艺术"，并牢记译者对原著者、目的语读者和艺术的重大责任，以"忠实、通顺、美"为翻译标准，以编译为主要手段，"改写"和"阐释"大量的中国古代的哲学及文学经典，为中国文化的传播、中国形象的树立和中华民族国际地位的提高做出了富有成效的工作。这正是人文精神在林语堂翻译过程，尤其是翻译策略中的体现。而这种人文主义翻译观正是对以往单纯的"语言工具观"的反拨与补充，也是林语堂著译行为的思想基础与理论来源。林语堂的人文主义翻译策略在译者主体性的凸显与创造性的发挥等方面得到了充分体现。其"字神"论与"语性"论的提出直接体现了林语堂具有强烈的生命意识和整体观念的翻译观，反映出其翻译思想的人文精神与传统美学的根源。而作为林语堂翻译三标准之一的"美的标准"，不但是克罗齐表现主义美学影响的产物，更是道家美学的长期浸染的结果。这里表现出的不仅仅是语言和翻译技巧的问题，而是文化自信力和民族自信心的问题。

可以说，这种集翻译和编辑于一身的编译方法在林语堂的著译作品中得到了充分的展现。为了有的放矢地满足这些特殊读者群体，"翻译＋编辑"的改写方式始终是林语堂英文著译中主要的书写方式。颇为出人意料但却耐人寻味的是，林语堂高度浓缩的这些中国的典籍，这种被传统翻译研究所不看重的"断章取义"式的改写本却在世界范围内得到了极大关注和广泛好评。编译作为一种特殊的翻译改写手段，其编译互动，创译一体的策略使得林语堂的著译活动成为中学西渐的典型个案。

二、跨文化传播下的林语堂"译出"策略研究

（一）林语堂汉英翻译中的"异化"策略

林语堂用"异化"翻译策略去真实再现中国语言文化从表层结构、思维习惯到文化心理等诸多特质，让西方读者感受到不同于本土价值观的语言和文化异域特色与"他性"特征。

1. 词汇层面的"异化"

林语堂始终认为"翻译是寻求确切词语的艺术"，在找到确切词语时，可以避免拐弯抹角说话，风格也得以保留。同时，林语堂提出了"最好的翻译是愚的翻译"的论断，认为翻译也要求一定程度的愚，这样才能不越出常规而寻求"出色"的阐释。因为只有"人"才是忠诚的，因此老子的"知其雄，守其雌"一直是林语堂的翻译原则。例如，《京华烟云》一书中大量的具有中国文化特质的事物都带上了这种"愚"的特色：小雪 Slight snow，清明节 Chongming Festival，扫墓 Sweeping the grave，如意 Ruyi，百纳 Hundred pleated，有喜 Have happiness，洗尘 Wash the dust，冬至 Beginning of Winter，八股文 Eight-movement essay，不胜枚举。这些英美人似曾相识又生动传神的中国文化特色词的"异化"翻译使得异域读者倍感亲切，同时又充满好奇心和新鲜感，使他们十分欢迎和乐于接受。

2. 句子层面的"异化"

为了传播中国智慧的同时，也让西方人了解中国人的语言特性及其背后的思维方式，林语堂运用了许多"笨拙的翻译"以传达"中国腔调"。例如，他将"无可无不可"译为"No may, no may not"，将"未知生，焉知死"翻译成"Don't know life, how know death？"并在注释中解释说"使用洋泾浜英语的目的是使译文简洁明了以体现原作的力量"。类似的情况还有"圣人不死，大盗不止"的翻译："Sages no dead, robbers no end."林语堂在脚注中请求读者原谅他的"语法问题"，因为只有这种译法才能体现原文的内涵与形式。为了保留中国哲学典籍的这种洗练精辟的风格和简洁刚健的行文特别是句子的节奏，林语堂这种"异化"策略在很大程度上保证了汉语句法在翻译过程中的"合理性"。

3. 篇章层面的"异化"

篇章层面的"异化"则提高了译文的充分性，这也恰恰契合了林语堂选

择我国古代哲学及文学典籍作为翻译文本，把中国文化精髓译介到西方的文化理想。例如对《道德经》第四十二章部分文字的翻译，就充分体现了林语堂的翻译：

道生一, Out of Tao, One is born;

一生二, Out of One, Two;

二生三, Out of Two, Three;

三生万物。 Out of Three, the Created Universe.

为了传达原文从语言到形式的特质，林语堂再现了原文的篇章结构，虽然从形式上讲，似乎略显笨拙，但却表现了中国语言的气势。为了表达原文的词义反复，林语堂也没有用同义词替换，而是同样将英语中的词汇反复使用，以示强调。这种从词汇、结构到篇章的"愚猛"与"笨拙"正是林语堂试图通过他的"中国腔调"实现从中国语言到文化的传播。为了弥补译文的"愚"与"笨拙"而使译文通顺流畅，林语堂常常在必要处添加脚注，以使文本的意义更为确切清晰。其实不管是采取"以原文为导向的翻译"策略还是"以读者为导向的翻译"策略，林语堂著译的目的都是促进中国传统文化的传播，而这种在"知其雄，守其雌"的翻译原则指导下所进行的"愚"翻译贯穿了林语堂整个编译活动。

（二）林语堂"异化"策略的理据

林语堂的"异化"策略，其背后有着深厚的语言学、语用学、翻译学等方面的理据。我们可以从以上几个方面分析在当时的历史条件下，林语堂逆"主流"而上的翻译动机。

1. 语言学的理据

林语堂的"汉化"策略首先是语言形式与其所承载的精神内涵一致性的体现。洪堡特就曾指出，反映特定世界观的民族精神，不仅体现在词汇上，而且体现在语言的组织方式上，因此"在语言的实际研究中，特别重要的是不要停留在任何较低层次的语言解释原则上，而是要上升至最高层次的终极的解释原则，并且把下面的论点确定为讨论精神发展对语言形式的影响问题的可靠基础：人类语言的结构之所以会有种种差异，是因为各个民族的精神特性本身有所不同"。这种文化内涵与语言形式的一致性要求体现在林语堂的汉英翻译活动中即表现为他的"汉化"翻译策略。世界上任何一种语言和文化必然都有局限性，而英语也自然不在其外。这里，林语堂的"中国英语"从某种意义上讲是对英语文化的丰富和贡献。

　　其次，林语堂的"异化"策略与他早年对洋泾浜的认同是一脉相承的。早在"论语"时期，林语堂对洋泾浜英语就有自己独特的看法。他从英语发展史和演化过程中发现，"在欧洲各国的语言中，英语最接近汉语的分析性""英语是逐渐演变趋近中国语言这一派的……英语早已走上中国语的路了，而且已经达到中国语在一万年前所已达到的地步了。洋泾浜英语就是英语与中国语最天然的结合，所以是合于历史的潮流的"。① 因此，林语堂坚信，"洋泾浜英语（Pidgin English）不但非常佳妙，而且是有远大的前途的""洋泾浜英语是真正的活的语言""我们不但可由克罗采氏的美学批评而明了洋泾浜英语的文学价值，并且可由马克思的唯物史观辩证法证明它必于 500 年后成为世界上流行的普通话"。② 洋泾浜英语因其词量小、语言简化、语法简单等优势，迅速成为当时中外贸易中普通民众的通用语言，但是当时大多数人都将其视为中国殖民地的征象和民族的耻辱，很少有人能像林语堂一样公然赞赏洋泾浜英语的存在。林语堂从整个人类文化发展的进程来看待洋泾浜英语，认为其符合语言接触与发展的规律，是中西文化交流的必然产物，并有着广阔的发展前景。

　　近年来，国内一些有识之士也意识到跨语际翻译过程中意义传递之外，形式传达的重要性。如傅惠生就提出了典籍英译应该注意对"有意味的形式"的研究，"语言翻译除了考虑词、句、语篇等的意义之外，还需要考虑两种语言的语音、句式、意象等组合形成的附着在意义上的对于意义表达有实际效果的组合表现形式"，因为"只注意语义的翻译，忽略或不恰当地翻译附着在具体语义并有着具体功能的语言表现形式，会有损翻译的质量"。何刚强也强调"古籍英译在追求译文语义上的合理性的同时，还应当最大限度地追求译文句法上的合理性"。而林语堂无疑是这一研究领域的先行者。

　　2. 语用学的理据

　　从语用学的角度看，以中国文化题材为背景的作品必然会涉及中国人的行为模式和认知方式，尤其是林语堂所翻译的大量的中国文化典籍以及创作的小说散文等则更是如此。因此，在此类著译中，如果把中国人的行为模式和对世界的认知方式完全西化，显然不可避免地会歪曲中国人特有的认知体系和文化传统，从而丧失掉其固有的"语言他性"与"文化他性"。正是在这一意义上讲，林语堂所用的"中国腔调"具有明显的社会和语用功能，是文学价值、美学价值乃至整个文化价值传播与交流的重要保障。

---

① 孙星. 浅谈中国洋泾浜英语对二语习得教学的启示 [J]. 英语广场 ,2021(08):80-82.
② 孙星. 浅谈中国洋泾浜英语对二语习得教学的启示 [J]. 英语广场 ,2021(08):80-82.

　　林语堂著译中的做法在当时的历史语境中是难能可贵的。本雅明曾言，文学翻译如果只是传达了信息，那是"劣质翻译的标志"，因为通顺的翻译不可能独自承担起诗学层面的文本转换这样巨大的压力。而林语堂则认为，"翻译艺术最重要的，就是要以原文之风格与其内容并重。不但须注意其说什么，并且须注意怎么说法……一作家有一作家之风度文本，此风度文体乃其文之所以为贵。《伊利亚特》之故事，自身不足以成文学，所以成文学的是荷墨（即荷马，作者注）之风格"。显然，林语堂所指的风格与其说是语言学层面上的固守，倒不如说是文化层面上的坚持。这既是对传统翻译观念的挑战，同时也是对中国语言文化的传播。林语堂的英文著译，无论是选材与翻译策略，都是对当时国内的主流话语的反叛。其"幽默""闲适""性灵"的风格与内涵，坚持了"不反传统反正统"的一贯主张，和当时的主流话语背道而驰却又相反相成，共同谱写了世界文化的多元性，其中国智慧的传播，更是填补了西方世界的文化缺漏与生活智慧的空缺。由此可见，语言表层的转换与深层文化心理的依存和共生是林语堂翻译策略背后最根本的原初动机。

　　3. 翻译目标的要求

　　与传统的翻译策略相比，林语堂的"异化"策略有着不同的价值取向传播中国文化。在林语堂的英文著译中，他并不一味追求所谓的"通顺"与"透明"，而是对西方文化中既定翻译规范、文化定式、语言习惯等进行必要的调试与适当的补充。林语堂试图在翻译中"忠实"地还原原文中的"差异性"特征，而这种"差异性"特征却为传统翻译所极力抵制甚至扼杀。对于传统的翻译理论与实践来说，林语堂这种"补充型"的翻译可谓匪夷所思，反叛至极。传统的翻译以消除语言上的"差异"以趋"化境"为唯一旨归，极端的"归化"翻译甚至连文化上的"差异"也要摒除。傅雷就曾说过"理想的译文仿佛是原作者的中文写作"，以期做到"译者的隐身"。而林语堂却反其道而行之，坚信"最好的翻译是笨拙的翻译"，这无疑是后来韦努蒂式的"异化"翻译的先声，却比韦氏的"异化"翻译早了整整半个多世纪。而更确切地讲，如果说韦氏的"异化"翻译是一种"抵抗式翻译"的话，那么林语堂的翻译便可以称作"补充型"翻译，这种翻译策略昭示出林语堂的文化整体观和语言发展观，同时也是对西方语音中心主义即逻各斯中心主义的反驳与补充。因为英美国家的主流翻译观，更倾向于"意译"和"归化"手段，以使译文符合本土的语言习惯和政治需求。不同文化间的差异在这些译文中"隐身"，这其实正是一种文化霸权主义的具体体现。

　　众所周知，人类文化的交流以"同"为基础，以对"异"的吸纳与融合为目的。这里，"两脚踏东西文化"的林语堂不但通过中国文化特质的传播为世界文化多元化填补了中国文化元素，而且通过对中国语言特质的传递为英语的发展与进步增加了中国语言元素。林语堂的文化立场使他站在原作的立场上，尽可能如实地再现中国语言与文化的本相，从而超越了技术层面上所指意义的简单传递。

第三节　中国古典诗歌翻译

一、诗歌综述

（一）诗歌的基本特征

在人类漫长的文学创作和接受史中，诗歌一般被认为是最早的文学形式。作为欧美文学发端的"二希"文学（古希腊文学和古希伯来文学）源头中较早的文学经典，《荷马史诗》《工作与时日》均是以诗歌的面目行世，其中或是叙事，或是抒情，但都在形式上追求语言的音的和谐。这一情况在中国也是如此，中国最早的诗歌总集《诗经》大约创作于西周初年至春秋中叶（公元前1046～前620年），但实际上这一轻便自由并且可与多种艺术形式相结合的文学样式的起源可以追溯到更早的时期。中国早期的诗歌最初是用以吟唱的，相传孔夫子在开坛讲学时所使用的《乐》（六艺之一）就是针对《诗经》所写的曲谱，后来，《乐》的失传使得《诗经》的音乐表现成为一种推断（比如"因为要辅以舞蹈，就被猜测可能配乐舒缓"），儒家"六艺"也就成了后来的"五经"。到了唐玄宗天宝时期，胡人宴乐的传入使得诗歌创作再次与音乐紧密结合，形成了"词"这一特殊的诗歌形式，到宋代，随着勾栏瓦舍的兴起，"词"的创作蔚为大观。以上可以说是诗歌的艺术发生学基础。

诗歌相较于其他文学体裁而言，具备以下几个基本特征。第一，诗歌具有高度集中的艺术概括力，这反映在创作上即是对真实生活高度集中的表现和语言的高度凝练。在对生活的真实概括上，余光中先生的《乡愁》，以邮票、船票、坟冢串联起一个海外游子的一生，寥寥数笔凝练人生境遇，又如汉乐府，"十五从军行，八十始得归"。贺知章《回乡偶书》："少小离家老大回，乡音无改鬓毛衰。"都是简约的诗句记录漫长的人生经历，而在语言的凝练性上，20世纪七八十年代的朦胧诗，如顾城的《一代人》，只用两句话就勾勒出经历过"文革"的一代人的精神实质，又如北岛的《生活》只用了一个字——网，将诗歌语言的凝练性发挥到极致。第二，诗歌有着浓重的抒情气息。不同于散文的名士清谈，小说塑造形象，戏剧表现冲突，诗歌更有助于通过凝练精粹的语言表现作者的主观情感，普希金的《致大海》、拜伦的《雅典的少女》以及郭沫若在1921年收录于诗集《女神》中的作品，都可说是抒情诗中的代表作。第三，诗歌有着丰富而又大胆的艺术想象。西方现代派诗歌往往以古代神话和宗教传说作为自己创作的题材来源，如法国诗人波德莱尔的诗集《恶之花》则将艺术想象抽象成丑陋事物，从恶中去发掘美。郭沫若的《凤凰涅槃》《天狗》也可说是这类诗歌的中国化体现。第四，诗歌重视语言的音乐性。正如前文所言，诗歌在产生伊始就是和乐而歌的，所以在表现形式上，诗歌对平仄、韵脚、音尺、音步都有自身的要求，而当诗歌脱离曲调成为独立艺术形式之后，历史当中的知名诗歌作品也往往被重新与音乐组合而谐曲吟唱，如王维的《城曲》就被唐代教坊乐工改写成《阳关三叠》，而拜伦的知名情诗《雅典的少女》则被多次谐曲在欧洲多国传唱不衰。

（二）诗歌的类型

诗歌的类型划分因标准不同而形式各异，基于不同的表达方式，可以将诗歌划分为叙事诗和抒情诗，前者诸如古希腊的《荷马史诗》、北欧的《贝奥武甫》、拜伦的《恰尔德·哈罗尔德游记》乃至中国的《格萨尔王》，重在以韵文的形式讲述故事；后者像雪莱的《西风颂》、徐志摩的《再别康桥》、普希金的《致大海》、舒婷的《致橡树》等，重在以音乐般的文字表述、传递感情。基于不同的创作主体，可以将诗歌划分为民间诗（民歌）和文人诗，以中国诗歌为例，《诗经》中的"国风"，就是对中原"雅正之地"以外的民风民谣的记录，《伐檀》《硕鼠》几篇是劳动人民心声的真实体现，这些诗篇的创作者本身并不以文学创作为自身的主要诉求，而是在劳动间歇以诗歌排遣心绪、聊以自娱，而文人诗则是在士大夫阶层出现后，知识分子用以言志的专门形式，中国较早的文人诗可以追溯到南朝昭明太子萧统的《昭明文选》中选录的"古诗十九首"，这些诗篇虽然有文无题，但在创作水准上却均已超越了民间创作的范畴。最后，基于不同的创作体制，诗歌可以划分为古诗（包含古体诗、近体诗）以及白话新诗。

白话新诗是相较于古诗的一种诗歌体制，故而，在探讨现代白话新诗之前，明确古诗的体制格律本也是赏析现代诗的理论前提。一般而言，学界将五四运动之前的中国诗歌创制笼统地称为"古诗"，广义上的古诗，包含了所有韵文创作，亦即包含词与散曲，狭义上的古诗，则是只包含五四之前的诗歌创作。古诗按照体制不同，仍可分为古体诗与近体诗。两者的区分可以从两个维度上展开，从历史维度上而言，古体诗是指唐之前的诗歌创作及其形式规范，其"古"在于"先唐"，近体诗也称今体诗，则是指在唐朝兴起的格律规范，其"今"着眼于有唐以来，然而，不可说唐以后的诗歌就全是近体诗，实际上，唐人古体诗创作也是蔚为大观的。

古体与近体的主要区别其实是在形式维度，近体诗可分为律诗和绝句，律诗分为首、颔、颈、尾四联八句，其中首联和颈联要求严格对仗，比如王勃的《送杜少府之任蜀州》："城阙辅三秦，风烟望五津。与君离别意，同是宦游人。海内存知己，天涯若比邻。无为在歧路，儿女共沾巾。"而绝句也可称截句、断句，仿佛是一首律诗从当中被截断了，故而只有双联四句，如杜甫的《绝句》："两个黄鹂鸣翠柳，一行白鹭上青天。窗含西岭千秋雪，门泊东吴万里船。"进而，近体诗实际上在格律上形成定制，即文有定句（四联八句，或者双联四句），诗有定格（全诗押韵，并且律诗首联、颈联要严格对仗，绝句至少有一联对仗），且无有杂言（每一诗句的字数是固定的，唐朝一般七言或五言），正是在这一意义上，近体诗也可称格律诗。相较之下，古体诗在格律上要自由得多，首先是文无定句，张若虚的《春江花月夜》有36句，白居易的《长恨歌》则有120句，进而，唐人写古体诗常常用来叙事；其次是诗无定格，亦即对于对仗押韵要求不高；最后是兼有杂言，亦即会打破五言、七言的言数限制，如李白《梦游天姥吟留别》："安能摧眉折腰事权贵，使我不得开心颜"，杜甫《茅屋为秋风所破歌》："安得广厦千万间，大庇天下寒士俱欢颜。"这一区分，为我们探讨白话新诗的发展历程提供了先在条件。

（三）现代诗歌文化教学的艺术分析

1.继承和创新兼具的象征手法

象征是诗歌常用的艺术手法，现代诗歌的象征有着对古典意象的继承，也有着对西方文艺的借鉴，更有着诗人个性化的体验，教师在教学时，引导学生把握象征意象，是解读诗歌的一项重点，也往往是困难的一环，这就要求教师在教学前有着大量相关的知识储备，并在教学时针对现代诗歌的文体特点和象征手法，启发学生打破惯常的思维，联系诗作背景和东西方文化，利用联想和想象，探究诗作的象征意义。

（1）现代诗歌文体中的象征

诗歌中"象征"手法的使用古已有之，学生在古典诗词的学习中往往会接触到，现代诗歌中的象征相对于古典诗词，有着继承，也有不同。象征在传统的文艺创作实践中叫"兴"，即"先言他物，以引起所咏之辞也"（南宋的朱熹《诗集传》），如《诗经》中的《硕鼠》《蒹葭》等都是经典的整体象征诗。"兴"作为诗歌的一种表现技巧，向来被认为是最能体现诗歌的艺术特征，最高明的方法。明人谢榛在《四溟诗话》中这样说："凡作诗，悲欢皆由乎兴，非兴则造句弗工。欢喜之意有限。悲感之意无穷。欢喜诗，兴中得者虽佳但宜乎短章；悲感诗，兴中得更佳，至于千言反复，愈长愈健。熟读李杜全集，方知无处无时而非兴也。"简单地说，象征是以此物言他物，用具体事物代替抽象事物的表现手法，而它作为文艺理论概念和术语，运用于中国文艺理论中则是从西方借鉴过来的，现代诗歌就从法国象征主义那里吸取了营养，给中国诗坛带来了新奇和浪漫的色彩。不得不说，继承于《诗经》《楚辞》中讽喻、比兴的诗歌美学传统，在一定程度上与西方象征主义美学思想中强调外界与人内心的契合，通过物象来象征、比喻、暗示主体情感世界的艺术主张有着共通之处。美国斯坦福大学教授刘若愚指出："一些象征主义的诗人兼批评家，如波德莱尔、马拉美、兰波，表现出的观念有些像中国形而上的诗人兼批评家所持的观念。"例如，波德莱尔的关于"大地连同它的可见物都是一种上天的映照"的概念。周作人在为《扬鞭集》作序时也提到，中国传统的"兴"可以与西方的"象征"相融合，从而构成诗化的意象。中国现代诗人在艺术实践中将东方含蓄神秘的意境和西方现代象征主义的表现手法结合起来，在创新的同时还带有深厚的民族传统特质。

象征作为中国现代诗歌一种非常重要的艺术表现手法，不只是象征诗派和现代诗派用于创作实践，在整个现代诗歌发展史上一直被大量运用着，中学教材现代诗歌的选文也不乏象征，如刘半农的《教我如何不想她》，闻一多的《死水》，戴望舒的《雨巷》，郭沫若的《天狗》等，都是成功运用了象征手法的经典之作。从整体上讲，早期白话新诗中的象征，往往偏重于启蒙说理；而浪漫派诗人的象征，则更多地指向时代政治和社会理想象征派、现代派、中国新诗派诗人的象征，则更加深沉含蓄，表现诗人对人生、命运的哲理思考。虽然现代诗歌有着反对旧文化和反抗传统的价值指向，但优秀的传统文化深深影响着诗人的感悟和实践，古典的意象传统和"比兴"手法仍然体现在现代诗歌的艺术营构里。但是与古典诗词不同的是，现代诗人往往在借用古典象征意象的基础上加以再创造，赋予事物新的象征色彩和情感体验。

（2）象征手法的具体体现

受西方象征主义暗示性效应的影响，中国象征派诗歌更多地运用象征的表现技巧，借助相关的意象曲折隐秘地传达内心的思考和主观的情绪，"用一系列实物、场景、一连串事件来表现某种特定的情感"而非写实性地再现客观现实和生活，或是像浪漫主义那样直抒胸臆。朱自清认为现代诗歌中的象征手法是李金发首先从法国引入的。李金发将约定俗成的传统的稳定的象征意象破坏掉了，象征成为一种带有神秘性的，不稳定的东西。古典诗词多选用典雅敦厚的象征意象，如梅花、松竹、杨柳、明月等，而李金发更多选用如鲜血、枯骨、蚊虫、坟墓等作为诗歌的象征意象，这明显受到了以波德莱尔为代表的象征主义思潮的影响，也与当时黑暗压抑的社会背景有很大关系。如《弃妇》中："与鲜血之急流，枯骨之沉睡，黑夜与蚊虫联步徐来，越此短墙之角，狂呼在我清白之耳后，如荒野狂风怒号，战栗了无数游牧。"朱自清在论及李金发的诗作特点时说："他的诗没有寻常的章法，一部分一部分可以懂，合起来却没有意思。他要表现的不是意思而是感觉或情感；仿佛大大小小红红绿绿一串珠子，他却藏起那串儿，你得自己穿着瞧。"在这首《弃妇》中，"弃妇"一指本来意义的被生活蹂躏的妇女；二来象征生存的基本现实和人类的命运，"枯骨""蚊虫"和"游牧"并不见得有多大关系，然而组合起来所传达的不只是孤独与愁苦，更令人有毛骨悚然之感和绝望之感。

在现代诗歌文体教学中，学生会接触到很多具有象征意象的篇目，许多象征派的现代诗作中，各个意象之间也并没有多少必然的联系，很多关联词语被省略，象征体和本体之间的联系并不固定，并且在不同场景中由于诗人审美感受的不同，同一象征物的含义也不同，这种现代意义的象征手法较之传统的象征意象，内涵更加丰富，意蕴更加深厚复杂，也带有更多的不确定性。这就使得教师必须引导学生打破传统象征意象的思维束缚，在学生有疏离感的地方注意相关社会背景和意象群的介绍，缩小诗歌与学生现实生活的距离，还原诗人所处的背景和心境，借助联想、想象和跳跃性的思考，才能使学生把握象征的意象，理解诗作的含义。

2. 突破并重新营构的陌生化技巧

现代诗歌是在意图突破古典诗词的基础上发展演变的，其选题、立意、语言往往会有异于学生已习惯的内容，现代诗歌这种陌生化技巧的运用在教学时会起到令人耳目一新的效果，教师在现代诗歌文体教学时应充分利用现代诗歌的这一艺术手法，调动学生的思维积极性，引导学生深入理解诗人的个性化体验，丰富情感体悟。

（1）陌生化技巧的概念

"陌生化"是俄国形式主义文学理论的核心概念，后来发展到整个文学艺术界并被广泛运用，最早由俄国形式主义评论家维克多·鲍里索维奇·什克洛夫斯基提出，他在《艺术作为手法》中指出："艺术的手法就是事物的'陌生化'，是复杂化形式的手法，它增加了感受的难度和时延，既然艺术中的领悟过程是以自身为目的的，它就理应延长；艺术是一种体验事物创造的方式，而被创造物在艺术中已无足轻重。"俄国形式主义文学理论家认为陌生化才是艺术的本质，诗歌更应如此。"陌生化"与日常语言中司空见惯的"自动化"模式相对应，力求破除自动化语言模式的壁垒，打破这种缺乏原创性和新鲜感的习惯性语言，运用新鲜奇异的词汇和组合，给读者带来耳目一新的阅读体验，使人们从漠然麻木的阅读感受中振奋、惊醒起来。陌生化是现代诗歌的重要表达技巧，诗歌在这种不断的变化和创新中展现了蓬勃的生命力。不同于日常用语，诗歌的语言是一种风格化的、个性化的表现性语言，更加注重语言的审美力和张力。捷克符号学家扬·姆卡洛夫斯基认为诗歌语言是"对标准语言规范的有意违反"。法国学者热拉尔·热奈特同样提出："与散文相比，诗的语言应该定义为对规范的一种偏离。"为了达到这种对惯常语言模式的违反和偏离，给读者带来新鲜的审美体验和感受，诗人往往将日常词语打破并重新组合和搭配，营造陌生化的意象，诗歌在这些陌生化技巧的使用下成了一种"困难的、扭曲的话语"。

（2）现代诗歌文体教学中陌生化的运用

初中现代诗歌文体教学中，教师应善于抓住现代诗歌选题的陌生化，引起学生的注意，打开鉴赏的渠道。原本不会进入诗人视野的主题，被现代诗人选入题目，以前作为丑陋意象的代表，如乌鸦、苍蝇、癞蛤蟆之类却以一种赞美或客观审议的态度进入了诗歌的立意。比如人教版高中语文选修教材中的精读课文冯至的《蛇》，又比如李元胜的《乌鸦》、杨健的《癞蛤蟆》等。洛夫的一首叙事诗《苍蝇》："警戒的复眼，近乎深蓝，睥睨我这虚幻的存在"，在这里，苍蝇并非带有人们偏见的丑恶事物，而是还原了它作为生态链一部分的客观存在，苍蝇弱小卑微，与之形成鲜明对比的是人的残暴和专横。

现代诗歌也常常把与生活息息相关的内容纳入选题中，比如艾青的《大堰河——我的保姆》，推荐读物闻一多的《洗衣歌》等。诗歌不只是诗人内在情绪的表达，还可以是对于现实生活的描摹，对劳动人民的赞颂和悲悯，对阶级不公的愤慨、呐喊等，诸如此类的选题，运用口语化的平实语言，将诗歌内容引入到广阔的生活领域中。这种选题的陌生化，使得诗歌新颖化与生活化并存，扩大了诗歌的语言空间和表现空间。另外，教师还应引导学生在鉴赏中注意诗歌语言的陌生化，现代诗歌往往会改变常见词语的日常词性，通过词性的活用来写出新鲜的艺术效果，林徽因的诗句中就常有这样的用法，《一首桃花》中"那一树的嫣红"，《仍然》中"一片的沉静"，《中夜钟声》中"街的荒凉"，其中"嫣红""沉静""荒凉"本来是形容词，在这里活用为了名词，却更加直观地给学生以新鲜的审美体验。另外将不能搭配使用，不合逻辑的词语打乱并重新组合也是陌生化语言的一种方式，卞之琳《无题三》中"门荐有悲哀的印痕，渗墨纸也有"，"印痕"本无感情，是不可能悲哀的，"悲哀的印痕"实则指代诗人的心情。艾青《老人》中有"饥饿的色彩，染上他的一切语言"一句，"饥饿""色彩""语言"在传统的语法规范中本不属于同样的范畴，但诗人将这几个词组合为诗句，赋予了每个词语其本身之外的含义，给人以新奇的阅读体验。另外，现代诗人还常常将一些相悖的，相反的词语组合成诗句，从而形成一种强烈的对比和张力，引人思考。比如穆旦《蛇的诱惑》中"陌生的亲切，亲切中永远的隔离"，《漫漫长夜》中"漆黑的阳光"，《神魔之争》中"笑脸里看见阴谋""欢乐里的冷酷"等，这些相互对立的词语并置在一起，传达出诗人复杂的感受和情绪体验，表现出现实生活的荒诞和矛盾冲突，给学生造成强烈的审美冲击。

陌生化技巧在诗歌中的运用并非完全是对传统语法规范的失察和背离，而是在更深入的体察之后，运用全新的思维方式和视角，打破常用的平淡的语言模式，通过立意的创新、词语的活用、逻辑的对立等方式建立起新鲜的诗歌语言，给人以耳目一新的审美体验，这种匠心独运的艺术手法不仅是选题和语言的陌生化，更是别出心裁的思维的陌生化。

3. 交错挪移间的通感技术

通感技术的运用古已有之，常出现于散文诗歌中，学生也较为熟悉，而现代诗歌中所运用通感则融合了传统诗歌的含蓄和西方现代诗歌的创造技巧，具有更为丰富的艺术表现力，在现代诗歌文体教学中，教师应善于把握通感技巧，打开审美通道，启发学生的审美想象力，提高学生的鉴赏能力和审美能力，以及运用通感技巧进行创作的能力。

（1）通感的艺术体现

从生理学上讲，人的各种感觉器官并不是彼此孤立、毫无联系的，当一种感官引发的感觉超越极限时，会转移并使人领会到另一种感官的知觉投射，这种不同感官感觉之间的沟通挪移就是通感，是人们高级的感悟事物的心理现象，通感在学生的日常审美活动中发挥着重要作用，文学界和文艺理论界也将通感作为一种重要的艺术表现手段，尤其在诗歌领域，通感技巧以其独特的艺术表现力占据着一席之地。所谓艺术通感，指的是诗人在审美活动中，在审美想象和联想的作用下，有意识地沟通各种感官，使视觉、听觉、触觉、嗅觉、味觉等各种感官之间彼此沟通，不分界限，并且将这种瞬间的审美直觉加以艺术化的表现。艺术通感是诗人在感知生活的过程中出现的一种特殊的心理现象，是诗人在审美活动中通过艺术想象得到的一种艺术感受。

艺术通感作为诗歌创作的手段，是早已有之的诗歌艺术技巧之一，在教学中也常用以满足学生审美需要并激发其追求审美想象。如白居易《琵琶行》里有"嘈嘈切切错杂弹，大珠小珠落玉盘"的诗句，将作为听觉范畴的琵琶乐声化为可观的视觉形象；唐代贾岛《客思》中"促织声尖尖似针"，北宋王安石《泊船瓜洲》里"春风又绿江南岸"，都是将视觉、触觉、听觉杂糅相通的名句。美国诗人罗伯特·勃莱说："在古代中国，各个层次的知觉能够静悄悄地混合起来，它们不是像冬天湖水那样分层一层又一层，而是不知怎么的都流在一起了。"然而真正将通感作为一种理论和艺术表现手法加以研究的是西方现代主义尤其在法国象征主义诗人的诗歌中得以广泛应用。在中国，戴望舒、李金发等将这种通感理论引进并与我国古典诗歌通感传统加以融合，创作了大量富有审美表现力的诗歌。通感技术的审美创造力，在于诗人充分调动想象力，沟通各种感觉，将直觉捕捉到的表象生活通过艺术的再加工，熔炼成生动新颖的多层性的审美境界，从而拓展了诗歌的表现空间，扩大了诗歌的思考深度，更能充分调动学生的感官。

（2）现代诗歌文体教学中通感的把握

如李金发的《律》："月儿装上面幕，桐叶带了愁容，我张耳细听，知道来的是秋天"，诗人采用拟人的手法，先从视觉的角度写月亮、桐叶的姿态，诗人看到了月亮的"面幕"，桐叶的"愁容"，然而这秋天的来的脚步是轻轻地，需要"细听"才能被揽入怀中，诗人将视觉与听觉相互沟通，一看一听，平添了许多情趣。感官之间的交错挪移如果说学生理解起来尚为浅易，那么另一种更复杂的通感便是意觉向其他感觉的转换了。意觉是抽象的情感和情绪，有时是稍纵即逝的感触，是难以把握，难以说明的东西，然而诗歌常常表达的恰是这种难以言明的飘然思绪，如果诗人只用抽象的概念说明，那诗歌难免显得晦涩难懂，难以让人接受。很多诗人将这种难以表明的抽象意觉转换为听觉、视觉、味觉等有声有色，可触可感的具体形象，在这里，通感技术起着非常重要的作用。如戴望舒的《印象》，印象是存在于诗人脑海中的难以捉摸的意觉，然而在戴望舒的诗中，这印象是"林梢闪着颓唐的残阳""航到烟水里去的小小的渔船""飘落深谷里去的幽微的铃声""它轻轻敛去了，跟着脸上我浅浅的微笑"。诗人将这飘然的印象化为可观的视觉形象"残阳""渔船"，可闻的听觉形象"铃声"，且这"幽微的铃声"如花瓣一般"飘落到深谷里去"，又将听觉转化为视觉，这些静谧美好的具体形象又都在"我脸上浅浅的微笑"里。具体的物象是诗人内心情感的外化，将抽象思绪寄托于客观可感的物象上，不仅更形象地寄托了诗人的情感，也使得诗歌有了含蓄朦胧的美学效果。感官和意觉间的互相转化往往有着出乎意料的艺术美感，在教学中引导学生对现代诗歌的这种艺术技巧进行鉴赏，在品味文字的基础上启发审美想象，有利于陶冶心灵，积累情感体验，为写作学习奠定基础。

4. 还原生存本相的抒情态度

诗歌永远是抒情的艺术，但无论是在中国，还是外国的诗歌史上，都出现过主张控制情感的诗歌流派。在西方诗歌史上，从 20 世纪 30 年代开始出现的由主观抒情向客观描写的主张倡导的非个人化诗论，形成了诗歌抒情艺术表现的新流派。我国现代诗歌史上，二三十年代出现的新月派倡导新古典主义诗风，主张节制在艺术表现上的情绪，到 80 年代中后期，新生代诗人主张在艺术表现上进行冷抒情的处理，同样形成了诗歌艺术发展的新潮流。现代诗歌这种节制的情感表达方式则往往使诗歌更显含蓄，然而把握诗歌的抒情本质是进行现代诗歌文体教学的重点，这就要求教师要善于挖掘诗歌内隐的情感，唤起学生的情感体验，把握抒情意蕴。

（1）情绪节制的新月诗风

五四时期新文学的核心是"人的文学"，创造诗派深受西方浪漫诗风的影响，以情绪的宣泄为手段，以自我的表现为特色，呼唤人格独立和个性发展，出现了大批具有强烈浪漫主义情调、自由奔放的作品，如郭沫若的《女神》。然而情感的过分宣泄容易导致膨胀和虚假，以徐志摩、闻一多为代表的新月派诗人认为情感应该受到理智的制约，诗歌应该有形式的约束。象征派诗人通过对客观事物的刻画来寄托内心的隐秘情感，这同样也是一种节制情感的抒情方式。

客观地说，新月派诗人并不是完全反对抒情，徐志摩说自己是"信仰感情的人"，闻一多则视情绪为诗的质素。他们所反对的是情感的放纵，情绪的不加美化的直接表达。对于浪漫主义诗学，他们认为"感伤主义是现在新诗里一个绝大危险"，从而提出用理性节制情绪，用格律调剂诗情的主张。在这个理论的指导下，新月派情绪隐匿平静，诗风冷峻客观，在诗歌中表现最为明显的是情绪的控制。在现代诗歌文体教学中，徐志摩、闻一多等新月派诗人的作品往往呈现出这种情绪节制的倾向，学生在学习新月诗作时教师要善于引导其挖掘内在的情感体验。新月派诗人强调诗应该写永恒的普遍的人性，反对恶劣的个人化情绪宣泄，认为诗歌应在诗人同现实保持一定距离的冷静观照后才能进行创作，闻一多反对只要把"心中情调的波浪"写出来就是"真诗、好诗"的灵感诗论，写诗"往往不成于初得某种感触之时，而成于感触已过，历时数日，甚或数月之后""到那时琐碎的枝节往往已经遗忘了，记得的只是最根本最主要的情绪轮廓，然后，再用想象来装成那模糊影像的轮廓"。学者梁实秋认为，诗中的抒情并无坏处，但要考虑的是情感的量是否有度，质是否纯正，用理性节制情感，用规范调节诗情，所以形式和格律在现代诗歌的创作中必不可少，徐志摩强调"不论思想怎样高尚，情绪怎样热烈，你得拿来彻底的'音节化'（那就是诗化）才可以取得诗的认识"。在冷静、客观的观察视角下，以理智驾驭情感，用格律和形式约束。新月诗歌的情绪节制，是相对于想象过于虚幻，主观性太过强烈的滥情化倾向而言的，表面平静客观，不露声色，字面下隐着情感的起伏和价值的判断。如闻一多的《死水》就是这样的代表：

> 这是一沟绝望的死水，
>
> 清风吹不起半点漪沦。
>
> 不如多扔些破铜烂铁，
>
> 爽性泼你的剩菜残羹。
>
> 如果青蛙耐不住寂寞，
>
> 又算死水叫出了歌声。
>
> 这是一沟绝望的死水，
>
> 这里断不是美的所在，
>
> 不如让给丑恶来开垦，
>
> 看他造出个什么世界。

这首诗读来节奏鲜明，音韵优美。诗歌表达对旧中国腐败社会现实的激愤之情，却采用了看似死板的，过于整齐的诗体形式，既没有疾走狂呼的口号，抽象空洞的说教，也没有一咏三叹的感慨，而是用严谨的语言叙述，用冷静的象征来寄托情绪。这"一沟绝望的死水"，寂静得"清风吹不起半点涟漪"，又看似热热闹闹。这想象和虚拟的寂静中的声响，却更加反衬出"死水"的死气沉沉，将污秽丑恶的"死水"表现得淋漓尽致。诗人憎恨愤激的感情和心理并未直接表露，而是寄托于诗歌的象征意义上，这种痛心和悲鸣需要教师引领学生进行阅读鉴赏才能真切体味。

（2）旁观视角的冷抒情

在现代诗歌文体教学中，我们需要注意诗歌创作的年代背景，这往往是引导学生解读诗歌的入口。动乱年代后，在思想解放运动下，诗人们逐渐从伤痛中冷静下来，开始反思诗歌的走向，重新关注日常生活，一反之前诗歌中激情澎湃的语言艺术，诗歌作品开始出现冷的色调。冷抒情技巧是 20 世纪 80 年代中国诗坛的一种重要的表达方式，在第三代诗歌中使用的尤为广泛。所谓冷抒情，指的是诗人在创作过程中采取旁观者的姿态，客观、冷静、节制地呈现人、事、物、景等，尽量避免情感的直接介入。如韩东的《有关大雁塔》："有关大雁塔，我们又能知道什么，我们爬上去，看看四周的风景，然后再下来"，避开了历史和文化所赋予事物的意义，以直观的态度还原它本来的样子；杨黎的《冷风景》描绘的只是客观的冷冰冰的雪夜风景，不负载文化含义，不承载态度情感，"我"也不是超人、启蒙者，只是和这些事物、风景一样的客观存在。冷抒情避免直接讽刺、赞美、喜悦或愤怒的情感态度和抒情方式。明朗、热烈、单纯、奔放的情调不见了，诗人蓬勃的诗情在极为平静的口气中缓缓流出，在教学中，与浪漫主义的抒情诗的学习不同，冷抒情的诗歌在诗作中隐藏了自己的主观情绪，以局外人的视角，不动声色的叙述表达，让学生以自己的感受体悟诗歌，体会情感。然而冷抒情并非 20 世纪 80 年代后期的专利，在现代诗歌发展史上的各个时期，都有冷抒情的影子，如下之琳的名篇《寂寞》：

> 乡下小孩子怕寂寞，
> 枕头边养一只蝈蝈；
> 长大了在城里操劳，
> 他买了一个夜明表。
>
> 小时候他常常羡艳
> 墓草做蝈蝈的家园，
> 如今他死了三小时，
> 夜明表还不曾休止。

这首诗寥寥数语，却道尽了"乡下小孩子"一生的命运。生死本是超越一切的大事，死亡是最具有悲剧性的，最能引起人们同情和悲悯的事情。诗人却用异乎平静的语气，看似漫不经心地道来。"长大了在城里操劳，他买了一只夜明表"，"夜明表"暗示了"小孩子"夜里依然需要辛苦工作的疲累，"如今他死了三个小时，夜明表还不曾休止"，"小孩子"长大后操劳的城市依然车水马龙，不曾为他停留一秒，墓草尚能作蝈蝈的家园，引他艳羡而自己却走的无声无息，连陪伴自己的夜明表都不曾驻足，而他无边的寂寞又何曾休止。诗人将普通人的生活客观还原，平淡地叙述，却更显苍凉，让人读来不能不为之慨叹动容。

诗歌中真正具有审美价值的冷抒情，并非不抒情，因为诗歌是情感的产物，没有抒情，便没有诗歌。冷抒情的"冷"实则是相对于狂热而言，把情感进行不同程度的冷处理，隐蔽在客观冷静的语言背后。诗歌表面看来是淡漠的，不动声色的，既不夸张，也不附加主观评判，呈现出生活的本来面目，诗歌本身却具有一种掩饰的含蓄的美感，必须通过教师的情感唤醒和引导，学生真切的审美和感悟才能呈现出来。

虽然很多人说诗歌本无技巧，但所谓的"无技巧"，并非完全不管艺术手法的胡乱堆砌，而是指诗歌的内容和技术手法高度融合，达成了"文章本天成，妙手偶得之"的高超艺术境界。纵观之，好的诗歌中表现技巧的重要性不可替代，每首好诗都是多种表现技巧并存，诗人匠心独运并反复推敲的成果。现代诗歌在继承古典传统的基础上，又融合借鉴了西方诗歌的表现手法，创造了属于自己的艺术风格，这些艺术表现技巧的使用不仅带来了文学观念的变化，也带来了思维方式和审美风格的变化，教学中教师应该重视现代诗歌文体中的艺术表现，用现代诗歌特有的艺术表现力启迪学生的审美感悟，并提升学生运用祖国语言文字的能力。

二、跨文化传播背景下的古典诗歌翻译

（一）中国古典诗歌形式美的翻译传达障碍

1.格式对称美的表现障碍

中国古诗有一个独特的优点，即特别讲究格式韵律对称美，从最初的《诗经》到汉乐府、四言诗、五言诗、七言诗等，无不是一句句工整对仗的，及至后来发展到了宋词、元曲，虽句句对仗有所打破，却又有了字字合韵和断句讲究的要求，其格式更为严谨，从而在对英翻译上构成更大障碍。如白居易的一首"一七体"诗：

诗。

绮美，瑰奇。

明月夜，落花时。

能助欢笑，亦伤别离。

调清金石怨，吟苦鬼神悲。

天下只应我爱，世间唯有君知。

自从都尉别苏句，便到司空送白辞。

要以英语将这首诗的排列形式和文字内容同时准确译出，确非等闲之功。因为英语语系属于拼音文字，其由字母根据发音组合起来的有意义或语法作用

的词必然长短不一，不可能像单音单字的汉语字词一样结构匀称，有利于形式排列。反映在诗歌创作和翻译上，就是英语诗歌的单词长度和诗行度量绝对不可能做到像汉语诗歌一样天然对称。这点也是由象形文字和拼音文字的"天性"造成的固有差别，在方块字的汉语看来是一种"寻常"现象的文字对称美或建筑美，在拼音文字中则是很难绝对做到的。所以，英语诗歌中像中国古典诗歌这样每句都是工工整整几个字严格排列的非常难找，而汉语诗歌的一些形式讲究也很难在英译中求得对应表现形式并达到对等翻译效果。

我们不妨反过来看看英诗汉译的情况，如 William Burford 的 *A Christmas Tree* 一诗，作者为了将诗型构成一个圣诞树的图形，可谓煞费苦心。这样讲究形式对称的诗歌在英语体系中很是少见，而要将它译成别的拼音文字也非常困难，因为要同时考虑音节、音步、字母数的一致才能保证排列长度基本一致。但用汉语来翻译这首诗，这个问题便能轻松解决。

原诗：

A Christmas Tree

Star,

If you are

A love compassionate

You will walk with us this year

We face a glacial distance, who are here

At your feet

黄杲炘先生译诗：

《圣诞树》

星啊，

你那爱中

如果含有怜悯，

来年就和我们同行。

这里我们面对冰河距离

拥挤

在你脚底。

从这个例子可以看出，英语诗歌中的文字排列形式"挑战之作"在汉语文字体系中要对等翻译可谓轻而易举，甚至比原诗在形式上可以显得更"精确"。也即是说，英诗在"建筑"形式上对汉译不构成障碍，而古典汉诗普遍性的规范化形式则对英译增加了相当的难度。这种难度是由语言本身特性决定的，可以说，没有什么特效方法能够彻底解决。唯一可取的翻译法只能是在大量的语词资源中尽量精选，求其接近或无损（原义）。当然，在词汇丰富、同（近）义词奇多的汉语中要做到这一点尚需相当深厚的文字功底，而在英译过程中要做到这一点更可谓是难上加难了。

2. 音韵和谐美的转化障碍

中国古典诗歌产生于劳动中，每每可以合乐作歌，如《诗经》中的"坎坎伐檀兮"，即是劳动群众在伐木中所作的劳动歌谣，与"川江号子"有异曲同工之效。中国古典诗歌"叠韵如两玉相叩，取其铿锵；双声鱼贯珠相连，取其宛转"，从而产生了跌宕起伏、错落有致的音乐美。发展到后来，诗歌的音韵美不仅体现在文字方面的双声叠韵词的选用技巧上，更体现在用字断句的节奏和全篇音韵格律（如宋词、元曲）的严格要求上。因而据此创作出来的诗词均可入乐，或低吟浅唱，或高歌朗诵。古人所谓：柳词如"执手相看泪眼，竟无语凝噎"等需要音清唱，而苏轼的"大江东去，浪淘尽，千古风流人物"之类则需关西大汉执铜琶铁板高歌，于中既有其诗作内容、风格不同带来的差异，也有遣词用字、音韵选择所形成的独特的韵味缘故，而单字单音的汉语体系也为此提供了可能。

（二）中国古典诗歌内容美的翻译传达障碍

《周易·系辞上》说过"言不尽意"，意思是说语言不能尽数地把意思描述彻底。其后的《庄子·天道》也说："意之所随者，不可以言传。"由于语言不可能将人们所想的那些特殊的、个别的东西完全表达出来。特别是那些深刻的道理、复杂的感情、丰富的想象、直觉的心理印象和细微的潜意识衍生，更不容易为它们找到适当的言辞而毫无遗憾地全部描述出来。既然胸中之臆，语言不能一对一地表达出来，那么，一个语言单位就应当承接多个情义单位。一词多义也就成为诗歌创作重要的"复意手法"。刘勰《文心雕龙》"隐秀篇"提过"隐以复意为工"；亚里士多德《诗学》提过"双意复言名词"以及"三义词""四义词"等，说的也是多义性；但丁在《致斯加拉大亲王书》中干脆就提出一个"诗有字面的、寓言的、哲理的、秘奥的四义说"，并强调认为"我们通过文字得到的是一种意义，而通过文字所表示的事物本身所得到的则是另一种意义。头一种意义可以叫作字面的意义，而第二种意义则可称为譬喻的或者神秘的意义"。可见，中西方诗学都十分讲究"诗歌复意特征"的美学意识。《朱自清古典文学论文集》当中有一个很有意思的研究，他运用了英国人恩普逊"意义暧昧的七种类型"理论对中国的四首古典诗歌"古诗十九首"的《行行重行行》、陶潜的《饮酒》、杜甫的《秋兴》、黄庭坚的《登快阁》进行分析，借洋评古，题名《诗多义举例》，正是对诗歌复意特征的强调。由于语言规律不同，古汉语与现代汉语的不同，诗歌复意特征的呈现规律是有所不同的，比如，古代汉诗更多的是一词多义，一句多义，而现代汉诗更多的是一个组合多重意义。但无论古代现代，复意特征始终是汉诗必须遵循的美学创作规律，也是诗歌之所以区别于散文的重要美学特征。

但是，虽然中西方诗学都有诗歌复意手法的讲究，具体到汉诗英译来说，却另有障碍。

1. 语义内涵美的表达障碍

这个障碍其实也就是准确表达原意的问题。这是所有翻译工作都面临的基本问题，然而在中国古诗的翻译中，其难度更为突出。

之所以英译汉诗会存在语义内涵美的表达障碍，是因为：其一，英语词汇在表达丰富内涵和精微定义时，与汉语的凝练还是有着一定的差距的，如"笑"之一字在汉语中只要加上一个单字就可以组成几十种不同的词汇形式，而英语则必须复杂化为词组形式，这在诗歌翻译中无疑是不好匹配的；其二，中国古诗用字精炼，言简意赅，往往一个字就表达了很丰富的内在含义，如："泉声咽危石，日色冷青松"，要用一个英语词汇表达出原诗各对等概念就难以匹配；其三，中国古诗笔法含蓄，往往字面意义与实际意义有相当大的距离，在不了解中国传统文化的外人看来往往觉得风马牛不相及，如"人何在？桂影自婵娟"，倘僵化对译也会令读者不知所云；其四，中国古诗有相当一部分用词中内含典故，一两个字牵出一大段故事或是一段诗文佳话，如"周公吐哺，天下归心"等，也难以在诗词篇幅内加以准确传达；其五，中国古诗用字擅取谐音、双关等手法，如"春蚕到死丝方尽"，在英语文化中不一定存在含有双关意义的对等词，也影响文字内涵美的传达。

2. 文化传统美的沟通障碍

中国是一个有"上下五千年"历史的文明古国，诗歌传统非常久远，因而其中蕴含的民族传统文化内涵也就非常丰富，甚至可以说是非常深奥的。比如中国古诗中常见的所谓"为谁风露立中宵"的怨妇思归和文人志士的"登临""凭栏之叹"一类的题材与意境，在当时无疑是一种美，即使在现代中国，也仍然可以理解成是一种对爱情忠贞、期盼的寂寞美和报国无门、壮志难抒的苍凉美。如何使西方读者对中国传统文化中独有的一些概念达成理解，并能够领会诗文中的独特文化意蕴，从而感悟出美感，则是古诗英译中的又一个难题。文化传统美的沟通障碍是由于中西文化在长期的历史发展过程中产生的固有差异造成的，其中也有民族个性和主流文化的影响在内。此外，还有中国文化中的一些特定的历史内涵，如"问鼎"的概念，也不是简单的汉学研究能够囊括了解的。译文不能解决此一问题，无疑也就谈不上传达中国古典诗歌的文化美感。而这种文化传统的转达任务由于其庞大的信息量，又绝非短短的一首译诗所应该肩负或能够完成的，只是不予传达则又影响译诗质量，所以说构成障碍。这种障碍不是不可解决，而是诗歌篇幅难以负载。

3. 中国古典诗歌意境美的翻译传达障碍

"诗以意为先"，既是汉诗的传统，也是汉诗的本质特征。"辞断意属""留白""造境"是中国古诗词的一个重要艺术手段，而追求"言外之意"则是古汉诗创作中的一个重要审美规律。既然"言不尽意"，就要善于营造"言外之意"。南北朝刘勰《文心雕龙》"隐秀篇"提出："隐也者，文外之重旨者也"，"神思篇"提出："文外曲致，言所不追"。唐代诗人刘禹锡《董氏武陵集纪》倡导"义、境存于言外、象外"；宋代欧阳修《六一诗话》提倡"状难写之景如在目前，含不尽之意见于言外"；宋代严羽《沧浪诗话》提出"别材""别趣"之说，强调诗创作要"言有尽而意无穷"；清代王士帧则提出"神韵说"，他强调"得意忘言之妙"，"神"是形外之真，"韵"是声外之远。从以上诗人和诗评家的主张，可以看出中国传统诗歌美学的一个绵绵不绝的脉络：崇尚言外之意。千百年来这个倡导的一脉相承，说明了这是一个客观的诗歌创作美学规律。法国诗人玛拉美有一句很著名的格言——"说明是破坏，暗示才是创造"，同样是诠释诗歌创作的"言外之意"的美学要求。意境指的是通过形象性的情景交融的艺术描写，把读者引入一个想象的空间的艺术境界。

译者必须首先把握意境的总体特征，即情景交融的表现特征，虚实相生的结构特征和韵味无穷的审美特征，然后才能通过艺术语言去表达原文的神韵。问题在于：意境的营造，除了客观图景与思想感情之外，一个必要条件就是艺术语言，而这个所谓艺术语言则是以模糊为其核心。美国人詹姆斯·邓恩说过："也许把中国诗译成英文诗的最重要问题是目标语言不能像原始版本那样容纳那么多的歧义以及由此所产生的那么多语义的浓缩。"因为西方修辞学认为模糊是语言里的一种错误，希望限制它，消除它；中国修辞学则认为它是语言力量的必然结果，是大多数重要话语的必不可少的方式。实际上，语言的模糊性是语言具有弹性的表现。语言模糊性的作用主要体现在：扩大了语言表达的信息容量，拓宽了语言表达的想象空间。

（三）诗歌翻译技巧中的文体传播要素

1. 形义兼顾求"信"美

毫无疑问，诗歌的本义、内容在翻译中要完整地传达给读者，这是一个译者最起码的工作任务。从19世纪末严复提出"信、达、雅"的翻译标准，直至今天我国通用的基本翻译标准：准确和通顺，都是要求翻译作品至少要忠实于原作。但是，具体到诗歌翻译中来说，忠实于原作的要求，应该还要包括相对其他文体更为强调形式对等的美学概念。目前，翻译界有一种观点认为：在诗歌翻译中，如果注意形式，就必然影响对内容的传达，因此，宁可舍弃形式，也不能"因形容义"。但作者表达思想总要采用某种手法，手法不同，效果必然两样。因此，译者要在译语许可的范围内，尽量保存原作的表现手法。由于诗歌有多种体裁，尤其是中国古代诗歌，大有诗、歌、词、曲之类，小有三、四、五、七言之分与律、绝之别等等，形义并求有较大难度，要绝对地在不影响内容丰富性的情况下将其形式照译出来很难做到，但正因为有难度才需要我们更严格地要求自己。如果对此不予理会，比如"把中国（古典）诗词译成散体或分行散文，无论传情达意的程度多么高，也译不出原文的'诗味'"，也就无法让外国读者真正认识中国诗歌的面目、精奥，从而失去了翻译的意义。

2. 音韵协调现诗美

诗歌是语言和音乐结合的艺术，各民族诗歌最通用的表现手法就是：诗人按其本族语言的声律，使诗中语音、韵律随着思想感情的变化而变化，以达成深入人心的最佳艺术效果。诗歌有格律诗与自由诗之分，有韵体诗和无韵诗之分。无韵诗、自由诗的翻译轻便得多，但韵体诗乃至格律诗在中西传统诗歌中所占的分量乃是绝大多数，为万众所流传吟诵的也大多是格律诗，或至少是韵体诗。那么我们在翻译诗歌时，不可避免地便牵涉对音韵、节奏、格律的处理问题。

简而言之，节奏主要指音响运动的轻重、缓急形成的节拍；韵律是在节奏的基础上形成的，内涵更丰富，表现为一种特有的韵味和情趣，是一种富有情感的节奏。诗的音韵、节奏是通过诗中音节的长短、轻重、快慢和选字用韵形成的，通过这些因素有规律的变化，来引起读者的心理情感活动，促进产生共鸣，并因此而成为诗歌艺术美的一个重要组成部分。它既能强化诗内容的传达，本身又有相对独立的欣赏价值。奈达说："节律指节奏和韵律，其重要性在口语交际中一般都能得到承认，而在书面语中则被认为无关紧要，这是错误的。即使是默读，读者心里也会想到有关话语口诵形式的韵律格式。如果打破韵律节奏的原则，文章的感染力便会受到影响。"许渊冲先生在《三谈意美、音美、形美》一文中也谈道："一般说来诗词都具有意美、音美、形美，如果只再现原诗的意美，无论程度大小，即使是百分之百，也不可能是忠实于原诗的。"但对此却有许多人存在不同看法，关键原因实际就在于，要多一道音韵、格律的关口和束缚，增加了译诗的难度。但丰富多彩的音韵美正是诗歌的一大艺术特色，属于文学艺术瑰宝，如舍而不译，又如何向异域读者传递真实的诗歌之美呢？

因此，对格律诗是应该尽量就其音韵、格律作出对译，以传达诗歌特色美感。至于如何做，笔者认为许渊冲、杨德豫等先生都有很好的探索给我们作榜样。

3. 汉英双修讲"炼字"

诗歌是唯美的文学，是非常讲究文字之美的。特别是由于中国文字的精炼、优美、含蓄、传神，以及中华民族传统文化重"心性、灵气"等原因，中国旧体诗歌的文字之美更是举世无双的。因此，翻译工作者译诗尤其是译介中国旧体诗歌时，就应该把传递"文字之美"的要求列入工作目标。不仅要尽量领会诗中文字之妙，而且也要向"吟安一个字、捻断数茎须"的唐代苦吟诗人学习，为了在目的语中找到一个贴切的对称词语不惜耗费心血，钻研请教，力求到位。

4. 意象传达靠"造境"

一首好诗乃至一首好的译诗所必须具备的一大因素，就是意象的完美传达。这当然也是译诗的一个艰难的、较高的要求，而且应该是在实践了前述三个要求，即在内容形式、音韵文字等方面都做到基本的相符之后，才可以进一步谈到的问题。就中国传统旧体诗和西方现代派诗歌的翻译来说，意象的传达就更加重要。从某种角度来说，原诗中意象是否能够得到较完美的传达，在很大程度上决定了译诗是否成功。因为，形、音、义虽全，只能说译作像诗，或最多是诗，而不能表明其艺术水准和独到之处。从艺术创造的美学价值上说，中国传统旧体诗依靠"造境"而产生的意象美正是其要旨所在，因此更应尽力予以传达。这是由于汉民族是一个讲究悟性、心意、气象等的民族，其文化求圆满、和谐、对称、交融，重个人感受和心领神会，反映在语言文学上，则重意合、象征，常借意象暗示自己的思想感情变化，以客观融入主观，喜欢托物寄情，遗形写神，于是才有了观舞剑而悟书画之骨气，观山景而明书画之意脉之类说法。中国特别发达的古典旧体诗歌，从开始的诗言志、诗言情，到韵外之致、味外之旨，再到神韵、格调性灵、境界诸说，均强调心境意绪的传达。诗人往往感触外物而引起联想、完成意象，寄托心意。由此说来：诗歌之形式可比之为皮，内容可比之为肉，音韵格律可比之为血，而意象则可比之为骨。

汉诗之精彩乃在于骨气凛然，感人至深。如古典汉诗所特有的诗人"凭栏"之叹，就往往寄托着中国古代士人（知识分子）忧国忧民、胸怀壮志，渴望一展抱负的豪情气概。如果译诗能把这一类内蕴意象传达出来，才算真正把诗歌的高超精妙之处翻译出来。其他如音韵格律不可谓不重要，不可谓不是特色，不可不尽力传达。但如果仅仅做好形式、内容、文字、音韵格律翻译，还只能算是合格之作。译者应该要从该民族文化氛围的总体出发去理解原作的寓意及效果，翻译时又要注意保持译文中的意象与原作的整个文化氛围和民族特色相一致，还需和原文的文体效果相一致。唯有在此基础上，把诗歌的意象美完整而恰当地传达出来，才能基本算是成功的译诗。

5. 妙手偶得抓神韵

对译诗而言，尽最大努力传达出原文的全部神韵，应该是译者所追求的最高目标。神韵是我国传统文论和美学里的一个抽象概念。林语堂先生认为，神韵是原文的"字神句气与言外之意"，而季羡林先生则称之为"一看就懂，一问就糊涂"。如前所述，韵律为诗之血，意象为诗之骨，则神韵自可比之为诗之"神"。诗之精神所在，常人难见，更难翻译，但是虽然神韵难求，也不应就此轻言放弃，而应不可不求。因为一首传世名作，其强大的生命力就在于其内在神韵。

如刘邦《大风歌》：

> 大风起兮云飞扬，
> 威加海内兮归故乡，
> 安得猛士兮守四方。

短短三句，一代霸主气概跃然纸上，真可谓豪情四溢，英气逼人。如此神韵，如不能传达出来，使外国读者只能得其字义，则实为憾事。中国古代诗歌之神韵往往体现在炼字上。一些特殊的字往往直接象征着一种意境，带来特定神韵，如"长江、大河"之称，便是古人有意将黄河统称为"大河"，使之既与长江相配，又体现大河气概，神韵即现。也有将普通字眼用活而用出神韵的，如"春风又绿江南岸"之"绿"字，"应是绿肥红瘦"之"肥"字，即是炼字之功、神韵所存。

其实英语字句中也并不乏此类神来之笔。如一句"yesterday more"，即内含无尽深意！若翻成"昨日再来"，则蕴含几多希望，充满了生命的亮色；翻成"昨日重现"，则带着几许庆幸，体现生命夜深酒阑之后的意外惊喜；翻成"昨日不再"，则充满凄怆感怀、伤时悲逝之情，充满生命的无奈与沧桑。

而无论哪种翻法，都不能完整传达原句意蕴。仅此一句，就可令不同经历、情绪读者有不同感受，真可谓"神韵难求"，而越是这样神来之笔，偏偏越令人欲穷其究竟，正所谓"爱美之心，人皆有之"，也因此，我们对于诗歌神韵的传达应该抱着"明知山有虎，偏向虎山行"的态度，尽力而为，尽可能地传达。当然，这已是对一首诗歌翻译的极致，是译者的化境了，需要狠下一番熔解、提炼、重铸之功，绝非轻易得来，但这条终极要求或曰标准却不可不提，只是希望"文章本天成，妙手偶得之"罢了。诗歌翻译应该遵循逐级递进、全面的审美要求。其间，更多关注的是语义信息之外的外部信息如音韵、节奏、风格、意境等信息，因为外部信息往往体现了一种语言的特色，而成为美学信息的载体，在文学翻译中，外部信息是不可忽视的信息。虽然，从美学角度对诗歌翻译提出的这些要求，有眼高手低、求全责备之嫌，但正如厨师与食客的关系，有人提出一点要求和希望总是一种关注和动力。

（四）文化传播与诗歌翻译审美规律

1. 主题深入人心，注重情感需求

传播内容是传播活动赖以发生的原动力。无论是从哪个角度对传播活动施加的控制，本质上都是对内容的追求或限制。抓住了传播内容这一关，也就是抓住了传播活动的龙头。由于传播成立的重要前提之一，是传受双方必须有共通的意义空间。这意味着双方必须对符号意义拥有共通的理解。广义上，共通的意义空间还包括人们大体一致或接近的生活经验和文化背景，而人类的共同社会实践必然产生共同的审美心理结构，审美标准的共同性和差异性是辩证统一的。因此，异域文化传播首先必须以各民族共通的意义空间为基础，从而找到情感审美沟通的融入点，如爱就是人类共同的永恒情感，其意义空间存在强烈的共通性，此外，还有爱好和平、热爱祖国、珍惜友谊等。以这样一些共通的人类情感、意识作为传播沟通的主题，并倾注真挚的感情于其中，则易于打动受众，赢得关注和喜爱。如庞德古汉诗翻译实践所选取的大多是一些描写人类普遍感情主题的诗歌，而且其中的感情质朴自然，容易取得理解和共鸣，从而有可能实现其追求"超越国界与时代的世界文学的标准"的翻译目的；许渊冲教授特别强调诗歌翻译的"意美"，而这个"意美"不仅包括译作传达之"意"美，从哲学上说也必然包括原作的主题、感情意蕴美，否则追求译作之"意美"无异于缘木求鱼，这就同时为我们指出了诗歌翻译的传播内容控制方向；赵译《荒原》准确地传达了原作中渲染的现代人精神世界的"荒原意识"和艾略特对现代人类生存状态的洞察与反思，诗中现代人特有的"荒原求水的焦渴"足以深入每个人的内心，而且其中的群体性隐痛正暗合当时中国国情，因此赵译的成功首先得益于情感主题的选材成功。而从清末民初诗歌汉译主题的多样化转型中，我们也可以明确地得出这一结论。

2. 形式优美自然，切合时代需求

传播活动本身是一个内容和形式相结合的过程，受众既关注信息文本的内容，同时也必然对信息文本的形式有浓厚的兴趣。在一般的传播过程中受众往往是首先注意到了信息文本的形式，进而才会关注信息文本的内容。在亚里士多德看来，形式创造了差异，而这是质料所无能为力的，他把美规定为形式，认为艺术之所以为艺术不在质料而在形式中。形式已成为美和艺术的规定和根据，而正是形式使美和艺术成为可能。在谈到形式美的规则时，荷加斯说："这些规则就是：适应、多样、统一、单纯、复杂和尺寸所有这一切都参加美的创造，互相补充，有时互相制约。"就传播效果而言，即便是同一条信息，用词的粗俗与礼貌、声音的有力与无力、语气的坚定与犹疑，声调的高低、节奏的快慢、韵律的有无等等，都会引起接受方的不同反应。根据欧陆学派语用学家维索尔伦提出来的语言顺应理论：语言的使用过程就是交际双方进行语言选择的过程；语言的选择就是对语言作出种种顺应，如语境关系顺应、语言结构顺应、动态顺应、自觉顺应等。译者也应恰当地顺应语境，领会原文的意义和功能，有策略地选择得体的表达方式，提高翻译的速度与质量，从而满足交际的需要。因此，文化传播在体裁、音韵、文字、修辞等方面的形式选择，将直接影响到传播覆盖面和传播深度效果。如许渊冲教授提出的"形美""音美"，就都属于形式美的范畴；庞德以西方自由诗形式翻译古汉诗，由于符合西方读者习惯的形式，就达到了自然即优美的境界赢得了社会的欢迎和自身的生存发展空间，起到了文化传播的应有效用；赵译的《荒原》较好地保持了原作广泛采用的象征、寓言、时空错位、梦幻、意识流等写作技巧和多层次、多线条、多视角的表现手法，有助于人们全面了解西方现代派表现手法，得到文艺界人士的接受和认可，并使译作生命力延续至今；清末民初诗歌汉译的形式转型，以新体格律诗形式或自由诗形式翻译外文诗，由于双方形式的先天吻合，同时切合时代需求，也取得了开创性的成功。

3. 差异沟通和谐，满足心理需求

文化传播者对源语文化的译介能否成功取决于是否愿意并能够在异域文化氛围内对之作出合适的转化和阐释，以取得有效的沟通民族心理原型的差异，造就了独特的民族思维方式和审美意识，这是跨文化交际的重大障碍。任何一部特定的文学作品的创作者，由于长期的民族文化的教育与熏陶，他都天然地内蕴民族精神、民族情感、民族文化、民族习俗，同时熟谙他所属民族的人际传播与社会交流的全部技术与"具体的行动序列",并必然在其作品中自觉和不自觉地表现从来。这就要求译者在异域传播中和谐沟通差异,忠实传达原意。但是,由于世界经济文化的不平等现象,由于欧洲历史上的殖民主义污点,近代在译界也出现了一些提倡"译者主体性",割裂文化,篡改原作的翻译现象、手法和流派,如"食人主义翻译",而从文化传播的效果和规律来说,这种做法必然是费力不讨好的。传播学研究表明传播是一种人与人沟通和交流的过程,任何一种传播都必然是一种通过信息的授受和反馈而展开的社会互动行为。

传播者通常处于主动地位,但传播对象也不是单纯的被动角色,他可以通过信息反馈来影响传播者。所以要使传播有效,就要从受众的需要出发,改变长期以来以简单灌输为主的传播方式并转到平等的交流上来,在信息传播中要体现一种人文关怀。因此,要取得预期的良好传播效果,正确的做法应是尊重并接受译入语文化习惯,既尽量减少异域文化障碍又充分展示其文化特色,在不改变原作本意的前提下主动适应对方,做好转化与类同的沟通工作,使传播对象能够平等和谐地融入接受方,并争取达到对等的艺术效果。具体操作中较好的方法则是阐释文化时做到同中有异、异中有同,则既能给人亲切感,又能予人新鲜感。新鲜感再加上亲切感就自然能够强化异域文化的吸引力。在这方面,许渊冲教授倡导的"翻译的时候,要发挥译语的优势",采取"浅化扭转劣势、等化争取均势、深化发挥优势"的方法就是最平和、务实的解决途径;庞德将西方读者基本没有接触的古汉诗翻译出版,既不孜孜以求于完全对等,又重点传达出原作的突出特色,其审美传达方式既符合人们基于本土文化习惯的期待心理,又介绍了众多新奇的情感、语言表达方式,满足了人们的探究心理和求异心理;赵萝蕤提出:"要绝对服从每一种语言的、它的自己的特点和规律,因此如果两种语言都能胜任的话,翻译时就应该遵循各自的特点和规律",而她采用白话自由诗亦步亦趋地移译以"自由体"为主的《荒原》的成功实践证明了文化传播的这一审美规律;清末民初诗歌汉译的转型则自觉或不自觉地依照社会价值观和接受准则调整了自己的翻译策略,翻译手段从归化翻译转变为异化翻译,表现方式从主题的多元到形式的自由乃至语言的新潮,无不与当时的中国文化动态环环相扣,符合社会的心理需要。

4. 文字晓畅通俗,符合大众需求

著名翻译理论家刘宓庆认为:"翻译是社会性的语际交流行为,为了保证社会交流效果,译者不能不依照社会接受的准则行事,选择、优化他的译语。"他还特别提到:"必须确立翻译审美标准的时代性,今天的翻译应适应当代清晰、流畅的文风，具有时代感；必须确立翻译审美标准的社会性，翻译审美效果应以社会价值观为调节杠杆。"① 美国的梅尔文·德弗勒曾经指出美国大众传播内容的一个特点，即：那些不断触怒批评家，广泛传布并拥有广大受众的内容的特点就是形式简单、内容浅显、接受起来无须特别费脑筋，而这正是最容易在普通大众中流行的内容。如《哈利·波特》的成功传播案例就是如此，这部书并不是什么内容深刻的大作，但却被译为几十种语言，全球同步上市。而那些媒介批评家认为趣味高雅，能起到提高道德、教育和某种鼓舞的作用的内容，比如严肃的音乐、意味深长的戏剧、政治讨论等，即使有时得到外力广泛传布但仍不一定能拥有广大受众。从中可以得到一个启示：如果想拥有受众，拥有更多实际数量的受众，那么我们的传播系统中，就要有一部分内容做到"内容浅显、形式简单"——注意，它与浅薄、低俗、粗鄙不是一回事。即内容、形式让人接受起来一点都不费劲儿，但却给人以深深的心灵震动。这个道理，就是深入浅出的意思。因为，哪怕是一个非常深奥的道理、一个非常艰涩的理论，如果你真正弄懂了、弄透了，也完全可以用大白话说出来。许渊冲教授的"三之论"指出"文学翻译的目的是使读者知之、好之、乐之"，也就是说翻译应做到让读者能看懂意蕴、引发喜好、提高鉴赏，说明与时代挂钩、力求雅俗共赏是诗歌翻译审美规律的应有之义；庞德的诗歌翻译既注重"闪光的细节"和意象的再现，又做到节奏自由、语言平实、感情质朴，毫无虚饰浮词，以走向生活的审美姿态实现了其明确的翻译功利性；以《荒原》来看，虽然作品耗时 7 年，专家评价极高，但无论在当时还是今天，应该说它的传播面远未达到与其艺术水准相应的程度，这不能不说与它的艰涩难懂有关，翻译取直译法，对原作的这一特点没有改善，其传播面自然同样受到影响，这也充分反证了诗歌翻译乃至文化传播的通俗明了、符合大众需求审美规律。

　　5. 载体美观便捷，联系时代需求

　　要使受众关注相关信息，其中一个重要的原则就是信息的易得性，即在众多信息的竞争中，自己发布的信息对受众而言是最容易得到的。文化传播必然牵涉载体选择。尤其在现代社会，科技发展日新月异，信息技术突飞猛进，人们已经处于一个信息爆炸的时代，无论是普通的受传者还是专门性的受传者，在自己关注或有兴趣的方向上的信息数量，都远远超出了个人的信息接受和处理能力。在有限的时间、精力约束情况下，"文化快餐"成为大多数人不得已的必然选择。同时，市场经济运作中商品化趋势、版权制度也要求文艺产

---

① 　刘宓庆：刘宓庆翻译散论 [M].北京：中国对外翻译出版公司，2006：35.

品要进行自我营销，也要有一种流行时尚。在这样一种鱼龙混杂、文化包围的形势下，从文化营销和自我突围的角度看，传播载体选择与优化已经成为文化传播审美规律的一个重要方面。具体地说，载体审美主要体现在两个方面，一是审美性强、吸引眼球，如书籍的装帧美观、印刷清晰等，这点与人们生活质量提高有关，可从热销书籍的主题外因素中看出；二是取用方便、反应敏捷，如互联网的信息集中、随需随用等，这点有"百度"取代词典等工具书的事实为证。就诗歌翻译而言，如能在载体审美上多下功夫，无疑也将有效促进传播。

三、实例分析

中华民族历史悠久，文化源远流长，具有极其旺盛的生命力。中国的古典诗词作为中华民族文化遗产中的一个非常重要的组成部分，是中国几千年灿烂文化的精髓之一。因此，对它的翻译无疑是向西方及全世界介绍和传播中国诗文化的一条重要途径。

（一）诗歌赏析及其译文

无题（李商隐）

相见时难别亦难，东风无力百花残。

春蚕到死丝方尽，蜡炬成灰泪始干。

晓镜但愁云鬓改，夜吟应觉月光寒。

蓬山此去无多路，青鸟殷勤为探看。

李商隐这首《无题》是一首爱情诗，表达了一位女性对于心上人的思恋。首句说相见不易，因此离别时更难，点出了相恋之不易。第二句写东风的无力，百花凋残，渲染离别时的景象，更加深了心中的茫然和痛楚。然而纵使生命消逝，这思念和爱恋之情又如何挣脱呢？恰如春蚕，不将生命耗尽，又怎能挣脱这无尽的情丝？又像蜡烛，不成烟成灰，又怎能逃离这苦苦流泪的命运？每每清晨对镜不由得为容貌暗换而伤心；静夜独自徘徊低吟，如霜的月光怎能不让人觉得寒冷？这句写尽了人间苦苦相恋的挚爱真情。如何才能心上人知道自己的痴情呢？蓬山距此不远了，却是咫尺天涯。青鸟啊，请帮我去打探打探，带去我的思念，带回他的音信吧。这正是苦恋中伊人的痴梦。

译文一

Witter Bynner

TO ONE UNNAMED

Time was long before I met her, but is longer since we parted,

and the east wind has arisen and a hundred flowers are gone,

And the silk-worms of spring will weave until they die,

and every night the candles will weep their wicks away.

Mornings in her mirror she sees her hair-cloud changing,

yet she dares the chill of moonlight with her evening song.

It is not so very far to her Enchanted Mountain,

One blue-birds, be listening! Bring me what she says![①]

译文二

Innes Hardan

TO...

Hard it was to see each other-

hard still to part!

The east wind has no force,

the hundred flowers wither,

The silkworm dies in spring,

when her thread ls spun ;

The candles dries its tears,

only when burnt to the end.

Grief at the morning mirror-

cloud-like hair must change ;

Verses hummed at night,

feeling the chill of moonlight,

Yet from here to Paradise,

the way is not so far :

Helpful bluebird,

Bring me news of her![②]

---

① 穆诗雄.跨文化传播——中国古典诗歌英译论 [M].合肥：中国科学技术大学出版社，2004：45.

② 许渊冲.许渊冲经典英译古代诗歌 1000 首 诗经 [M].北京：海豚出版社，2015：62.

译文三

X.Y.Z.

TO ONE UNNAMED

It's difficult for us to meet and hard to part；

the east wind is too weak to revive flowers dead.

Spring silkworm till death spins silk from love-sick heart，

and candles but when burnt up have no tears to shed.

At dawn I'm grieve to think your mirrored hair turns grey；

at night you would feel cold while I croon by moonnight.

To the three fairy hills is not a long way.

Would the blue birds oft fly to see you on the height!①

（二）从动态对等角度比较分析译文

对于翻译作品的评价，美国翻译理论家奈达提出了著名的"功能对等论"，这一理论将翻译的过程清晰地划分为分析、转换和构建三个部分，并将译文读者和原文读者在阅读过程中的反应是否对等作为衡量翻译的最高标准，故又称为"读者同等反应论"。这一理论在翻译学界广受推崇。

从这个角度出发，我们来看这三篇译文。

1. 分析过程

（1）对于语义的掌握

译者的双语能力的强弱，是决定译文好坏的一个重要因素。在分析阶段，中国译者使用母语，与外国译者相比较占很大优势，与之相对应，外国译者在构建过程中使用母语，问题相对较少。因此，译文出现的问题，中文译者多出在表达，而外国译者多出在理解。

暂且抛开文化内涵不咎，由于母语上的优势，中国译者在字词句方面的理解问题可以忽略。而外国译者由于母语表达相对顺畅，译文问题关键出于这个分析阶段。因此，在这个阶段，我们重点分析外国译者对于诗的理解。

第一种译文为"美国诗坛领袖人物之一"宾纳所译：第一句"相见时难别亦难"中的"难"字是关键，从译文可以看出，译者的意译虽然费了番苦心，却并没有译出这句话的精髓。尤其"别亦难"并非时间长短的问题，而是因为感情的炽热，使得相恋的人难舍难分。第二句中的"无力"和"残"这两个词是本句话渲染意境的重点，却被译者完全忽略。至于千古名句"春蚕到死丝方

---

① 许渊冲. 许渊冲经典英译古代诗歌 1000 首 诗经 [M]. 北京：海豚出版社，2015：63.

尽，蜡炬成灰泪始干"的翻译，"丝方尽"和"泪始干"的意思基本没有翻译出来，译文缺乏诗意美感，看上去莫名其妙。考虑到译者的表达问题不大，可以推断其对于原文的内涵理解并不透彻。最好的例子就是此句中"丝"为双关语，谐音"相思"之思，也表达了相思之情。"晓镜但愁云鬓改"的"愁"字用得很妙，却也没有被译出。

较之第一种译文，第二种对诗歌的整体词义句义把握精确了很多，比较偏向直译，但仍然存在一些理解问题。与宾纳所存在的问题相同，在"春蚕"一句中，汉语"丝"与"思"谐音，诗中一语双关，蚕"丝"意寓"相思"，但是从译文看来，译者并没有体会出"丝"之"相思"之意，没有译出原句的内含意义和美感。此外，"晓镜"一句"must"翻译得有些过，对原文的意思有曲解。

（2）对于文化的掌握

中国古代诗歌中所蕴含的文化，非常明显的一个就是对于典故的运用。

典故的文化内涵尤其丰富，是一种语言系统里特有的表达，它在诗中含有该种语言的特有的意义。李商隐的诗更具有"镶嵌典故保藏细密、意境朦胧"的特点。

李商隐这首爱情诗，表达的是一位女性对于心上人的思恋。诗中，"青鸟"是一个典故，指传递消息的人。《汉武故事》载西王母会汉武帝，有青鸟先到殿前。故后人就以"青鸟"为使者的代称，且认为可以驱使青鸟者为女性。

译文一从一开始，就以男性的口吻来叙述，完全误解了原诗的意思。这是由于对于中国典故的不了解。同样，译文二的最后一句" Helpful bluebird, bring me news of her!"也表明译者误认为叙述者为男性。

译文三为中国译者许渊冲先生所做。他的译文中，人称指代男性还是女性很难看出，比较含混。

诗中还有另一处典故"蓬山"。蓬山是蓬莱山的简称，传说中的海上仙山之一，这里指对方的住处。蓬山在汉语古诗中常用来比喻可望而不可即之地。

"蓬山此去无多路，青鸟殷勤为探看。"这句照应全诗第一句，说两人天各一方，她不能与自己的心上人在一起，因此希望有人能带她去表达她刻骨铭心的相思之苦。前两种译文：It is not very far to Her Enchanted Mountain 或 Yet from here to Paradise 使思念的对象住在"仙山"或"天堂"了。表述过分夸张，言外之意是思念的对象不是活在人世间的人。体现了对于文化典故的理解有误。相比较，许渊冲的译文"the three fairy hills"，"传说中的山"比较适当。

2. 转化

"转化"这个步骤是分析和构建的连接过程，是与分析密不可分的。分析的好坏决定了它的好坏。由于这个过程微妙，难以考证，且讨论起来意义不大，因此我们不作讨论，直接分析构建这一步骤。

3. 构建

前文我们已经讨论过：译文出现的问题，中国译者多出在构建表达，而外国译者多出在分析理解。因此，我们将使用母语构建译文的外国译者的表达问题忽略不计，单单来看中国译者的构建。

通读许渊冲先生的译文，我们发现，除去文化典故的理解问题，译文的遣词造句非常到位，每一句话的深层含义都可以较好的表达。当然，这是与他到位的理解分不开的。

站在一个掌握双语的中国读者的角度来评判，笔者认为：该译文不仅准确地表达了原诗的意思，而且还独具匠心地为译文作韵，补偿了中国古代诗歌韵律美的优点。这是一般外国译者很难做到的。也体现了许渊冲先生深厚的双语功底。当然为了押韵，译文也缺失了一些原文的美感和意境。这是许先生构建译文中的遗憾。但是，从"音美""意美""形美"这个标准来评判。译文较前两者而言更好地译出了原文的精华。

4. 读者反应 VS 译者任务

从读者反应的角度来看，我们无法做出准确的评估。但是大体上可以认定，当外国读者看到外国译者的译作时，如译文二，与中国译者译文（译文三）相比，他们会感到较强的美感。他们可能会觉得中国译者的翻译不符合自己的语言习惯和审美习惯，读起来有些奇怪。但是，我们绝不能够说，外国译者的译文由于译入语地道，读者反映良好，比较像是中国人读中国诗时的赏心悦目，就说他们的译文略胜一筹。"反应良好"，并非"反应一致"，不能够构成评判译文的单一标准。

在"读者反应"这一问题上，王东风博士在他的论文中也曾经提出了质疑，他认为，将读者的同等反应作为翻译的最高境界不符合文化的规律。文化差异的客观存在表明了来自不同文化的读者不可能对反应不同文化的文本作出相同的反应。

笔者认为，外国读者的反应最不能够体现的就是中华民族诗文化的传播和接收。其实，即使不译成诗歌，外国读者在读一篇被他们本国译者将中国的叙事诗译成的小说也可能有相同的良好感受。

外国读者对于外国翻译家的译作反应较好，只能够说明他们从自己文的思维角度体会到了美感。然而，当今翻译已经成为理解和学习外国文化的关键。与此同时，译者也被赋予了新的任务：他是在国际化世界中从事文化间交流的专家，是文化的传播者。外国读者对于中国译者的译文感到奇怪的地方，恰恰就是中国文化与他们本国文化的碰撞。从文化传播的角度来说，后者反而更有力度。

译者的任务是要在两种文化之间架起沟通的桥梁，帮助译文读者了解源语文化中的社会、家庭、生活教育及宗教制度，了解外国的生活方式、风俗习惯、礼俗规范、语言表现形式等，以及外国人的思维方式、信仰、价值观念、审美情趣等。译者应该尽最大努力在译文中再现原文的文化色彩。

因此，笔者认为，从读者反应来看，外国译者的译文的优秀在于他们在母语表达方面的顺畅，符合读者的思维。它们的作用是提供给外国读者一个接受中国文化的契机，让他们了解一些皮毛，从而产生兴趣。而基于译者的任务，中国译者的译文，虽然对于国外读者而言不符合他们的思维，它们的作用却又更加重要的意义：是全方位地传播中华民族优秀文化，使得读者认识中国，了解中国。外国译者的译作仿佛是一个入门，而中国译者的译作则是一本教科书。

（三）中国译者的优势

综合前面的分析，我们可以看出对于中国古典诗歌的翻译，中国译者与外国译者相比较是有一定优势的。这种优势主要体现在语言和文化上。

1.语言优势

前文提到，译者的双语能力的强弱，是决定译文好坏的一个重要因素。翻译过程中中国译者的主要困难在构建上，外国译者的主要困难在分析上。表面看上去，二者所遇到的困难大小差不多。但是，根据奈达的理论和我们的常识，我们可以知道，没有准确的分析理解，就谈不上构建表达。理解不到位，再出色的表达也只会造成曲解。分析是构建的前提和基础。所以在翻译中国古典诗歌上，中国译者还是有一定优势的。

而且，即使分析和构建在翻译过程中同等重要，在中国译者和外国译者母语都没有问题的前提下，事实上，大体来讲，中国译者对于英文的掌握应该比国外学者对于中文的掌握要好一些。这也使得中国译者在双语能力上占据较大的优势。这是因为：

①一直以来，英语是全球性的语言，和全球化紧密相关，国际会议首选英语作为翻译语言，世界各国人民的交往多采用英语。它流通广泛，广为人知，研究的人和途径较多。相对而言，汉语研究的人比较少，以前也并没有受

到世界的关注，对国外研究者而言，研究途径也比较少。

②从语言本身来看，英文由于逻辑性强，较易掌握。而汉语不注重逻辑性，字词组合随机而规律性不强，变化莫测，较难掌握，并且汉语还是诗歌的最好载体，其他语言都难以匹敌。汉语有一个几乎是取之不尽、用之不竭的表现方式的宝库，可以描绘任何最细致的感情色彩，常常有些词语，在欧洲语言的翻译中好像都是同义词，但在汉语原文中都很容易把它们区别开来。外国语言学家从语言的对比中发现汉语是伟大的语言宝库。因此，中国人学习英语的困难要远远小于外国人学习中文的困难，在双语能力上，中国译者翻译中国诗歌比较国外译者而言具有优势。

2. 文化优势

王佐良先生曾经说过："翻译者必须是一个真正意义上的文化人。"翻译学家尤金·奈达指出："对于真正成功的翻译而言，熟悉两种文化甚至比掌握两种语言更为重要，因为词语只有在其作用的文化背景中才有意义。"文化具有鲜明的民族性特点，是不同民族在特定的历史、地理、宗教、习俗等环境里的独特创造。文化是语言赖以生存和发展的土壤，语言不能脱离文化而存在，语言翻译的根本任务就是文化传播和交流文化。

从前面对于译文的分析，可以看出，对于一些中国文化背景，中外译者都不熟悉，因此导致误解。但是，可以确定的一点是，总体上讲，对于中国历史文化，中国译者在了解和理解能力上占据绝对优势。

中华民族历史悠久，中华文化源远流长。对于它的理解不是一时的研究就能够理解得透彻的。因此，土生土长的中国译者，即使不专门研究本土文化，他们在成长过程中也潜移默化地学习了许多。即使对于那些和外国译者一样没有接触过的中国历史文化典故，中国译者具有更迅速的学习和接受能力，在理解方面潜力和可能性较大。如果再加上潜心研究，外国译者在此方面就更不可与之同日而语了。

在理解过程中，借助文化熟悉这一优势，中国译者可以理解得更加到位。在译文构建步骤中，中国译者也因文化优势而可以更好地胜任译者文化传播这一使命。所以说，一般情况下，对于中国诗歌的翻译，中国译者在文化上独占优势。

第八章 跨文化传播下的翻译功能之广告宣传类

在商品经济繁荣的现代社会，广告作为一种应用语言，广告的目的就是为了立刻能引起读者的注意，刺激读者购买产品的欲望，因此，许多广告语都是经过反复推敲的，句法多种多样而且内涵丰富。因此，译者在翻译广告英语的时候使用恰当的翻译方法，才能达到我们期望的翻译效果。

第一节 广告英语翻译概述

一、广告翻译的定义与目的

（一）广告翻译的定义

广告翻译指对广告文本的翻译。广告翻译是翻译的一种，它既具有所有类型翻译的共同属性，又有其自身特有的属性。广告翻译具备"翻译研究"一章对翻译行为所描述的所有属性。因此，广告翻译是一种有目的的行为。广告翻译的行为包括广告原文要素、译者要素和广告译文要素。在广告翻译中，译者既是广告原文的接受者，也是译文的制造者和发送者。广告翻译的内容，至少应该包括广告原文的信息意义、文化意义和艺术意义。

（二）广告翻译的目的

翻译的目的决定翻译的策略和手段。要探讨商业广告翻译的理论，不可忽视广告翻译的目的性。如果广告翻译的目的是向国外市场推销广告所宣传的产品，首先要考虑的是对目标语族消费者的宣传效果。为了达到好的效果，就要设法避免市场因素和社会因素带来的障碍。如果翻译的目的是学术性的，是想探讨某条广告的语言学价值和美学价值，就要设法再现这条广告到底想说什么，说了什么，怎么说的。因此，翻译时只考虑对原宣传对象的宣传效果即可，而不必考虑对目标语族的宣传效果。对于这种学术性翻译，忠实是翻译的基本原则。但是，对于以商业为目的的广告翻译，"忠实"并不是第一性的。广告是一种竞争性的商业行为，目的是争取消费者，必然以消费者为中心，投其所好，供其所需，以打动他们的心弦，促成他们的购买行动。这是广告的最终目的，也是广告翻译的最终目的。有关商业广告翻译的一切活动，均应以此为目标。

对广告进行翻译，意味着广告宣传对象这个最关键要素的改变。由于宣传对象在政治、经济、文化等方面的不同背景，为了投其所好、避其所忌，翻译中少不了修改补添的做法。即使是同一产品的同一条广告，对不同的宣传对象也应有不同的译本。为了达到商业目的，译者甚至可以不顾原文而再造一条广告。对这种特殊的"翻译"行为，是很难用常规意义的翻译理论进行解释的。

奈达的对等理论（形式对等、感受对等、动态对等）侧重于对文本符号和标记的研究，对广告语篇的分析与翻译有重要价值。其中的动态对等理论从原文的功能出发，研究如何在译文中实现功能的对等。语境是功能对等理论中的一个重要概念。语言、习俗、习惯、信仰等文化成分又是语境的重要内容。雅各布森（Jakobson）认为，语言符号的诗意功能是语言艺术的主要功能。译文的符号也应具备这种功能，才能反映交际的动态对等特点。

由于广告翻译的商业实用性，达到功能对等应是广告翻译所追求的目标。要实现这个目标，必须实现语境关系的对等。文化是语境的背景要素，如何翻译广告的文化成分，是实现功能对等的关键。

翻译原则是翻译的战略性标准，是制定具体翻译标准的指导方针。具体的翻译标准是指导翻译实践的战术规定，也是衡量翻译作品和翻译方法的具体尺度。翻译的方法应遵循翻译的原则，符合翻译的标准。

我国传统的"信、达、雅"论就是一种战略性的翻译原则。其基本要求是：翻译要从忠于原文出发，译文的语言要通顺、明白，文笔要雅致。然而，如何做到信，如何做到达，如何做到雅，对具体的的翻译任务，要制定具体的规范和要求。

"信"要做到两点，一是形式上的"信"，二是内容上的"信"。但是，形式上的"信"不能片面强调原文文字形式的对等，即不能字对字、句对句地"死译"。"死译"出来的东西就不是奈达所说的自然语言，往往会生硬难懂，甚至连文法都不通。同样，内容上"信"也不能置原文的体裁与风格而不顾。比如，不能把散文译成诗歌，也不能把诗歌译成散文。

综合起来，真正意义的翻译（也叫"纯翻译"）应该遵从以下规则：

①忠实于原文的意思与风格，在意思与风格发生冲突时，先照顾意思的准确性和完整性；

②准确地表达原文的意义信息、文化信息和艺术信息，包括原文的语气、基调、态度和隐含意义；

③尽量保持原文的表达形式，包括原文的体裁与文笔风格；

④体现原文的艺术价值，保持原文的艺术形式与水准；

⑤遇到冲突时，以"信"为先；

⑥要使用与原文风格相近、自然的目标语言，表达要通顺、明白，符合受众的习惯；

⑦不要添枝加叶或胡编乱造。

对于"纯翻译"类的广告翻译，无疑应遵从上述规则。但是，由于实用广告翻译的实质是国际营销行为，广告翻译最重要的原则是遵从国际营销的原则和市场规律。受这个特殊原则的制约，商业广告翻译无疑要打破上述"纯翻译"的规则，而另立自己的原则与标准。

二、广告翻译与文化

文化是包括思维方式在内的习惯性的行为方式。这种行为方式有一定的趋向性。这种趋向性便是特定文化的方向和身份。广告利用人们习惯性的行为方式来操纵受众，或说服他们去效仿某种消费行为或生活方式，因而成为价值观念和道德观念的生产者与传播者，同时也有了自己的文化方向和身份。广告的文化身份是翻译工作的背景条件，在广告翻译中有重要的作用。

维克多·凯鲁林（Victor Khairullin）认为，翻译必须遵守语言学规则和文化规则。因为语言的模式是由伦理道德、社会规则、经济规则等文化学要素来说明的。因此，翻译语言就等于翻译文化。波波维奇（Popovic）将翻译的目的定义为"不同语言之间智慧与美学观念的转移"。其中的智慧是文化的产品，美学观念是文化的成分。可见，翻译基本上是文化性的。由于不同文化之间差别的存在，如何处理文化差别问题便成了翻译的难点。文化差别的硬核是文化成分的空缺。在原文语言文化中的某些符号，不见得也在译文语言文化中存在；即使存在，也会有不同的含义。

文本的可译性取决于特殊文化的含量和原文文化背景与目标受众文化背景之间差异的大小。在广告中，通过文本和视觉材料创造出外延意义和内涵意义。这些视觉材料将文本置于一定的背景之中，于是便创造了语境。受众以语境为基准框架来建构信息的意义。为了使译文受众能够在自己的文化语境中建构自己的基准框架，译者必须对内涵意义、外延意义和指涉意义进行再造。

（一）文化翻译

利弗威尔（Lefevere）认为，在两种不同文化之间进行翻译，译者应当熟知翻译艺术的相对性，应能将自己对原文形象的理解投射为译文的形象，使之产生与原文同等的效果。也就是说，译者应在翻译中追求动态对等。要翻译广告中的文化成分，译者应考虑下列问题：

①构成信息的要素是哪些？
②在传达这些信息中使用了哪些文化符号？
③这些文化符号的效力如何？
④原文为何非要使用这些符号，而不使用其他符号？
⑤这些符号有何意识形态的含义？

弄清了这些问题，才能在翻译中把这些符号和它们的意义联系起来，并将其译入目标文化。在文化翻译中，译者是两种文化的中间人。要为目标文化的受众提供用于产生动态对等效果的意义符号，就必须熟知目标文化中的活跃要素，熟悉目标文化的变革状况，了解目标文化中新旧符号系统的交替脉络。虽然译者有自己的文化身份，但必须熟知原文的文化身份。

在同一社会中，新的文化不断产生与发展，旧的文化不断变化与消亡。通过文化交流，人们认识、接受了异域文化，同时也把自己的文化传给其他国家。译者必须熟悉这种文化变化的动态，不仅要熟悉原文文化和相关的亚文化，还要熟悉译文文化及其相关的亚文化，即多元文化。

（二）文化基准

所谓文化基准，是判断原文文化身份的基本标准，也是决定译文文化取向的基本标准。代表文化基准的符号可以是任何事物，可以是反映思想文化的，也可以是反映物质文化的，也可以是自然的成分。

国家象征是文化身份的重要标记。由于国家象征多与政治、思想有关，对其含义的理解有极强的文化性，不同文化背景的人会有不同的理解或感觉。一种文化象征的背后往往有深刻的含义，并期待受众产生一定的反应。

在广告翻译中，译者必须首先把那些明显的和内涵的文化差异成分鉴别出来。只有找出这些符号，才能在目标文化中找到动态对应的成分。只有确定了原文文化的基准，才能理性地发现它与目标语文化的差别。经过对目标语市场文化的研究，再确定译文的文化基准。

广告若涉及国家象征的内容，译者必须弄清广告的创作意图，确认这个国家的象征符号是否可以搬用到目标语文化，即确认所搬用的符号能被目标语文化的大多数人所接受。在商业翻译中，文化翻译应以目标文化为准。为了使译文符合目标文化的基准，有时译者不得不对原文进行再创造。在翻译过程中，原文的某些概念可能会丢掉一些文化意义，但同时也可获得新的文化意义。如果原文语言中的某些概念在对应的目标词汇中是空缺的，译者应尽量选择具有同等文化价值的其他词汇。

从符号学的角度看，语言代码的选择是随机的，代码的作用和意义必须依据与其他符号之间的关系而定，而与现实世界并无等值的关系。这就排除了两种语言代码有完全对应关系的可能。

（三）广告翻译与文化交流

纽马克（Newmark）认为，翻译不仅是知识的转达和双方的沟通，也是文化的交流。由于广告的文化属性，将在一种文化中产生并运用的广告翻译并运用于另一种文化，也是一种文化的交流。因此，对广告翻译就不仅是在目标语言中寻找相应的词语那么简单，而是对一种文化的社会规范在另一种文化中进行再造的文化交流活动。广告中的文化问题不仅与广告的文本有关，还与广告的语境有关。由于广告翻译不仅涉及原文文化，还涉及目标语言文化，对于两种文化之间的差别，译者要特别注意。

（四）广告翻译与文化差异

翻译中常遇到的文化差异主要有历史差异、文化空缺，以及价值观与道德标准的不同。所谓历史差异，是指原文和译文在时间背景上的距离。广告原文的发布时间无疑要早于译文产生的时间。原文广告的语境与译文的语境在横向上存在着地域性差异。由于文化和社会都在不断发展着，时过境迁，人们的交际模式和价值观念会发生变化，互文意义、词语内涵和交际策略也都会发生变化。这使原文广告的语境与译文的语境产生纵向差异。两种文化的差异越大，原文与译文相隔的时间越长，这种差距就越大。

所谓文化空缺，是指原文文化里的概念在译文文化里空缺的现象。产生这种现象的原因，是原文文化里的某些特殊的指示物在译文文化里根本就没有存在过。比如，在爱斯基摩人的语言里，对雪进行描述的词汇非常丰富，有上千种。而在汉语里，对雪的称呼充其量有"暴风雪""鹅毛大雪""大雪""中雪""小雪""残雪""雨夹雪"等数种而已。如果将爱斯基摩语的上千种雪都翻译成汉语，相当数量的种类便找不到对应的词。这是因为，由于地理位置的原因，下在中国境内的雪只有那么几种。根据中国人的生活经验，只分辨那么几种就足够了。而爱斯基摩人就不同，一是他们那里的雪本来就有那么多的种类，二是由于生活的需要，必须要分那么细才行。

除了地理环境的原因，一个语言群体的文化趋向和文化身份是由那个群体文化的历史经验和传统形成的。因此，许多概念只是本民族所特有的。这种文化空缺比地理环境类的空缺更多、更具语言特点，因而也更难翻译。

价值观与道德标准是联系文化成员的纽带。不同的文化都有自己的价值观与道德标准。一种文化的价值观与道德标准是其成员文化身份的标记。这些共同的文化标记使其成员有了归属感。

文化差别为广告翻译带来困难。原文文化与译文文化的差别越大，困难就越大、越多。译者必须把自己融入原文文化之中，甄别广告所营造的主题思想，再通过目标语言把这个思想传达给目标文化的受众，并追求同样的语境效果。但是，如果两种文化的思想观念差距太大，便无法达到相同的语境效果。此时，译者可从目标语文化中寻找类似的概念，或者通过注释的方法解决。但是，由于广告的文本要求简约，加注的方法在广告翻译中是不切实际的。对于不可译的成分，如果无法使用意义近似的概念取而代之，就只有创造新的广告。无论措辞如何，只求达到促销效果就够了。

三、广告的语言学制约

广告翻译中的语言学制约是各种文本翻译都要遇到的问题。胡永芳认为，翻译的语言学制约主要表现在语音、语义、文字结构、修辞等层面的差异上。

（一）语音差异的制约

音响设计是表达诗意的重要艺术手段，其目的是以音抒情，以音载义。这是因为，不同的语音结构会对受众产生不同的感觉：轻柔的音响使人感到温馨与缠绵；爆脆的音响使人感到刚劲有力并富于节奏；重复出现的长元音使人感到厚重与从容；以清辅音开头的头韵使人有清风拂面的感觉。但是，由于语言符号能指与所指之间关系的随意性，不同语言中词语的发音与意义是不可能对应的。在诗歌翻译中，音义不合的矛盾是常见的。要么是与原文合韵的词没有原文的意义，要么就是有原文意义的词却不合韵。因此，有人认为声音是不可译的。

语言符号能指与所指关系的随意性造成了音义关系的随意性。这为同音异义或谐音异义类双关语的翻译带来很大麻烦。由于广告中运用双关修辞手段的现象很多，对双关语翻译的讨论也是广告翻译研究中的重要话题之一。例如，在一则汉语冰箱广告中的"领'鲜'一步"一语。其双关点在于"鲜"字。从字面上，广告的意思是"我的冰箱保鲜性能很好，高于别人"，而其双关意义却是"我的冰箱技术领先一步"。这在英语中便很难找出一个同时运载"新鲜"（fresh）与"先进"（advanced）两个意义的词。英语双关的情况也是如此。比如有一则广告语"Reach out and touch someone"中，"touch"一词便是双关语：其表义是"触摸"（伸出您的手，触摸心中人），其本义是"感动"（电话传万里，句句感人心）。在汉语中，很难找到同时具有这两个意思的词。遇到双关情况，无论怎样翻译，都有顾此失彼的感觉。语音对翻译的另一种困扰是异语谐音造成的不良意义。也就是说，虽然语言不同，但有相互谐音的词语。由于音义不一的特性，相互谐音的某些词语往往会产生不良的意义。

（二）语义差异的制约

也是由于语言符号能指与所指关系的随意性，在不同语言之间往往存在词同义异或语义空缺的现象。由于文化的差异，某些词在此文化中是中性的，在彼文化中却增加了或褒或贬的含义。这些词语的差异往往为信息交流带来极大的不便，甚至会带来麻烦。例如，若把"白翎"牌钢笔译为"White Feather"，在英语国家推销便有问题，因为英语里有一句成语是"to show the white feather"，这句成语是"临阵逃脱"的意思，因而"white feather"在英语中是贬义的。这种"语义空缺"造成同一词语在两种文化中意义的不匹配，会使翻译产生不良的效果。

（三）文字结构差异的制约

同样是由于语言符号能指与所指关系的随意性，不同语言文字的组成形式是不同的。特别是汉语与英语之间，文字结构有天壤之别。组成汉语文字的基本材料是笔画，文字是由不同笔画以不同方式堆积和搭配而成，其组合方式是图画式的。汉字是象形的。文字的形状和组合方式往往体现出文字的意义。比如"笑"字看上去就像一张笑脸，"哭"字看上去是一副哭相，而"山"字看上去像一座山峰。西方的文字是拼音式的，由不同的字母以不同的方式依次排列为线条形状。因拼音文字是以发音为基本依据，文字的形状与其发音有紧密联系，但与意义却联系不大。就"笑""哭""山"之类的汉字而言，虽然英语里都有对应的词但却没有同样的视觉效果。人们有时将某些英文字母的形状通过想象与某些物体联系起来，使其具有象形的意义。

四、广告翻译的行业制约

既然广告翻译是一种目的性极强的商业活动，其特点必然远于纯翻译而近于创作。换言之，广告翻译具有广告创作的所有特点，因而要面临广告创作所面临的一切制约。它必须遵循商业法规和商业规律。广告翻译有极大的创造自由，但不能无所顾忌。与商业广告创作一样，它至少要受到以下几个方面的制约。

（一）市场规律的制约

市场规律主要指供求关系。求：商家必须找准自己的市场，即消费者，才能创作出有的放矢的广告。广告创作必须认真研究宣传对象的消费心理和消费趋向，以制定符合"行情"的宣传策略。供：商家必须研究竞争对手的营销策略和产品特点，以选择突出自己长处、有利于打入新市场、保护和发展老市场的营销策略。对市场的研究是商家营销活动的一部分，也是广告业务的一部分。商业广告翻译实际上是商业广告业务中的国际部分。顺应市场规律必然成为商业广告翻译的第一准则。

（二）营销战略的制约

营销战略是商家在研究市场形势的基础上为推销自己的产品而做出的具有远期意义的决定，主要包括营销对象、营销策略和营销指标。广告是营销活动的一种。虽然营销活动的最终目的是促成消费者的购买行动，但在公司经营中的不同阶段，也会有不同的战略目标。比如，商家的营销战略目标可以是在选定的市场中为企业树形象，为新产品创牌子，为传统产品促销，争夺市场份额。如果选定的战略目标是为企业树立形象，宣传的重点应该是公司的名字。如果营销的战略目标是加快销售速度，宣传重点应该是产品的功能、价格和售后服务。在国际营销活动中，商家必须有自己的营销战略。作为国际营销活动的一部分，商业广告翻译必须符合商家为国际营销制定的营销战略。如果把一条针对国内消费者的汉语广告，按照学术翻译理论译成外语，并把译件用于对外宣传，显然是不合适的；反过来，如果把一条针对西方市场的外语广告，按照纯翻译的理论翻译成汉语，然后用于在中国的营销活动，也是不合适的。

（三）广告法规的制约

将广告用于商业宣传，还必须符合宣传范围内的有关法律和法规。根据我国的《广告法》，广告用语必须对商品或服务的性能、产地、用途、质量、价格、生产者、有效期限、允诺等做真实、客观的表述，不得任意夸大和虚构；用语必须清楚、明确，不能欺骗和误导消费者；广告用语不得使用"国家级""最高级""最佳"等字眼；不得含有淫秽、迷信、恐怖、暴力、丑恶等内容。法规完善的国家也都有自己的广告法和商标法。

另外，广告翻译也必须对不可避免的商标翻译慎之又慎。比如，中国产品有许多是以地名为品牌的，而英国的商标法规定商标不能使用地名。德国和法国禁止在商标中使用"diet"（减肥、保健）等字眼。有的国家禁止商标带有产品用途或特性的含义。另外，所翻译的商标（包括品牌名）不仅不能触犯有关国家的商标法，还必须依法在有关国家正式注册，才能受到有关国家法律的保护。许多外国企业在境外抢注了中国驰名产品的商标，就是利用商标法的空子来抢占市场。可见，商标的品牌是不可以随便翻译的。翻译时必须注意合法性。如果想让翻译的商标牌名合法，必须在目标市场的国家或地区重新注册。广告翻译的商业性质，在此可得到最生动的诠释。

五、广告的结构和语言特点

（一）广告的结构

在中国，广告起源甚早。战国时期的《韩非子》一书中有"宋人有沽酒者，升概甚平，遇客甚谨，为酒甚美，悬帜甚高"的记载。中国近代的广告，出现于清光绪三十二年发行的《政治官报》。在欧美，最早的广告出现于1世纪的英国报纸。

广告的定义，是随着时代变迁、商品生产和商品交换的发展而不断演变的。"广告"一词源于拉丁语"adverture"，意为唤起大众对某种事物的注意，含有"通知、诱导、发布"的意思。这个词在中古英语时代被吸收演变为"advertise"，词义也得到了扩展。17世纪中后期，资本主义产业革命前夕，英国开始了大规模的商业活动，商品经济日趋活跃，商品宣传紧锣密鼓地开展起来，广告大量出现，"广告"一词因而得以流行开来。

从语言结构的角度看，广告分为言辞性（verbal）和非言辞性（nonverbal）两大类。前者包括标题、正文和标志（即标语和商标等），后者则包括图像、色彩和版面设计。报刊等印刷媒体的广告语言注重字体和图表的运用，电影、广播电视等电子媒体的广告语言则重视语音和音韵的表现。中英文商标广告作为一种文化现象，广泛存在于社会生活中，商标的命名翻译是否巧妙，对企业产品的宣传、推销、美化人们的生活等各个方面起着重要的作用。

广告文案或文稿的语言结构基本包括广告主 [商标（trademark）和品牌（brand name）]、标题（headline）、标语 [广告语或口号（slogan）]、广告词 [正文（body text）] 和解说词（随文或附文）。广告主的商标和品牌的命名是否巧妙对企业产品的宣传、推销、美化人们的生活起着重要的作用。广告所推销的产品的名字至关重要。虽然广告策划人员无法改变广告主产品的名字，但是，其广告设计必须配合和突出产品的品牌，特别需要通过对品牌商标在文化和艺术上的阐释来传递广告的信息。

广告标题往往放在广告之首，是整个广告中最重要的部分，意义似乎是广告文稿的缩影，就好比故事的主题用以吸引读者看完内容一样，引起消费者的兴趣或者与新闻导语相似，都是为了揭示主题、激发联想和引起消费者的注意。

广告标语和广告标题很相似，广告标语的要求是文句简短恰当，文意明确，既有创意，又有趣味，容易记忆。二者最大的分别在于广告标语是"表现企业理念、产品或服务功能并被长期重复使用的精练的口号性文句"，而广告标题则会经常更换。

广告文稿的主体部分是正文，主要将商品概念转化为文字描写，即扮演解释标题的角色，既对商品作具体介绍，也说明商品的优越性。至于解说词，是广告的一种附加信息，包括广告主和企业名称、购买地址和联络方式。广告随着媒体的不同，表达形式也不同，有些广告甚至将标题和标语合二为一，只有牌号，没有正文，但一样吸引人。整体上讲，广告标语和广告词的写作，都是为引起消费者一系列的反应。

根据以上对广告的认识，同时考虑到本书主要是传媒翻译研究，着重探讨翻译策略和方法。因此，本章只研究印刷媒体广告的文字语言，并把广告文本分为广告主（商标和品牌）、标语和正文三部分，按照各部分的特点以及相关的翻译原理进行讲解。在此之前，先探讨广告的语言特点。

（二）广告的语言特点

广告的语言与广告的性质有着密切的关系。通过图案和语言树立各组的独特形象，广告用标新立异、独树一帜的手法来体现其个性特点，其手法的运用既超出常人的想象，又在情理之中。为了达到宣传效果，广告的语言有以下三个明显的特点。

第一，简短易懂。无论从现代社会快节奏的生活来看，还是从广告传播的特点以及人们对广告语信号的记忆规律来看，广告的语言必须简单、精短、易懂、容易上口。科学研究认为，人们在短时间内的记忆容量最多只有 5 ～ 9 个信息单位，这就要求广告的创作者必须用最少的语言表达最多的信息。广告标语不仅字数不超过 5 个，符合人类的记忆规律，而且朗朗上口，传播率自然就高。

第二，导向性强。广告语具有很强的目的导向性，从而引导受众消费，树立品牌形象。一方面，广告通过宣传广告主的性能、功效、特点、促销活动等激发受众的兴趣，激发其购买的欲望，使广告主达到销售产品、获取利润的目的。另一方面，随着人们对产品和劳务需求观念的改变，人们的需求大多不再局限在商品的使用价值上，而是开始追求心理上的满足。他们的注意力从注重商品的质量和价格转移到注重专业的形象。因此，广告标语必须要给广告主塑造形象。

第三，印象深刻。随着媒体的蓬勃发展，人们接收的信息排山倒海般扑面而来，特别是那些五花八门的广告，更是使人目不暇接。因此，广告创作者要使自己的作品在受众的脑海中留下深刻的印象显得越来越困难。然而，始终有很多杰出的广告，通过优化语言来提高表达效果，使人回味无穷。这就需要驾驭语言的能力和技巧，给人以美的感受。

另外，从语意的角度看，广告语言的特色在于它的褒奖性；从言辞结构的角度看，则在于文句简短、文意明确，文句组成恰当、富有创意，既有趣又容易记忆。为了追求最大的经济效益，广告文本的基本要求是内容和篇幅的结合要恰到好处，资料真实而且每项保证和说明都有依据，同时内容与广告的目标、主题和商品卖点相关。有些广告为了追求标新立异或进行促销，夸大其词，效果反而不好，因为消费者抱着好奇心和期望去尝试新产品，最后发现广告所吹嘘的与事实不符，以致失望和放弃。

六、中英文广告词的语言对比

（一）词汇特征对比

1. 单音节动词

英文的广告为了引人注目又言简意赅，多采用单音节的动词，诸如 buy, give, save, need, like, love, know, look, use, keep, choose, stand, taste 等。这类单音节词简洁有力、通俗易懂，其含义要么与消费者对商品的态度有关，如 love, like, need；要么能反映消费者和商品之间的关系，如 take, keep, choose, taste, buy, get 等。这些动词基本上是站在消费者的立场上使用的，目的是要打动消费者，激起他们的消费欲望，唤起他们的消费冲动，最终选择或购买广告商所宣传的产品。如"Buy one, get more."这则汽车销售广告中，"buy"和"get"是两个简单的单音节动词，直截了当地将广告商与消费者之间的双边活动表现了出来。既反映了广告商的诚意，又使消费者产生简单、快捷、实惠的感觉，从而增添了买卖关系的可信度。

广告里的动词也是短小精悍，它能支撑起整句话语的架构。例如："摇出清凉感受"中的一个"摇"字，其表情达意功能很强，起到了画龙点睛的艺术效果。如果以形容词或名词等其他词扮演语法中动词的角色，那效果会更佳，如"新鲜每一天"（某乳业），"无线你的无限"（某网络公司）。通过词性的变换，广告词就更有新意，容易吸引受众的关注。

2. 形容词

英语广告中的名词多为商品或商标名称，因此常借用有褒义的形容词或具有积极肯定意义的评价性形容词（evaluative adjectives）来修饰和标榜商品的优点。根据杰弗里·利奇（Geoffrey Leech）的统计，广告英语中出现频率较高的形容词有 nice, good/better/best, great, new, fine, rich, delicious, fresh, clean, real, beautiful, crisp, free, big, full, sure, easy, bright, extra, safe, special 等。另外，广告中经常大量使用形容词的比较级和最高级以突出推销的产品优于同类或以往的商品。

中文的广告，同样喜欢用形容词，但词汇则惯用二字形容词或四字成语。另外广告的形容词也经常用"好""更好"和"最好"。四字成语所表达的概念和内涵比较丰富，几个字就能表达一个复杂的意思。可以说成语作为一个表达单位，在中文广告宣传中所传播的信息是很丰富的，可以起到以一当十的作用。

3. 复合词

英语的复合词因为构词比较灵活，组合限制少又用途广，因此广告创作者往往利用各种新词，以起到画龙点睛的作用，如 brand-new, round- he-clock service 和 state-of-the-art。由于复合词的构成成分可以是任何词类，其组合不受英语句法在词序排列上的限制，既灵活又短小，因此，广告语便充分发挥复合词的这种优势，使之成为广告英语的一大特色。而且，大多数的复合词在广告中起修饰作用，如 ancient-modern combinations，这则古董店的广告运用了复合词来宣传自己的特点，简单明了，重点突出，让读者过目不忘。中文的广告语经常用叠词。所谓的叠词，就是单音节词或双音节词的重叠使用，它可以起到加强语气，增加诗词韵味的作用。例如，"缕缕浓香，缕缕温馨"（某品牌咖啡），"上上下下的享受"（某品牌电梯），"酸酸甜甜就是我"（某品牌酸酸乳），"高高兴兴上班去，平平安安回家来"（公益广告），等等。

4. 外来词

汉语中的外来词很多都来自英语，如浪漫（romantic）、乌托邦（Utopia）、摩登（modern）、嘉年华（carnival）、梵阿铃（violin）等。这些外来词同样给中国的受众带来异国情调，更好地表现出广告的格调和内容。

5. 文字游戏

英语的广告词具有丰富的"文字游戏"特色，可以利用拼写变异的（abnormal spelling）、生造的（coinage）单词和词组，如 steelastic（steel+lastic），pictionary（picture+ dictionary）。这种"文字游戏"往往给人以耳目一新的感觉。看到这种富于创造性的广告词，人们自然而然地期待着其宣传的产品也具有新奇独特之处。如" The Orangemostest Drink in the World"中，"Orangemostest"是由" Orange+most+est"构成的，巧妙地表明了这种橙汁饮料质量之高。另外，英语单词还可以利用错拼，达到标新立异的效果。很多优秀的广告语故意把某些大家所熟悉的字或词拼错，或者加上前缀或后缀合成新词，以达到新颖别致、耐人寻味的效果。如" We know eggsactly what you want（我们确实了解您的需要）"这则鸡蛋广告里有一个明显拼写错误的单词"eggsactly"，然而这恰恰是作者的匠心独运之处。这个词与" exactly"在读音方面相似，拼写也相近，用它既可以表达副词 exactly 的强调作用，又可以巧妙地突出 egg，可谓一举两得。虽然错拼词与原词形态不同，但意义仍然存在，这既可以达到生动有趣和引人注意的目的，又可以有效地传播商品信息。另外，广告创作者还可以借鉴古典诗词的写作方式，创造出新的带有古典意味的诗词句子。

（二）句法特征对比

中英文广告在句法上比较相近，具有以下特点：

1. 简单句

简单句结构简明，语言风格口语化，对产品的特性、作用进行充分描述，重点突出，生动达意。特别是言简意赅的肯定陈述句，在广告中陈述事实、表达情感、创造意境和形象，通常可将产品或服务的特性、功能、效用、形象表达得真真切切。

2. 感叹句

中英文广告中有许多短语或省略句以惊叹号结尾，节奏感强，很有力量，起到了强调信息、表达感情、突出重点、激励消费行动的作用。值得注意的是，有些短语只有加上感叹号成为感叹句之后才具有明确的意义。

3. 祈使句

中英文广告中的祈使句比比皆是，其目的就在于提出请求、建议或劝告，从而唤起消费者的信心，达到促销的目的。英语的广告词一般没有 please 这样表示礼貌婉转的词，也一般没有表示客气、缓和祈使语气的情态动词（如 could，would 等）。英国著名语言学家利奇（Leech）对此作了最好的说明：广告撰稿人自然而然地认为，公众习惯于接受祈使句表达的有益于他们的劝告、勉励和指令，所以他们大量采用祈使句来达到成功劝说的目的。

4. 疑问句

在广告中频频出现的疑问句往往是先提出问题，再进行解答，这种问答形式使句子结构得到简化，发人深省，往往可以让消费者产生兴趣，进而予以重视和作出反应。这样，传媒与公众之间的信息交流处于一个互动的过程，使广告语言的表达更为晓畅有力，容易使公众理解和接受。

5. 直接引语

在自我吹嘘的广告世界中，直接引语又开拓了另一种境界，无论由名人做代言人还是由专家现身说法，都给人以真实、确信的感觉，起到建立消费者信心的作用。

（三）修辞特征对比

广告文案为了达到引人注目的效果，经常使用文学中的修辞技巧，使得原本简单的语言产生独特的效果。中英文广告常见的修辞手法是比喻（明喻、暗喻、转喻或借代、提喻）、拟人、对比、双关、排比、押韵等。

七、广告文本翻译

广告翻译基本上属于媒体翻译的范畴，归属"读者主导"或者"消费者主导"的文体。因此，广告翻译并非纯文字的翻译，而是意念上的转移和诠释，是一种因为实际需要而故意给原广告灌输本来没有的意义的一种传达方法。广告翻译人员基本上也可以说是一个搞创作的撰稿人，作为源语广告与目标语销售地消费者的中介，他们对语言选择的创造性比一般翻译人员更大。"选择"是顺应理论的一个关键词语。顺应理论是对语言在各个层面的使用提出的一种综观理论。该理论认为语言使用的过程就是个不断进行语言选择的过程，语言使用者之所以能够在使用语言的过程中作出种种恰当的选择，是因为语言具有变异性、商讨性和顺应性的特征。

　　语言的变异性指的是语言具有一系列可供选择的可能性，这就意味着一个源语文本可能对应几个不同的目标语文本；商讨性指的是所有的选择都不是机械地或严格按照形式—功能关系照搬的，而是在高度灵活的原则和策略的基础上完成的；顺应性指的是语言能够让其使用者从可供选择的项目中作灵活的变通，从而满足交际的需要。

　　根据顺应论，我们对语言的使用和解释要考虑以下四个方面：

　　①语境关系的顺应；

　　②语言结构的顺应；

　　③顺应的动态性；

　　④顺应过程的意识程度。

　　语境可分为交际语境和语言语境，其中交际语境包括物理世界、社交世界和心理世界。正如上文所示，广告翻译不单是两种语言的转换问题，而且也是跨文化交际活动，其中涉及目标语文本国家的历史文化背景、社会规范和生活习俗、价值观等问题，这些都是交际语境的重要内容。因此，交际语境在翻译商业广告时是必须优先考虑的因素。源语广告文本可能是褒义的，如果翻译后的目标文本是贬义的，显然就无法传达源语文本的交际目的，这就是由社交世界和心理世界因素在不同国家和文化中的差异造成的。这就要求译者在翻译商业广告时，首先要顺应目标语文本国家文化中的消费心理和审美倾向，然后才能在语言层面上作出顺应。例如，某公司的洗发露"Head and Shoulder"，如果直译为"头和肩"，中国的消费者不仅无法把译文和洗发水联系在一起，而且很难对该产品产生兴趣。译者应在目标语文本中为中国消费者体现洗发露这一产品的功能，另外还要消费者产生对美发的追求心理。所以该产品意译为"海飞丝"，这顺应了消费者对头发的美好憧憬，使人联想到在一望无际的大海边，少女飘逸、柔顺的秀发随海风飞扬的画面，自然会引起消费者的购买欲望。

　　除了顺应交际语境，还要顺应语言结构。汉语的语言讲究形象的应用，讲究使用四字词语的对称美。如"Good to the last drop."的译文是"滴滴香浓，意犹未尽"。如果直译为"好喝到最后一滴"，虽然译出了意思，但是译文少了中文的对称美，不能传达原广告语的意图，更谈不上表达效果了。另外，"Elegance is an attitude."的两种译文——"优雅是一种态度"和"优雅态度，真我性格"相比，显然后者更胜一筹。

　　因此，广告文本的表达不仅建立在源语和译语两种文字的共性和个性上，而且还要考虑到跨文化的因素。广告的翻译要注意以下三个方面：①要考虑广告商品原产国和受众国之间文化的共性和独特性，包括彼此的宗教信仰、风俗习惯、价值观念、民族情操、文化或教育程度、政策法规、消费观念等；②要考虑两个国家之间语言的共性和独特性，其中包括彼此的用语习惯，因为广告用语修辞与一个国家的语言习惯和生活经验密切相关；③要理解广告的实务运作、商品的特征和定位，以及广告本身的特点。这样在面对广告原文时方能摆脱原文表面的形、意局限，运用观察力、联想力，发掘广告的文本性，一方面，充分利用其中的目的性、可接受性、资讯性、相关性和互文性，与广告商品受众国的当地文化和语言联系，加以创新塑造；另一方面，结合个别文化的特异性，除了文学中的互文性关系，也要思考历史、地理、政治、经济和其他学科中的互文性作品。通过这种互文关系构建一个诠释性的框架，然后利用译语在语音、语义、文字形式和修辞方面的表现，把原语广告的目的与功能转译和再现。这种广告意念的再现需要灵活地利用译语特有的修辞手法，巧妙地运用上述相关文本，并考虑到当地消费者的实际生活习惯和需要，富于创造性地把广告的意象表达出来。

第二节　功能翻译理论与广告翻译

广告翻译方法和要求有显著的区别，广告翻译具有较高的商业价值以及实用性。功能翻译理论在广告翻译中的应用能够达到预期设定的目的，体现出产品的各项功能。在现代社会中，广告已经成为推动产品销售的重要动力。广告能够促进产品销售，促进国际交流。广告是产品文化传播的重要方式，广告翻译能够使更多的人了解到产品。广告翻译要根据自身的特点与规律进行。

一、基于功能翻译理论分析广告翻译误差的意义

功能翻译理论最早出现在 20 世纪 70 年代的德国。功能翻译理论核心需要在翻译的过程中充分地考虑到整体翻译行为的目的性，翻译是一种文化交流的有效行为。翻译内容要根据预期的效果发挥对应的功能。翻译的目的能够最大程度上反映出接受者所在的环境以及文化。翻译行为具有的目的性，需要在特定情境中根据接受者的期待方式进行连贯忠实的反应。对功能翻译理论下的广告翻译误差进行分析，是对原有理论进行补充。广告促使消费者产生购物的欲望，目的性能够为广告翻译提供理论依据。

二、广告翻译的原则和特点

广告翻译的目的性相对较强，是一种明显的跨文化交流行为。随着市场经济的逐渐完善，受到人们越来越多的关注，在商业活动中的地位更加凸显。广告翻译要忠实、客观地反映出产品的特点。

（一）广告翻译原则

广告翻译具有鲜明的目的性，通过语言魅力体现出广告翻译的活力。特别是在经济活动中广告翻译能够有效地传递产品信息，激发消费欲望。广告翻译的最终目的就是能够诱导消费者产生购买行为，在商业活动中，这样能够诱导出消费行为。广告翻译要控制补充语义的出现，使人们能够加深对产品的理解。在翻译上不能拘泥于字面意思，要大胆进行表达。通过最为简洁的语言进行产品说明，涉及道德商业活动都要根据不同的产品类型、宣传目的等采用不同的语言进行选择，使产品的个性能够通过语言句式进行说明。这样广告翻译将会更加具有针对性，并且翻译出的风格也将各有特点，能够达到最佳的广告翻译效果。不同的语言在思维方式上具有差异性特点，语言具有相对性，这是广告翻译的思想。在广告翻译过程中实现互译相对较为简单，但将会导致广告翻译文不对题，不能产生相应的商业效果。

在广告翻译的过程中要采用所在国家人民惯用的表达方式，这样才能够使人们感受到广告的亲切，为消费者留下深刻的印象。因此，广告翻译要以准确为前提，能够最终客观反映出产品的价值。不能利用虚假信息误导消费者，这样将会产生负面的影响，给商家的信誉造成严重的损失。

（二）广告翻译特点

广告是一种常见的特定活动，在商业活动中具有较高的目的性。增强人们的消费欲望是广告的重要目的。销售是广告的最终行为。在广告翻译上要跨越不同文化障碍，为商家节省更多的投资。不同文化下的消费者在价值取向上有着明显的差异。广告翻译时要了解其基本规范，设计出符合人们口味的语言模式。这样才能够确保广告翻译能够达到预期的产品销售目的。在广告翻译之前要对产品进行详细调查，不能轻易地进行翻译。广告翻译通过生动的语句能够更好地打动消费者，精心选择词汇，通过不同的句式、修辞方法等进行语句的表达。在一般情况下，广告翻译应该采用简单朴实的方式，这样广告翻译听起来会更加亲切自然。广告翻译通俗易懂将会引起人们的丰富联想，这样的广告会为人们留下深刻的印象。太过直白的表达会引起人们的反感，出现抵触情绪。为了能够使广告翻译效果更加凸显，在涉及医疗卫生等事业单位时要采用委婉语句。能够结合所在国家文化特点和风俗习惯，熟练地应用委婉语句，并且自然地掩饰涉及的产品缺点。广告翻译委婉的表达在商业活动中应用较为广泛，采用恰当的词汇进行说明。不同国家在语言表达上具有明显的差异，语言差异会造成思维方式的不同。语言差异性成为限制交际活动开展的重要因素。翻译工作要熟练地掌握两种以上不同文化，这样才能够使语言在特定环境中得到表达。翻译不仅要实现不同的语言间的有效交换，同时也是一种对不同文化的传递。

根据不同的文化背景进行词汇多样性的选择，在不同的情况需求下适当地进行翻译补偿。这样有效地进行文化传承，实现不同文化之间的交流。广告翻译会在人们的潜意识中留下深刻的印象。有效的广告翻译能够为产品获取重要的市场，广告翻译要符合不同文化和风俗习惯的要求。在广告翻译实践的过程中要遵守翻译特点，这样能够利用广告自身的规律特色进行语言的应用调节，使产品与广告翻译存在相似特征。要考虑到文化价值观念与产品形象差异，尽可能地传递出产品的含义，展现出产品的特色。

三、翻译误差分类

（一）语言误差

主要是语言结构的不适当翻译而引起的。以不断变化应对，这样才能够保证广告翻译的新鲜性。广告翻译也可以采用反说正译的方式，突出产品的特点，这样会使广告翻译显得更加流畅自然。广告翻译就是为了能够正确地进行产品信息、功能等的传递。

（二）文化误差

是由译者在再现或改写特定文化规约时决策不当造成的。汉语在景物描写的时候，注重情景交融，采用含蓄的语言特点进行主观意识的说明。因此，在功能翻译理论下，不同的翻译目的与行为标准需要达到预期的效果，就要对不同文化中的词汇使用具体要求进行确认。这样将会保证整体广告的结构，使广告翻译更符合文化风格特点。

（三）文本误差

这类错误是结合功能对等和语用学的角度来分析译者在特定文本翻译中出现的错误。广告翻译要遵守一定的原则，这样才能够进行正确有效的翻译。

这种状况将影响到产品的销售，造成较为严重的经济损失。造成翻译误差的原因有很多，需要在广告翻译的过程中进行详细的分析才能够发现。因此，避免翻译误差的产生需要翻译人员不断地加强学习，提升自身的综合素质。

四、基于功能翻译理论分析广告翻译误差

（一）社会语应用错误

造成社会语应用错误的重要原因就是不同国家之间的文化差异。社会语应用错误实质就是交际用语文化错误，充分地体现了价值观的不同。在消费市场不断扩大的环境下，产品质量状况能否通过鉴定方式获取相应的权威成为人们的关注重点。产品质量保障能够激发消费者的购买欲望。在西方广告宣传中更加注重自我中心，产品的实用性特点与售后服务会更加吸引人们的购买。如果将中国这种对于权威的信赖观念在广告翻译中进行体现，将严重地影响到产品的销售，无法达到产品销售的预期效果。不同的产品翻译在中西方文化中都具有明显的差异性，盲目地进行翻译只会造成产品在销售过程中不必要的困扰。

（二）语用翻译语言误用

语用翻译语言误用主要是对话用语错误的认识，在传递语义和言外之意上相差较大。使语言的目的不明确，非本民族语言翻译中在语义和结构上套用本民族语言方式，导致交际双方出现语言交流的严重失误，造成麻烦。听话人只能够通过自身的理解对说话人的语义进行猜测。

在广告中主体语言是英语成语，在将英语成语融入广告中，消费者如果不明确本体语言，这句话不仅不能体现出产品特色，更没有起到广告宣传的作用。如果单看广告语，消费者不能将广告语与产品进行联系，不知道广告到底要宣传什么东西。广告翻译要在忠实性原则基础上最大限度地保证产品的风貌。广告翻译语言风格的使用，要给消费者简单利落的感觉。广告翻译要体现出忠实性的原则特点，能够最大限度地保障广告原有面貌。

（三）词汇层面的错误

广告翻译很容易受到工作人员水平的限制，导致广告翻译出现严重的错误。英语广告多用简单句、省略句和祈使句，使广告读上去简单明快。在这些广告中往往会出现一些夸大的言辞和大段的评述性的以及近似口号的语言。词汇是构成广告语的重要单位。在广告翻译开展之前，要做好词汇的查找工作

使用标准的词汇进行广告翻译。由于两国文化存在的根本性差异，广告在传播的过程中需要保证词汇的适用性特点。要真正地理解词汇的含义，利用词汇进行广告翻译的整体重构，不能忽视中西方文化中的词汇表达差异。在广告翻译的过程中采用直译的方式将会造成文化缺失。广告翻译的重点在于使用正规准确的词汇进行产品的表达。

（四）句子层面的错误

词汇是语言的最基本单位，并不代表着翻译就可以万事大吉。如果不能掌握英文的规律，使用地道的语言来转换，就不能造就出色的广告译文。在句式的转换与翻译上要使消费者能够明确广告的目的，通过简单的语句就能了解到产品的特点。广告翻译不能够舍弃原有的文化信息，要通过对外在文化的了解进行功能表达的转换。既要保证对文化信息的正确说明，同时也不能对消费者产生较大的困扰。

五、广告翻译完善的措施

（一）充分发挥各个方面的功能作用

要提高广告翻译质量，需要翻译人员、广告商等方面共同努力。翻译人员要认真负责，不断地进行功能翻译理论知识的学习，扩大知识范围。避免出现较大的翻译错误。广告翻译是进行彻底沟通的方式，使不同的人通过广告翻译接受产品。翻译人员要结合中西方文化的差异，根据产品的实际状况，这样会使人们获取到更为清楚的信息价值。因此，在广告翻译上要实现艺术与信息的有效结合。广告翻译要重视企业形象的宣传影响，要密切地关注广告翻译的影响，保证企业的形象不会受到损失，使产品品牌降低。

（二）开展正确的思维习惯方式表达

在广告翻译基础上能够通过习惯、思维方式等进行表达。在原文的表达上，广告会通过优美的语言进行传递，但是在翻译成其他国家语言的时候，通过广告翻译更好地进行信息与原文的传递。这样能够被更多的人接受。广告能够促进产品销售，促进国际交流。广告是产品文化传播的重要方式，广告翻译能够使更多的人了解到产品。广告翻译要特别强调这一点。在翻译的过程中要注重文化的差异性，这样能够使更多的人接受广告翻译。广告在商业活动中是一种特殊的应用问题，具有较高的商业价值。这种方式能够帮助其他国家人们更好地了解到广告翻译的内容。广告翻译要传递出一种历史文化，并且能够使不同国家的人们对文化进行深入性的了解。

　　广告翻译要在忠实原内容的基础上利用现有语境开展产品宣传。广告翻译要保证工作人员能够树立责任意识，以开拓的视野对待广告翻译。广告翻译是一种沟通的表现，使人们能够正确地对待译文的理解。在进行广告翻译的时候要对广告功能进行深入性的研究，通过不同的表达方式进行广告的说明。在翻译的过程中要注重文化的差异性，在根本上提升广告的质量。广告的最终目的就是实现产品的销售。广告翻译要能够在客观上反映出产品的直观要求。同时也能够使越来越多的人接受广告消费。功能翻译理论分析基础上进行广告翻译误差的分析将会实现跨文化交际。这样能够使广告翻译体现出产品的价值内涵，向人们传递出具有差异性的风俗习惯。

第三节　跨文化广告传播基础理论与实践经验

一、跨文化广告传播的信息与效果理论

　　广告语言指介于口语和书面语之间的精心策划的语言。广告语言的特点是口语化、易于传播和记忆。因此，广告语言具有潮流感，它朗朗上口、容易传播。这些广告语言是文化的一部分，因传承而被一代代人认识和加强。

　　广告传递商品信息，离不开媒介。解读广告信息时，由于文化差异以及教育水平、年龄层次等不同，不同的人会产生不同的效果。

（一）信息与效果理论的概念

　　1.信息符号学定义

　　人类创造了符号，用这些符号来进行传播交流。人际传播的过程就是符号互动，符号是人际传播必要的介质。

　　所谓符号，就是用来指代另外一个事物的象征物。在一种认知体系中，符号是代表一定意义的意象，可以是声音信号、建筑造型。按照符号学的观点，人是符号的动物，世界是符号的世界。人之所以异于动物，即能用语言符号概念化各种事物。人创造语言及各种非语言符号，在这一点上，人比动物高级许多，人可以灵活运用符号的不同组合带来意义的差别。通过语言，人们可以完完整整地传递信息，传递情感思想。

　　在一个完整的传播过程中，传播者需要将信息进行编码，受传者接收信

息后需要解码，在解读信息后，又需要进行编码，传受双方互为传播过程的主、客体，都要编码和解码。所谓解码，就是将接收到的经过编码的符号还原为信息或意义。传播需要反复编码和解码，对信息或意义交替往复地进行编码和解码。

2. 信息符号的局限性

符号学认为，符号本身并没有意义，要被赋予意义。符号是文化产物，代表经验、传统，符号可分为三种——相似符号、相关符号和约定符号。

（1）相似符号

相似符号指外部形式和内部结构与所象征的事物相似的符号。这有赖于人们对事物的普遍共识，才不会发生信息误读。

（2）相关符号

顾名思义，指与所象征的现象有各种联系的符号。显而易见，这些都必须是人赋予的新含义，否则让人觉得一头雾水。

（3）约定符号

这样的符号与所传递的信息之间无任何联系，仅靠约定俗成。这些简单的符号是人们想象出来并约定好的，代表一定的意义，需要大家共同遵守。

这些符号都必须为社会所共同拥有，不管是不是首先约定好，用有限的符号来指代无限的世界、无限的意义，很可能会造成理解的不确定性。有的时候很多表达不能够完全体现，沟通效果大打折扣。

3. 信息效果差异理论

在现实传播过程中，跨文化广告信息传播涉及翻译问题，单单是文化背景的差异就会造成传播效果的迥异。

翻译的基本环节包括理解和表达。从传播者那里获得源语的意义及其承载的文化信息。表达就是二度编码，是带着理解了的信息，它以符合译语的结构规则和使用规则为条件。翻译的使命，是从一种社会文化语境中走出来，其表象是构筑符号与符号的转换，实质是联通文化与文化的对话。受传者接收的信息有赖于翻译者对信息的二次编码，受传者自身的水平、思想、角度等也会造成信息的误解和差错，要努力做好每个环节。

（二）信息与效果理论的实际作用

跨文化传播指信息在不同文化领域之间运动，它强调信息编码、译码中的文化背景因素。

1. 广告中的编码

广告语言应该使信息和实体统一。广告在描述和解释广告商品时，突出产品最新信息，给消费者留下好的印象。广告语言要做到标新立异，不落俗套。

2. 广告中的解码

跨文化传播中，文化差异会影响信息解读，形成交往中的障碍。值得注意的是，除了考虑一般人们接受的情感因素以外，更要避免宗教上的差异导致的隔阂。我们不能冒犯宗教的教义或禁忌，不然会引起人们的不满和公愤。

广告传播的目的是使受众精确地接收广告传达的信息，催生相关的购买活动。此过程包括编码和解码两个重要环节，编码人员应用心谨慎，还应考虑受众信息解码这一环节，将失误减小到最少，达到最好的传播效果。

（三）信息与效果理论的影响

广告传播效果有狭义和广义两个层次，广告效果是广告活动或作品对消费者产生的影响。狭义上的广告效果指广告传播活动取得的经济效果，通常又叫传播效果和销售效果。从广义上说，广告效果还包含心理效果和社会效果。

跨文化广告传播不得不依赖大众传播媒介，用传播学的术语来说，就是"议程设置"。议程设置，也称议题设置，指一种过程，即大众传播媒介依据问题和事件的相对重要性不同，向公众传播并影响公众对这些问题和事件的重要性的认知的过程。广告信息一旦传播，不免会造成受众的心理变化。到20世纪90年代，议程设置理论的核心思想已经扩展为：大众传播不仅决定公众想些什么，而且能决定公众怎么想。广告传播的新潮消费观念、前卫思想等容易被年轻一族认同，接受大众传播媒介会对某些消费族群产生重大影响。但受众是单独的个体，但也受其知识结构、经历经验及周围群体的意识观念等的影响。

由此看来，跨文化广告传播要取得良好的效果，一方面要注意选择传播的信息；另一方面也要选择好传播方式，尽可能融入他们的生活方式，避开文化禁忌。

二、跨文化广告传播的媒介传播理论

（一）基于媒介的大众传播模式

跨文化传播可以理解为信息在不同文化区域之间的传递交流。我们可以把信息的这种流动方式看作大众传播的一种类型，将信息具体到商品信息。

跨文化广告传播就是将本来属于某个区域和国度的商品信息传达到区域和国度以外的范围，产生相关的购买动机和行为，完全接受直至融合。不管是跨区域还是跨国度的，都是各种因素相互作用、相互影响的结果。

下面简要解说跨文化广告传播的几个主要过程。

①广告主将信息和意图授意给所委托的广告制作单位。

②广告制作单位依源文化以及对目标文化的了解和认识进行编码。

③目标文化中的受众接到广告信息后，又将对来自源文化广告信息的解读和反应用自己文化的编码系统进行编码。

④来自目标文化的反馈信息通过各种渠道向源文化地发送。

⑤源文化的广告发出方从不同的渠道接收到来自目标文化受众对广告的反应，这一过程中，来自目标文化的信息可能被改变，广告方又按照本文化编码系统将广告进行改进并发往目标文化地。

以上过程组合起来便是跨文化广告传播的完整流程，这个流程并不是经过两次循环便可以达到两种文化的完全融合。

（二）媒介发达带来的新发展

广告作为信息传递的形式，传播商品信息，甚至促成消费。广告传播不再像从前的简单叫卖，通过信息传达某种意识，从最初的纯经济现象和商业行为逐步成为席卷全球的商业文化。

消费文化最早出现于西方社会，随着工业社会化而产生。跨国公司依靠其品牌优势，将其消费文化带到全球各地，其间，媒介显示了强大的威力。

1.媒介是工具和载体

跨文化广告能够缩小产品生产、销售的时空距离。跨文化广告也是文化的际间融合，它与现代传媒结合，产生强大的辐射能力，同时体现企业文化和品牌融合力。商业经济迅速发展，媒介是绳索上的环扣，将企业的产品、消费行为、消费方式等串在一起，少了这个环节，社会经济就像断了线的珠子。

2.广告是手段

广告传播会将观念和思想传达给消费者，引领人们的消费生活。在这个意义上，广告传播也是文化渗透。通过媒介宣传产品企业，思想文化也在同步地交流。

3.广告扮演着意见领袖的角色

跨文化广告传播促成消费文化的盛行。消费文化包括物质消费文化、精神消费文化和生态消费文化，是人类在消费领域创造的优秀成果。政治制度、经济体制、人们的价值观念、风俗习惯、居民的整体素质等都对消费文化有重要的影响。消费文化的核心是对消费者的引导和操纵，要达到这一目标显然离不开大众媒介。广告发挥大众传播功能就要履行指导消费行为的职责。

（三）受众的自身认知不同影响跨文化传播的效果

跨文化广告传播属于大众传播的一种，受众给予的反馈最为关键。

下面是影响受众广告信息接收程度的文化要素：

1. 认知体系

认知体系是一个文化群体的成员评价行为和事物的标准，它由以世界观和价值观为核心观念的一系列观念构成。

2. 规范体系

规范体系指社会规范，它包括明文规定的准则和约定俗成的准则。这些准则规定了文化群体成员的活动方向、方式和样式，是价值观念的具体体现。

3. 社会关系和社会组织

社会关系是人们在共同生活中彼此结成的关系，社会组织是实现社会关系的实体。

4. 物质产品

物质产品指经过人类改造的自然环境和创造出来的一切物品，它既有实际用途，又含有一定的文化价值。

5. 语言和非语言符号系统

这是人们借以沟通的工具，是不同文化间沟通的最外在的明显的障碍。语言符号系统包括书面语和口语，有些人称之为集体意会。同一文化中的成员，互相能正确解释他人的非语言符号含义。同一非语言符号，不同的群体会有不同的解释。

三、跨文化广告传播的心理学理论

（一）民族心理情感

民族心理因素就是一个重要的因素，顾名思义，其中包含民族情感、民族性格、民族价值观念、民族审美和宗教信仰。民族心理受社会心理的影响，民族心理跟文化也不可分割，民族心理也会影响文化的传播。

为了开辟消费市场，在不触犯目标市场传统文化信仰的前提下，抓住目标国民族的特定民族心理，广告才能获得预期的传播效果。

1. 适应民族心理，彰显民族特色

2008年，全球瞩目的奥运会在北京举办。奥运会不仅是体育盛会，更是展示地域风情和民族艺术的盛会。奥运会的吉祥物，它的设计显得尤为重要。吉祥物的设计推出，不仅仅是宣传奥运，更是一场规模空前的跨文化交流活动。

　　组委会在全国范围内征集设计样式，最终找到最能代表民族特色和风情的"福娃"。福娃由五个可爱的娃娃构成，使用中国传统艺术手段，展现灿烂的中华文化。五个娃娃的寓意是繁荣、欢乐、激情、健康与好运，分别叫"贝贝""晶晶""欢欢""迎迎""妮妮"，合并以后组成谐音"北京欢迎你"。这一设计结合动物和人的形象，强调以人为本、人与自然和谐相处。五个小娃娃象征着来自五大洲的小朋友手拉手。

　　体现民族传统，不仅要吸收传统艺术的精华，更要借鉴和学习古人的思维方式。令人惊奇的是，五环与中国的五行学说不谋而合，五行也有五种不同的颜色。

　　从文化背景看，吉祥物迎合了中国传统文化对吉祥数字的认同，迎合了富有中国特色的福文化。五个吉祥物与五星红旗、五大洲及奥运五环等的巧合，也都暗合了中国人追求吉祥、祈求幸福的民族习俗和福文化传统。

　　2. 民族的情感融合

　　同一个民族的心理构成呈现相似状态，认为本民族的才可以接受，这就是族群认同。这种认同可以协调同一个群体的共识和集团行动，具有规范和约束效力。族群认同是动态的、多维的、涉及人的自我概念的结构。族群认同非常复杂，包括个体对所属群体的积极评价和个体对群体活动的参与。

　　同一族群具有族群自我认同、族群归属感、族群态度和族群卷入，族群认同中的特殊成分则因具体族群的不同而不同。

　　成功的跨文化广告应在传播自身文化的同时寻找共同的符号，传播共有的价值观念。因为其创意不仅注意阐释自己的文化，也充分考虑其他民族的族群认同。以往奥运会吉祥物设计者大都从体现本国地域特色和民族风情出发，福娃利用人类共有的文化观念，使不同文化的成员产生同感共振和同情共鸣，消除沟通障碍。

（二）基于心理学的心理结构差异

　　广告传播是传播者、传播媒介和受传者共同参与的行为。广告传播的最终目的是促进受众选择产品，实施购买行为，应遵循心理学准则。

　　广告心理学认为，受传者对广告信息的关注常常是有选择的，表现为前后相继的三个环节：选择性注意、选择性理解和选择性记忆。所以，广告传播中，应选择有效的传播方案。

　　经由边缘路径对广告信息进行心理加工时，受众侧重了解广告信息中的边缘线索，是不是耐用，或者使用产品和服务以后有什么好的心理体验，其产品广告代言人是不是自己有好感的明星，等等。根据这样的受众心理，我们可以选择感情诉求，这样能得到比较好的效果。

由此类推，经由中枢路径对传媒广告信息进行心理加工时，考虑产品的性质、喜好、是否适用等各种因素，根据印象的好坏决定是否采取购买行动。这是一个复杂的心理过程，主要了解广告商品内在的东西——性能，整个过程以理性为主导。

我们似乎可以得出这样的初步结论：对于通过边缘路径对广告信息进行心理加工的受众，广告应采取感性诉求；对于通过中枢路径对广告信息进行心理加工的受众，广告策略应重点进行产品功能的诉求，以期适应更多的理性消费者。

受众心理研究是传播学研究的重要领域，跨文化广告传播过程中要考虑的因素很多。现代社会大众被传媒营造的信息环境所包围，人们对广告有免疫力。跨文化广告传播要想进行突围，抓好各类受众的民族特点和心理机制也很重要。

信息通过符号化编码，受众解码后将信息反馈给传播者，完成一次传播过程。跨文化广告传播也不例外，互动双方用来交流或交换意义的媒介是象征符号。

在现实的传播过程中，各种因素会导致双方共同意义空间的不相同。中西的文化差异和语言的差异，都是影响传播效果的重要因素。

跨文化广告传播按照大众传播模式进行传播，但是跨文化广告传播的会更复杂，中间必然会产生更大的误差，遭遇更多的干扰因素。另外，跨文化广告传播离不开媒介的作用，在通讯如此发达的今天，更要利用好媒介。

深刻理解文化共通性的重要性，中西方文化价值观念差异很大，即便是同一商品的广告投放也要因地区不同而相应做些改变。

传播还受民族心理情感的影响。民族心理情感由复杂的因素构成，包含民族情感、民族价值观念、民族审美和宗教信仰。要利用积极的民族情感来彰显本民族优秀的文化遗产，也要适应被传播国家和地区的特色，以避免抵触。

最后，在广告心理学上还要考虑边缘路径和中枢路径带来的传播效果差异，有针对性地进行广告宣传，传播才能事半功倍。

第四节　跨文化广告传播的语言翻译解析

一、跨文化广告传播的汉英翻译

（一）中国广告的英文翻译概况

作为市场营销的"臂膀"，广告的翻译和产品信誉息息相关。改革开放以来，报纸、杂志及商品包装上的商业性和介绍性的广告或产品样本上的英译文字越来越多。语言是产品接触国外消费者的第一道屏障。广告与产品样本的英译质量，不仅直接影响产品本身的声誉与市场，还影响我国的形象。

（二）中国广告英文翻译的原则

1. 变通论

1992 年，黎凡提出，广告语言的繁杂向广告翻译提出严峻挑战。允许广告翻译变通处理的原因有三：

①广告的目的在于诱导消费者购买产品，翻译时不需要拘泥于文字的对等；

②广告语言一般生动、形象，不大胆变通就不会有出神入化的译文出现；

③我国广告常用四平八稳的套语。

任何翻译或多或少含有变通的性质。也有研究者认为，就特定的广告而言，变通翻译似乎也是唯一的出路，尤其是以下几种：利用谐音创作的广告，利用品牌文字展开的广告，使用双关语的广告，含有浓重民族文化色彩的广告。

2. 简洁论

为了言简意赅，吸引读者，便于识别和记忆。许多关于广告翻译的文章都涉及简洁问题。他认为：

①汉语广告往往用修饰语来加强语气，英语广告则用词简单，不少汉语中的名词词组可以直接译为英语的形容词；

②汉语广告中有数量庞大的四字结构，造成排比、重叠，英语则无这一特点；

③汉语广告往往句子松散、信息量大，需加强逻辑性；

④汉语广告有不少套语，英译时要译得引人入胜，考虑整体修辞，而不

用关注辞藻。

3. 对等论

对等论的依据应为奈达的对等翻译理论，翻译是从语义到文体的译语中用最切近而又最自然的对等语再现源语信息：

①语义对等是最基本和最重要的对等。译者首先要确定翻译单位在语境中的意义，避免歧义和望文生义。

②社会文化对等。翻译本身就是介绍外国文化，由于文化差异和语言形式的制约，故翻译中应考虑社会文化因素的对等。

③文体对等。英汉广告常见的基本形式有叙述式、问答式、引据式、诗歌式，翻译任务之一就是再现原文文体和文风。

其他持对等论的研究者更看重功能的对等，认为广告翻译遵循的应是功能对等基础上的等效法则。

4. 唯美论

有研究者指出，美学因素在商业广告中起重要作用，内在美包括意境美、形象美、文化美；语言美包括简洁美、词汇美、构句美、修辞美。翻译时应力求再现原文之美，使译文达到与原文同等的宣传效果。成功的广告是融合美学、语言学和心理学的艺术精品，当广告的字面意义与美感发生矛盾时，译者应舍弃形义，再现美感，以强化其感召力和诱惑力。

5. 含蓄论

有些学者指出，广告的交际任务制约其语言的选择。广告语言的创意及翻译也应该在词语、句式、修辞和民族文化心理这四个方面体现这一特点，给人以启示，使受众产生心理共鸣和购买欲望。

以上几种学说互相补充、互相融合。事实上，含蓄和简洁都是美的一个方面，强调广告译文之美，需变通原文的字面，其目的正是达到译文和原文功能的对等。

中译英广告需要结合以上五种理论，在有效传达的基础上精益求精，既彰显文化内涵又促进产品销售。具体的原则有：

（1）用词考究，准确传递信息

遣词讲究学问，用词是对译者英语水平和汉语水平的考验，稍有疏忽，便会出错。如某出租车公司的广告语"接天下客，送万里情"被译为："Ready to meet guests from all over the world. Ready to speed them up on their way"，这段英文翻译不得不说相当忠实于原文，但无形间拉远了企业与客户的距离。其译文的遣词尚欠火候，未传达出中文广告词的朗朗上口和亲切而富于人情味的文风。"接天下客，送万里情"对仗工整，传递出亲切感和安全感，牢牢抓住读者的心。这则英文翻译却相当普通，没有任何肯定、积极色彩的形容词或与之对应的名词，反而让人觉得不痛不痒；此外，译文稍显累赘，不能体现简洁明快的文风。

（2）句法合适，顺应英语文法

中文词汇博大精深，往往一词一句内涵深远，翻译成英文时译者很容易将短句越译越长而破坏句法的整体和谐。

（3）文化差异，巧妙传递

这是翻译中比较头疼的问题，由于汉英文化与传统方面的差异，困难重重。然而，广告最重要的功能是传递信息，应当得到相同的信息。这就要求译者适时转换形象和喻体，用解释、补充和对应替换等方法来保证物品形象的准确传递。

（三）中国广告英文翻译的误用解析

译者的专业知识和态度、译者的文化涵养，对翻译中文广告起着极其重要的作用。接下来，就让我们来探讨一下中译英广告的几种误用类型。

1.语用失误引起的误解

由于交际一方使用歧义语或措辞不当，使对方没能理解自己的本意而造成的失误，都算语言语用失误。这是因为汉语习得者将言语行为策略，或将母语的对应词迁移至英文中，从而造成失误。

①语用规则的迁移造成的语用失误，即对应词或对应句结构从汉语向英语迁移；

②语用意义的迁移；

③泛化语言语用意义规则也是汉译英广告翻译失误的一大原因。用词不当，造成歧义误用，不仅达不到促销目的，还使品牌知名度及美誉度下降。

2.文化差异引起的误解

（1）品名误译

英语词汇丰富，同一个单词可以构成不同的俚语，表达不同的意思，这些俚语常有特定意思，不细细考究，很容易忽略这方面的含义。前几年我国生产的"白象"牌电池，在国内很受欢迎。因为"白象"在中文里有"吉祥如意"的文化内涵。此产品销往国外，直译为"white elephant"，不但不能吸引消费者，甚至引起反感。因为"white elephant"在国外是固定词组，引申为"中看不中用的东西"。这种"没有使用价值"的商品，外国消费者是不会购买的。后来改译为"Pet Elephant"，这种译法给外国人美的感受，使他们联想到亲切可爱的小白象形象。"白熊"如果翻译成"Polar Bear"，其销售也会遇到问题。所以"白熊"还是译成"Bear"较好。

（2）无视客户精神需要

国内有些广告译文设计出发点摆脱不了汉语广告的习惯，在译文中煞费苦心、不厌其烦地引用枯燥晦涩的专有名词和术语，这样的广告难以唤起国外读者的兴趣。

二、跨文化广告传播的英汉翻译

（一）国外广告的中文翻译概况

随着国际商务的快速发展，广告主迫切要求恰如其分的翻译来传播产品的概念内涵。国际广告的传播分为一体化策略和本土化策略。所谓一体化策略，就是用统一的广告主题和内容，在各目标市场的国家和地区实行一体化的信息传播。尽管各国和各地区的文化差异甚大，但人人都追求美、健康、安全。世界正趋向全球化，国际广告的一体化策略顺应这一历史潮流。本土化策略就是根据目标市场国家或地区的特点，制作相应文案、广告创意和广告表现手法的广告作品。该策略基于各国或地区文化的差异，才能让目标受众接受广告传达的信息。

其实，一体化、本土化各有利弊，携手4A跨国广告公司在中国的分公司或中国本土广告公司执行中国市场的广告，力求契合中国市场需求和中国人的心理。

（二）国外广告中文翻译的原则

广告创作根植于文化基础上的综合性艺术，它集社会学、美学、市场营销学、语言学于一身。从语言层面上来讲，英语广告以口语体为主，用艺术的形式去实现商业目标。它可以引起读者的联想，开拓读者的丰富想象，可以增强广告的鼓动性、说服性。

从文化层面来说，翻译中难免会遇到文化方面的差异。在这种情况下，解决因文化差异而造成的理解困难，及时调整译文，改变其中背离中文的表达，使译文在传递信息的同时实现和原文功能上的对等。翻译时应该遵循的原则除了上文提到的变通、简洁、对等、唯美、含蓄等，还要符合"信""达""雅"等传统标准。

1.破除语言文字隔阂，实现广告的交际目的

一方水土养一方人，而一方人特有的语言是其他人理解的难点。在英语

广告中，不细细研究，有些俗语根本无法理解。

2. 译作符合中文广告语言习惯

四字成语广泛使用，这是中文广告语言特有的现象。翻译英文广告时，除了表达原意，还要尽可能使译文朗朗上口、易于传播，如果可以以四字格式出现，则更好。

（三）国外广告中文翻译的误用分析

优美的广告往往带来巨大商机，准确、优美的翻译有助增强广告的效力。翻译广告是一种产品，必然有优有劣。

1. 语用失误

用词不准确造成理解差异，甚至可能变成严重的虚假诈骗广告。无论有心还是无意，都对消费者造成了误导，有些学生甚至因此误入歧途，改变人生。在句子翻译方面，由于语法或句型不通造成的误译比较常见。如："This email, including four attachments, may include confidential information."它的意思是"这封邮件，包括它的四个附件，很可能包含机密信息"。这样简单的一句话，有人可能会错误地翻译成："这封邮件，可能包含四个附件，也可能包含机密信息。"

犯这种错误，可能因为：在一个句子中，先后出现两个相同的动词，把大家搞糊涂了。按照英语语法，第一个"include"是现在分词，用来修饰"email"，第二个"include"则是这句话的谓语动词，大家错误地以为这句话有两个并列的谓语动词，有两个并列的核心。

2. 语言平淡疲软，缺乏广告味

译句语言平淡乏力，缺乏艺术感染力是许多外国广告翻译成中文后出现的问题，读起来总让人提不起精神，更别提推销了。如：Coke refreshes you like no other can.——没有什么能像可乐那样令你神清气爽。对比原文和译文，就会发现译语广告乏力疲软，原文则透出唯我独尊的霸气。

3. 不符合中文表达

翻译是为译语读者服务的，且译文为译语文化所接受。要了解广告语言的特色，才能更好地为译语群服务。汉语广告词往往千锤百炼、精雕细刻，不像英语广告那样用拉家常的谈话方式。英语广告用词朴素简练，而汉语广告用词讲究优雅。

中国广告译英的原则有传统的五论：变通论、简洁论、对等论、唯美论、含蓄论。在常见的误用例子中，英译存在的问题有：语用规则的迁移造成的语用失误；语用意义迁移；品名误译、无视客户精神需要这两类文化差异引起的误解；审美差异引起的误解；印刷错误。

国外广告汉译的原则有：破除语言文字隔阂，实现广告交际目的；辨识文化差异，灵活转换。常见的错误有语用失误中的词语误用、句法错误等；不符合中文表达等。常见的方法有直译法、英译法、创译法、编译法、浓缩翻译法和不译法。

参考文献

[1] 包昂.中国文化与汉英翻译[M].北京：外文出版社，2004.

[2] 辜正坤.中西诗比较鉴赏与翻译理论[M].北京：清华大学出版社，2003.

[3] 萧涤非.唐诗鉴赏辞典[M].上海：上海辞书出版社，1983.

[4] 游光中.历代诗词名句鉴赏[M].成都：四川辞书出版社，2004.

[5] 孙艺楠.诗歌翻译的文化传播功能[D].沈阳师范大学，2012.

[6] 王英鹏.跨文化传播视域下的翻译功能研究[D].上海外国语大学，2011.

[7] 陈洁.草婴先生的翻译人生和翻译艺术[J].上海翻译，2020（05）：85-88.

[8] 陈珊.从文化差异和准确性分析文学作品的翻译[J].青年文学家，2020（27）：104-105.

[9] 陈孝宗.从翻译伦理学角度探究文学作品中的文化差异元素的翻译策略——以《红楼梦》为例[J].作家天地，2020（18）：7+9.

[10] 陈昕.高师英语专业翻译课教学的困境及其对策探讨[J].现代英语，2020(04)：40-42.

[11] 陈铸.跨文化语境下的英美文学作品翻译探讨[J].青年文学家，2020（27）：106-107.

[12] 董燕.多元文化交融对当代高校英语教学的影响研究[J].食品研究与开发，2020（20）：249-250.

[13] 方维保."翻译文学"的新文学史叙述地位及其演变[J].安徽师范大学学报（人文社会科学版），2020（05）：30-35.

[14] 郭丽.论中英文化差异对英语学习的影响及对策[J].科教文汇（上旬刊），2020（10）：168-169.

[15] 韩子满.英语世界与世界眼光：中国文化外译研究中的一个误区[J].上海翻译，2020（05）：1-6+94.

[16] 何刚强.我国翻译基础理论亟待实质性突破[J].上海翻译，2019（06）：

7-12+95.

[17] 贺龙平.意群：汉英文学翻译的翻译单位[J].农家参谋，2020（19）：272-274.

[18] 滑少枫.跨文化传播视域下的翻译功能研究[J].科学大众（科学教育），2020（04）：151-152.

[19] 黄慧.从本土文化视角略论翻译的文化传播功能[J].科教导刊（下旬），2015（05）：166-167.

[20] 黄静雯.英语文学翻译中文化差异处理方式研究[J].内江科技，2020,41（09）：138-139.

[21] 李佳.文化翻译研究国内外发展浅述[J].散文百家（理论），2020（07）：122.

[22] 李嘉敏，周莉.生态翻译理论视阈下的"译者中心论"——基于朱生豪的翻译实践[J].英语广场，2020（28）：42-44.

[23] 李书琴.中西文化差异对英美文学翻译的影响分析[J].青年文学家，2020(27)：108-109.

[24] 李妍.中国优秀传统文化融入英语教学研究[J].文学教育（上），2020（10）：170-171.

[25] 李正梅.高校翻译课堂"逆向全过程"教学模式的有效运用[J].校园英语，2019（46）：21.

[26] 刘甲元.国内外宣翻译核心期刊论文发展趋势分析[J].海外英语，2017（22）：159-160.

[27] 刘丽丽.大学英语教学中如何培养学生跨文化交际能力[J].科教文汇(上旬刊)，2020（10）：170-171.

[28] 刘文仪.翻译本科专业英语技能培养路径研究——以《基础英语》课程为例[J].皖西学院学报，2019（06）：98-101+109.

[29] 马昕宇.有关英汉方言语料库的翻译研究思考[J].北方文学，2019（21）：274.

[30] 尚春丽.英美文学中隐喻词的翻译分析[J].青年文学家，2020（27）：114-115.

[31] 邵雪.基础阶段汉译西翻译练习中的常见偏误分析及对策[J].科教导刊（上旬刊），2020（06）：39-40.

[32] 王淼，焦燕，许洹宁.基础翻译课程的设置及教学设计的可行性改革[J].佳木斯职业学院学报，2020（01）：111-112.

[33] 王淼，张红佳.译者主体性的重要性及其在基础翻译课堂教学中的构建[J].科技风，2020（16）：29.

[34] 王敏玲，黄方宇，蒙雨萱，唐晓雨，肖立霞.周瘦鹃外国文学题名翻译的适应性选择[J].青年文学家，2020（29）：26-27.

[35] 王鹏.以翻译评价为基础的翻译教学模式研究[J].海外英语，2019（19）：52-53.

[36] 王晓晨.浅析如何提升大学生语言素质[J].文学教育（下），2020（10）：58-59.

[37] 王鑫茹.英美文化背景在英语教学中的应用研究[J].文学教育（下），2020（10）：146-147.

[38] 王鑫阳，宋影.功能目的论视角下《傲慢与偏见》汉译翻译策略研究[J].作家天地，2020（18）：14-15.

[39] 王英鹏.从跨文化传播视角看翻译的功能——以建党前马克思主义在中国的译介为例[J].杭州电子科技大学学报（社会科学版），2011（03）：56-60.

[40] 魏泓.论大学英语的跨文化教学：目标、问题、对策[J].湖北经济学院学报（人文社会科学版），2020（10）：157-160.

[41] 魏耀川，陈岚.翻译的功能与文化传播[J].南方论刊，2009（08）：96-97+111.

[42] 欣妍妍.翻译的跨文化传播功能研究[J].安徽工业大学学报（社会科学版），2018（06）：55-56.

[43] 闫娜娜.提高大学生翻译能力的必要性及途径探究[J].文学教育（下），2020（10）：78-80.

[44] 杨祎辰.国内外戏剧翻译研究现状与趋势述评——兼论戏剧翻译研究在中国的发展前景[J].外国语（上海外国语大学学报），2019（02）：93-99.

[45] 张婷婷.英美文学汉语翻译中人称代词的规范化分析[J].青年文学家，2020（27）：116-117.

[46] 张莹.翻译初学者语言知识向翻译能力的转化分析[J].农家参谋，2019（12）：274.

[47] 张贞桂.大学英语"线上＋线下"混合教学模式探究——评《大学英语教学的发展：思考与创新》[J].中国教育学刊，2020（10）：112.

[48] 周秋璐，祁文慧.浅析林纾翻译的影响 [J].英语广场，2020（28）：34-38.

[49] 林晨健.中美文化差异在外语教学中的探索与研究 [N].科学导报，2020-10-13（B03）.